TINO PERDOTTO.

Refranero Popular

C/ San Rafael, 4
28108 Alcobendas (Madrid)
Tel.: (34) 91 657 25 80
Fax: (34) 91 657 25 83
e-mail: libsa@libsa.es
www.libsa.es

ISBN: 978-84-662-2076-7

Dep. L.: S-906-09

Impreso en España/*Printed in Spain*

Refranero Popular

José Calles Valles

LIBSA

CONTENIDO

TINO PEROTTO

PRÓLOGO

Decía un anónimo campesino de Castilla que «las personas que desprecian 'el blanco y el negro', poco son de valer». Otros, más famosos aunque no más sabios, suelen repetir que «el saber no ocupa lugar» o que «no hay libro del que no se pueda sacar algo bueno». Pues bien, en ningún caso están más justificados los nombres de valor, saber y bondad que en una colección de REFRANES Y PROVERBIOS; y no se debe a otra cosa sino al asunto que en él se trata.

Se quejan los eruditos del lastimoso uso que de la lengua española hacen los jóvenes y los habitantes de las grandes ciudades. «No utilizan –dicen– más que cuatro palabras mal dispuestas y rodeadas de tantos anglicismos y comodines que parece que no piensan más que lo que dicen.» Esta grave apreciación es un tanto estricta, pero no carece de verdad. La lengua española es tan rica y brillante que resulta triste verla reducida a ese estado.

Más de diez siglos contemplan la formación, evolución y desarrollo del español. A su riqueza y brillantez han contribuido los grandes poetas, novelistas, filósofos y (por sorprendente que parezca) políticos. Pero, sin duda, los actuales hispanohablantes no les debemos la lengua que poseemos. Han sido las generaciones de campesinos, pastores, herreros, arrieros, abogados, médicos o damas de vida fácil quienes han dado vigor y pulso a nuestra lengua. A lo largo del último milenio, el idioma de Cervantes se ha enriquecido en las ventas, en los campos y en los lupanares tanto o más que en los libros y legajos. Porque la lengua es un ente vivo y no se ciñe a los despachos y oficinas.

Es este concepto de lengua asociada al pueblo el que ahora nos ocupa. Los REFRANES Y PROVERBIOS no pertenecen a ningún autor, ni compilador, ni institución, sino que nacen del pueblo y han de volver a él necesariamente: uno de los objetivos de este libro es devolver a su legítimo propietario lo que él mismo ha creado. Como forma de expresión lingüística, los refranes contienen toda la tradición del idioma. Pero a los refranes cabe aún otro honor: el de ser la expresión ajustada de una cultura de la que el pueblo debería enorgullecerse en vez de avergonzarse; una cultura popular que es *de pueblo*, y de la que sólo los pisaverdes reniegan.

En lo que cabe, esta compilación de REFRANES Y PROVERBIOS se justifica como una necesidad de mostrar el impagable legado de generaciones pasadas. Ese regusto antiguo y nostálgico que aparece en cada uno de ellos no es sino el poder de la Historia, el poder de la lengua amasada y forjada con el curso de los siglos: palabras mil veces repetidas y dichas del mejor modo que pueden decirse; por eso son permanentes, inalterables, vigentes y actuales.

El lector que desee recuperar esta herencia tiene el placer asegurado en sus manos. Aun así, no se han descuidado otros aspectos: la investigación para una compilación de este tipo exigía esforzarse en hallar razonamientos, explicaciones y motivaciones en la formación de los refranes. Por eso no sólo se incluye una retahíla de ejemplos, sino que se proponen las explicaciones y aclaraciones necesarias. Además, el texto avanza algunos datos que pueden interesar al erudito lector que pretende hallar aportes lingüísticos o históricos más precisos.

Como en el resto de los volúmenes de esta colección (véanse los libros de DICHOS Y FRASES HECHAS, ADIVINANZAS y CITAS, en esta misma editorial), los modos de lectura han sido una ocupación primordial. Un ejemplar de este tipo no puede ni debe leerse como una novela o como un ensayo. Se trata de un libro abierto en tanto no necesita una lectura sucesiva, porque cada refrán es independiente y su clasificación temática sólo responde a la comodidad y a la lógica. Es un libro abierto porque su uso puede estar relacionado con la consulta, la investigación o el puro entretenimiento. Es un libro abierto, en fin, porque puede leerse en soledad o compartiéndolo con quien nos rodee; para recordar, para reír, para pensar, para discutir, para hablar: para vivir.

José Calles, autor de este libro, ha vinculado su labor académica y profesional a la investigación de la lengua y literatura españolas. En sus trabajos científicos utiliza una metodología que también aplica en esta recopilación, y que se puede definir como la «historia de las mentalidades». Básicamente, consiste en establecer las relaciones entre las ideas continuas y permanentes de los pueblos y civilizaciones, y los resultados prácticos de tales ideas.

Se fijó, en primer lugar, la necesidad de incluir tantos ejemplos como fuera posible. En segundo término, decidió prestar atención a los refranes más conocidos y populares, de modo que el compendio resultara tan completo como representativo. La variedad y complejidad de los refranes ha requerido una labor alejada de los conceptos minuciosos y concretos de la investigación científica. La selección va de la moralidad a lo práctico, de lo histórico a lo anecdótico, de lo popular a lo culto, de lo concreto a lo abstracto. Y en consecuencia las referencias se han rebuscado en viejos compendios, en el *Quijote* o en *La Dorotea*, en libros especializados, en la *Biblia*, en la poesía romántica, en libros de botánica, en Homero o en antiguas leyendas locales.

Finalmente, sólo cabe invitar al lector a un viaje tranquilo y sosegado por la historia y la geografía española; un periplo donde se irán espigando muestras de la sabiduría popular tal y como nos ha sido dada desde hace siglos.

Introducción

«No hay refrán que no sea verdadero», decía don Quijote a su escudero Sancho. Desde los albores de la lengua castellana, la sabiduría popular se ha manifestado con estas pequeñas joyas que llamamos refranes. En ellos se acumulan siglos de experiencia cultural, concentrados en una expresión feliz, que resume todo cuanto un pueblo ha pensado, sufrido o gozado a lo largo de la Historia. El refranero español ofrece un panorama ajustado de la mentalidad del pueblo: su visión del mundo se desarrolla sobre cientos de anécdotas, referencias y significados ocultos. El objetivo del presente volumen es mostrar el contenido que se esconde tras una frase repetida de generación en generación. La tarea consiste en esclarecer el origen del refrán, su evolución, su explicación y su uso adecuado.

* * * * *

En las antiguas canciones medievales los trovadores solían incluir uno o varios versos que se repetían al final de cada estrofa. Es lo que, en la actualidad, conocemos como «estribillo». Aquellas primeras muestras poéticas utilizaban como estribillos breves sentencias populares, rimadas o en forma de proverbios. Los trovadores provenzales llamaron a esta secuencia poética *refrain*, y éste es el origen de la palabra española «refrán».

Más difícil resulta averiguar en qué consiste un refrán y cuáles son las diferencias respecto al proverbio o la sentencia, si es que las hubiera. A pesar de los numerosos estudios eruditos, de las compilaciones y de las investigaciones filológicas, no parece existir consenso respecto a este espinoso asunto. La Real Academia tampoco es muy explícita: define el refrán como un «dicho agudo y sentencioso de uso común». Otros autores proponen explicaciones ideológicas, y sugieren que el refrán refiere una enseñanza, un hecho de la experiencia o un pensamiento. También suele aludirse al componente simbólico o metafórico de este tipo de expresiones.

Los rasgos principales del refrán son la *popularidad*, la *practicidad* y la *generalidad*. Es decir, el refrán tiene un origen común, anónimo: es el pueblo el que lo crea, lo difunde, lo modifica, lo amplia e incluso lo olvida. El sentido de la popularidad debe ser considerado de modo restrictivo, en el sentido de que una comunidad, un pueblo o una región puede generar refranes propios, adaptados a sus circunstancias particulares, a su ámbito geográfico, laboral, social, etc. Cada comunidad tiene su propia estructura diferenciada, y el refrán se remite directamente a esta estructura social, a sus hábitos y costumbres, a su sentido moral, o a su cultura. Otros refranes, en cambio, se utilizan de modo general: son aquellos que, por su especial configuración temática, afectan al ser humano independientemente de sus condiciones concretas. Estos refranes son los de índole moral o sentimental.

El refrán es el resultado de la experiencia, por tanto tiene un valor práctico. Remite siempre a la utilidad: desde este punto de vista, el refrán es el método más acabado de pedagogía popular. Es un método de enseñanza. Mediante los refranes se aprenden los comportamientos sociales, los conceptos morales, los recursos naturales, y un sinfín de datos prácticos y útiles para la vida en común. Pudiera decirse que el refranero es, en cierta medida, el *Catón* de la vida social y cultural. Son enseñanzas prácticas porque están encaminadas a mostrarnos el mundo en su versión más genuina; el refranero es advertencia, consejo, aviso, descripción. El refranero es también un modo de estabilización social: su apariencia vetusta y conservadora se debe a este componente regulador de las actividades humanas. Señala siempre los hábitos y costumbres comunes, rechaza la extravagancia y pone en funcionamiento el desarrollo social: el trabajo, las relaciones, la organización, la salud, etc.

El refranero es empírico: nace de la experiencia acumulada durante siglos en una comunidad o en un grupo social. Por tanto, es capaz de ofrecer de manera sintética, breve, concisa y ajustada una valoración general respecto a todos los temas posibles. Como en la sentencia o el proverbio, se extraen conclusiones generales sobre un asunto: en el uso cotidiano de los refranes se percibe con claridad esta característica. Un hecho concreto remite a una experiencia general siempre que ese hecho haya sido repetido en las mismas condiciones y se haya obtenido el mismo resultado.

Aparte de estas tres características esenciales, los refranes cuentan con un valor añadido seguramente mucho más atractivo: su composición artística. El refrán es simbólico, metafórico, comparativo, descriptivo, jocoso, irónico, etc. Utiliza los modos literarios en la rima, en la medida de sus secuencias sintácticas, en los grupos fonéticos y, en general, pone en acción todo el repertorio de los poetas. Éstos se han valido del refranero como el refranero ha utilizado las formas de expresión cultas. En un flujo continuo, el pueblo ha observado los usos elevados de la lengua y, a su vez, los sabios han tenido siempre presentes las creaciones populares. Desde los orígenes de la literatura española, y en sus más altas representaciones, los refranes han estado presentes. En *La Celestina*, en Cervantes, en Lope, en Gracián, en los románticos y en la literatura del siglo XX, estas expresiones colectivas han tenido su hueco y su función.

Respecto a su vinculación con otras modalidades (sentencias o proverbios), los eruditos no han podido establecer diferencias que puedan ser consideradas definitivas. Se alude, en general, al carácter filosófico de los proverbios o a su autoría. Sin embargo, ni todos los proverbios tienen autor ni absolutamente todos los refranes carecen de él. Otras características atribuidas al proverbio, como la «literariedad» o su transmisión escrita, carecen de fundamento real, especialmente si atendemos a las sentencias y proverbios en otros países. Por «sentencia» se debe entender una frase breve, intelectual, de índole filosófica o moral, en la que un autor expresa su opinión respecto a algún asunto. Ahora bien, los refranes o los proverbios pueden ser considerados «frases sentenciosas populares», desde el momento que cumplen con la función de la sentencia aunque su autor sea colectivo.

En este libro se considera «refrán» a la forma de expresión típicamente española de la sabiduría popular. Por ejemplo, los rusos suelen decir: «Jeremías, Jeremías, más te valdría quedarte en casa al cuidado de tus husos», los holandeses tienen un proverbio similar, que puede traducirse así: «La estufa propia vale oro.» Los españoles, en cambio, lo expresamos así: «No hay mejor andar que en su casa estar», o bien utilizamos otros refranes similares. La prueba más concreta de que el refrán sólo es la forma española de los proverbios que existen en todas las culturas la representa el ejemplo: «Más vale pájaro en mano que ciento volando.» Éste existe en otras lenguas, con leves modificaciones y con el mismo significado.

Esta recopilación ha tenido presente estas características a la hora de ordenar y comentar los refranes. La sabiduría popular sólo se ocupa del hombre, de sus inquietudes, de su posición social, de su trabajo, de sus relaciones. El hombre es el destino de sus enseñanzas y de sus consejos. La tradición ofrece dos conceptos que reúnen toda la actividad humana: las virtudes y los vicios. Todo cuanto atañe al ser humano puede englobarse en estas dos categorías: se han estructurado los refranes de acuerdo con las virtudes: Prudencia, Esperanza, Caridad, Coraje, Templanza, Fe y Humildad; y los vicios: Avaricia, Lujuria, Ira, Gula, Envidia, Pereza y Soberbia. En este volumen se examinan más de novecientos refranes y proverbios con sus variantes más comunes; se estudia su origen, su evolución, los hechos que los originaron y las circunstancias en que se forjaron. Se hace referencia especial a los siglos XVI, XVII y XVIII, porque en estos siglos se mantiene con mayor vigor la expresión refranera. En los comentarios se tiene en cuenta la tradición cultural bíblica o religiosa, los usos campesinos, rurales o urbanos, la historia mítica olvidada y las costumbres perdidas. La presente colección de refranes ofrece también un índice alfabético al que se puede recurrir para una localización rápida de ejemplos concretos.

PRUDENCIA

La prudencia enseña al hombre a discernir lo que es bueno o malo, para seguirlo o rechazarlo. Así se define esta virtud, estimada por la historia y los pueblos como una de las virtudes cardinales y considerada principal en el repertorio de la cultura sapiencial castellana. Siendo el refranero la expresión ajustada del saber práctico y probado, no es de extrañar que una buena parte de su contenido se vincule a la advertencia, el aviso o la amonestación. De este modo nos enseñan los refranes a seguir por la senda de la cordura, de la templanza y la moderación en nuestras acciones. En ocasiones parecerá el refranero apocado y tímido, pero el saber colectivo no entiende de héroes ni extravagancias, no busca la gloria ni la exaltación, sino el vivir pacífico y sosegado, sometido a las normas de la colectividad en armonía con el prójimo. Y más: como compendio de sabiduría popular, el refrán es el depósito donde se conservan los argumentos para sopesar nuestros actos, y en esta reflexión, limitar los riesgos de la integridad de las propiedades, el cuerpo y la reputación.

Nos da noticia Sebastián de Covarrubias (1539-1613) de cómo los antiguos romanos tenían a Jano, primer rey latino, por varón sabio y prudente, y por esta razón lo pintaban con dos caras, por el cuidado con que gobernaba su reino, atendiendo tanto a los asuntos pasados como a los que estuvieran por venir. Esta perspicacia en la evaluación de los peligros y las fortunas para conducirnos por la experiencia es lo que denominamos prudencia. Ver más allá y ver mejor no es cosa de ojos, sino de inteligencia y prudencia. Por tal decían del famoso príncipe Federico, que aun siendo tuerto era muy prudente: «Más ve Federico con un solo ojo que el resto de los príncipes con los dos.»

1. CADA GALLO EN SU MULADAR

El gallo es una figura clásica en la cultura popular: en las adivinanzas, en los dichos y, naturalmente, en los refranes, se cita este animal en numerosas ocasiones. Representa al dueño de la casa, al amo o al cabeza de familia. Es el símbolo del hombre en el refranero. En este caso, se recomienda que cada cual permanezca en su casa y se ocupe de sus propios asuntos.

2. Cada cual, en su corral

Indica que cada uno debe prudentemente ocuparse de las cosas que le incumben y advierte de la inconveniencia de observar, criticar o enderezar los asuntos ajenos. Apoyándose en la comparación del gallo y el gallinero (esto es, el dueño y su casa) la sabiduría popular ha establecido que no debemos revolver o picar en corral ajeno, o lo que es lo mismo: meter el «cuezo» (la cuchara, el cazo) donde no debemos. Del mismo tenor son los siguientes refranes: [2a] Cada gallo en su gallinero y el ratón en su agujero. [2b] Cada puerta anda bien en su quicio, y cada uno en su oficio.

3. Cada mochuelo a su olivo

Señala la conveniencia de mantenerse al margen de asuntos que no nos incumben. Esta expresión se utiliza cuando se sugiere que cada cual se vaya a su casa o que cada cual se ocupe de lo que le es propio.

4. Cada loco con su tema y cada lobo por su senda

Este refrán suele mutilarse y su segunda parte apenas es conocida. De hecho, existe una variante cuyo remate final es bastante diferente y un tanto escatológico: [4a] Cada loco con su tema y cada llaga con su postema. En ambos casos indica que cada persona tiene sus intereses y que nadie, en justicia, puede valorarlos o criticarlos.

5. El ladrón en la horca y el santo en el altar, para bien estar

Enseña que cada cual tiene su lugar, cada acción su momento y cada trabajo su recompensa. El refranero escoge figuras muy representativas para ejemplificar lo que desea comunicar. En este caso se han seleccionado el ladrón y el santo y los lugares que más les «convienen»: la horca y el altar. La recomendación, pues, es muy simple: que cada uno esté donde le corresponde.

6. Cada uno en su casa, y Dios en la de todos

Este conocidísimo refrán viene a resumir todos los anteriores. La prudencia llama a mantenerse en los límites que nos son propios, de este modo se mantiene la buena armonía, se evitan envidias y disensiones, y se reserva la privacidad de los asuntos propios, esencial en la conducta del hombre prudente. Esta expresión hace también referencia a la legitimidad que cada cual tiene para hacer lo que le plazca en su ámbito sin tener que soportar consejos o enmiendas de los demás.

7. Allí donde fueres, haz lo que vieres

Aconseja seguir los usos y costumbres del lugar en el que nos establecemos. Su significado se amplía hasta advertir de la necesidad de no sobresalir o singularizarse en plazas en las que somos extraños. Otra variante es [7a] Donde fueres, haz como vieres. En la Roma clásica existía un proverbio que rezaba: «Cuando estés en Roma, vive conforme a las costumbres romanas.» De aquí los siguientes refranes: [7b] Cuando a Roma fueres, haz lo que vieres. [7c] Si a Roma vas, como vieres haz.

8. Si entre burros te ves, rebuzna alguna vez

Recomienda acomodarse a las circunstancias. La prudencia aconseja no sobresalir ni llamar la atención. El burro es un animal muy refranero y la sabiduría popular lo utiliza para compararlo con el hombre en numerosas ocasiones: puesto que es considerado bestia de carga, tozudo y poco inteligente, su comportamiento se identifica algunas veces con el de las personas. Gonzalo Correas (1571-1631) hace de este animal una descripción deliciosa: «Animal conocido, doméstico y familiar al hombre, de mucho provecho y poco gasto, de grande servicio y que no da ruido, salvo cuando rebuzna, que aquel rato es insufrible.» Del mismo modo, pero tomando como modelo el lobo, hay otro refrán que reza: [8a] Si entre lobos has de morar, aprende a aullar. También el lobo ha sido muy utilizado para compararlo con el hombre, porque en ocasiones ambos son feroces, crueles y astutos. Se conviene en atribuir a Plauto (259-184 a. C.) la famosa sentencia *Homo homini lupus*, [8b] El hombre es un lobo para el hombre, porque este autor latino la incluyó en su comedia *Asinaria*, pero este pensamiento parece ser bastante más antiguo y muy popular en la antigüedad grecolatina.

9. Quien con locos se ha de entender, seso es menester

El refranero insiste en aconsejar comportamientos semejantes a los que nos rodean. Sin embargo, ello no impide que se recomiende también obrar con juicio cuando el resto parece actuar de manera insensata.

10. Callar y callemos, que todos por qué callar tenemos

Indica este refrán la conveniencia de guardar silencio ante las desgracias o los defectos ajenos, pues siempre podrá decirse otro tanto de los nuestros. Y aunque existe la vocación acendrada de espetar a los demás sus vicios o inconvenientes, conviene saber que nadie está libre de ellos; o como se dice en el pasaje bíblico: «Quien esté libre de culpa, que tire la primera piedra.» Efectivamente, una de las principales recomendaciones para obrar con prudencia es la de mantener la boca cerrada: porque haya mucho que esconder, porque sea mucho lo que se ignore, porque se cometan indiscreciones o porque sea el mejor método de aprendizaje; lo cierto es que [10a] En boca cerrada no entran moscas, es decir, [10b] El que no habla, no yerra. A este propósito, es fama que el matemático griego Pitágoras daba su primera lección enseñando a callar, y que su compatriota Homero no sabía distinguir entre «sabio» y «callado». Se cuenta también que Zenón de Atenas, reputado sabio, fue invitado en cierta ocasión a un banquete de filósofos. Pues todos hablaban y él callaba preguntáronle qué noticias o descubrimientos había imaginado, a lo que contestó: «Hoy habéis visto a un viejo callar entre copas.» Otro refrán con semejante significado es: [10c] Cállate y callemos, que sendas nos tenemos. [10d] Quien tiene por qué callar, no ha de hablar.

11. Al buen callar llaman Sancho

No debe confundirse este Sancho con el buen escudero de Don Quijote, pues, como es sabido no hay en la literatura española mayor parlero que este Sancho Panza, a quien el hidalgo caballero no tuvo más remedio que prohibirle expresamente guardar silencio, cosa que desdeñó Cervantes un tanto después, visto lo duro de la prohibición y el poco jugo que se sacaba de ella para la novela (I, XXI). Sancho Panza es uno de los grandes refraneros de nuestra literatura, tanto que el mismo Don Quijote llega a decirle: «¡Sesenta mil satanases te lleven a ti y a tus refranes! Una hora ha que los estás ensartando y dándome con cada uno tragos de tormento» (II, XLIII). Sin embargo, el Sancho al que alude el refrán es un castellano imaginario. El nombre de Sancho es muy antiguo, y ya los historiadores latinos lo conocían con las formas «Sancio» o «Santo».

A la austeridad y gesto taciturno de los castellanos se debe esta asociación de prudencia y silencio. Otra explicación respecto al origen de este refrán han querido verlo algunos historiadores en el famoso pasaje medieval en que Fernando I repartió el reino entre sus hijos, maldiciendo a quien usurpara las ciudades de Zamora y Toro, concedidas a doña Urraca y doña Elvira, respectivamente. A esta última voluntad asintieron todos los presentes, excepto Sancho, que calló, porque tenía en mientes asediar y conquistar ambas poblaciones. No vio cumplida su idea Sancho a pesar de la ayuda prestada por el Cid, y se verificó la maldición del rey Fernando, su padre, ya que el usurpador fue asesinado en el cerco de Zamora a manos de Vellido Dolfos.

12. OÍR, VER Y CALLAR, RECIAS COSAS SON DE OBRAR

Alude a la dificultad de comportarse prudentemente y a la escasez de personas que actúan de este modo. En el mismo sentido, se alaban estos tres conceptos como representaciones de la prudencia y la sabiduría. [12a] OÍR, VER Y CALLAR, SON COSAS DE GRAN PRECIAR. [12b] PLATA ES EL BUEN HABLAR; ORO EL BUEN CALLAR.

13. POR CALLAR A NADIE VI AHORCAR

Señala la bondad del silencio. Con este refrán se da a entender que el mucho hablar puede acarrear desgracias, pero el callar no siempre obliga ni ofende, y, por tanto, no resultará ningún mal de estar con el pico cerrado.

14. QUIEN NO SABE CALLAR, NO SABE HABLAR

Alude a charlatanes y voceros con los que resulta imposible dialogar, es decir, mantener una conversación entre dos. Nuestra lengua ha acuñado el dicho «diálogo de besugos» para referirse a dos personas que hablan y no se entienden, precisamente porque no se escuchan.

15. OYE PRIMERO, Y HABLA POSTRERO

Consejo para frenar la charlatanería: recomienda prudencia al emitir juicios.

16. EL MUCHO HABLAR ES DAÑOSO, Y EL MUCHO CALLAR, PROVECHOSO

Muchas son las referencias literarias y populares que señalan los beneficios del prudente silencio, y en muchos lugares se muestra cómo el hablar destempladamente delata los defectos del dicharachero. Es muy conocida la historia de cierto necio hablador que casó con una joven de otro lugar, de modo que los suegros no le conocían. Invitado a casa de la joven esposa fue aconsejado que por ninguna razón despegara el pico. El necio hizo cuanto pudo, pero al fin habló: dijo una y bastó. Los suegros conocieron entonces cuán burro era, a lo que él respondió: «Ya me han conocido, bien puedo hablar.»

17. CON EL HOMBRE SIEMPRE CALLADO, MUCHO CUIDADO

Aconseja este refrán la prudencia ante personas que sólo escuchán, advierte sobre la necesidad de conocer con quién entablamos conversaciones y la moderación en nuestros juicios. Y también sugiere la vigilancia ante quien nos puede delatar o traicionar o juzgar. De esta forma el sabio refranero se sitúa en el término medio entre el mucho hablar y el enmudecer.

18. NI TODO ES PARA DICHO, NI TODO PARA CALLADO

Del mismo modo que el anterior, señala la virtud de hablar cuando es preciso y callar cuando es necesario.

19. PERRO CALLADO, MÍRALO CON CUIDADO

El conocimiento práctico canino aconseja, ciertamente, ser muy prudente con los perros poco ladradores, pues es sabido que son los más proclives a hincar el diente. Sin embargo, el sentido del presente refrán hace referencia también, como el [17], a la obligatoriedad de mantenerse alerta ante quien permanece en absoluto silencio, a sospechar de sus intenciones y a desconfiar de su talante. Así lo declara este refrán, más explícito: [19a] GUÁRDATE DE HOMBRE QUE NO HABLA Y DE PERRO QUE NO LADRA.

20. LO QUE EL NIÑO OYÓ EN EL HOGAR, ESO DICE EN EL PORTAL

Alude este refrán a la imprudencia que supone airear los asuntos privados. Es muy sabido que los niños son la imagen de la sinceridad y la inocencia, y, por tanto, de la imprudencia; pero este refrán no hace referencia estricta a los infantes, sino también a los que se comportan como tales. Indica, además, la necesidad de prevenir las habladurías y los chismes que se cuecen en los vecindarios, es decir: en el portal. Además, conviene recordar aquí que [20a] LA ROPA SUCIA EN CASA SE LAVA; esto es: que conviene no dar noticia de las desavenencias o los defectos propios.

21. QUIEN DICE LO SUYO, MAL CALLARÁ LO AJENO

Aquellos que ventilan sus asuntos en público y no tienen reparos en que sean conocidas sus virtudes y defectos, no dudarán en divulgar los de los demás; y con más interés comentarán lo ajeno, sea cierto o no. El aviso contra chismosos es una característica del refranero español, sea porque el español no gusta de estas actitudes, sea porque somos, de suyo, chismosos.

22. EN EL DECIR, DISCRETO; EN EL HACER, SECRETO

Se recomienda aquí la extrema prudencia: hablar poco y obrar sin aspavientos. Es consejo de prudencia y desconfianza.

23. TU CAMISÓN NO SEPA LA INTENCIÓN

Aconseja este refrán ser muy reservado con los proyectos.

24. ANTE LA DUDA, LA LENGUA MUDA

Porque hay quien tiene opinión para todos los asuntos, y no calla, ni medita, ni reflexiona. Y porque hay quien entra a discutir y a hacer tertulia de mil cosas, siendo ignorante de casi todo. La duda, que no es sino prudencia y reflexión, es una idea básica en los estudios filosóficos y los autores clásicos de Grecia y Roma consideraban la duda como el primer indicio de sabiduría. El escepticismo consagró la duda como método para adquirir el conocimiento. El filósofo Francisco Sánchez (1550-1623), llamado *El Escéptico,* después de interrogar a los más sabios de su tiempo, después de mucho estudio, escribió lo siguiente: «Entonces me encerré dentro de mí mismo y comencé a poner en duda todas las cosas, como si nadie me hubiese enseñado nada. Me remonté hasta los primeros principios y, cuanto más pensaba, más dudaba.»

Menos filosófico es un refrán moderno, modificado a partir del anterior, y que, con cierta vulgaridad, hace referencia a la seguridad, el beneficio o la lujuria: [24a] ANTE LA DUDA, LA MÁS TETUDA, en el que se recomienda escoger lo que más provecho o placer nos causa. Lo mismo ocurre con [24b] ANTE LA DUDA, LA MÁS PELUDA.

25. La mano cuerda no hace todo lo que dice la lengua

El refranero nos recuerda aquí la imprudencia con la que, en ocasiones, establecemos nuestros juicios o nuestras promesas. Además, recomienda que, dado que resulta tan difícil contener nuestra lengua, al menos, obremos con cordura.

26. La palabra y la piedra suelta, no tienen vuelta

De nuevo la sabiduría popular avisa sobre la necesidad de hablar con prudencia. Pues nadie ha logrado recuperar y callar lo que ha sido dicho, tanto mejor será callar para no arrepentirse después.

27. Quien los labios se muerde, más gana que pierde

El refranero ha aconsejado callar para evitar el desprestigio de nuestra reputación. En esta ocasión nos recuerda también callar para guardar nuestros intereses. Nuestras propiedades y nuestros bienes corren muchos riesgos si se airean y son de todos conocidos. Por esta razón: [27a] Quien guarda la lengua, guarda su hacienda.

28. Un candado para la bolsa, y dos para la boca

Recomienda precaución en lo concerniente a la economía, pero más aún en lo que atañe a las palabras. Del mismo modo: [28a] Un nudo en la bolsa, y dos gordos en la boca. Por abrir la bolsa con ligereza perdemos los bienes, pero por nuestra imprudencia en el hablar perdemos fama, amigos, parientes, bienes y negocios.

29. Resbalón de pie, percance fue; resbalón de lengua, percance y mengua

Del mismo modo que los anteriores, este refrán advierte del menoscabo que se produce cuando las palabras se utilizan sin prudencia.

30. Quien quiera medrar, la lengua ha de manejar

La sabiduría popular no siempre aboga por el silencio absoluto; más bien recomienda el uso prudente de las palabras y los juicios. Es el caso de este refrán: hace referencia a la necesidad de controlar nuestras opiniones, pero también alude a la prosperidad que se deriva del buen uso de las palabras en las relaciones sociales.

31. QUIEN CALLA, PIEDRAS APAÑA

Desde otro punto de vista, el refranero aconseja la prudencia contra quienes escuchan las insensateces ajenas a la espera de poder utilizar los deslices que se han cometido. El presente refrán se comprenderá mejor si se completa con su forma original. [31a] QUIEN CALLA, PIEDRAS APAÑA, Y TIEMPO VENDRÁ EN QUE LAS TIRARÁ.

32. HABLA POCO Y ESCUCHA ASAZ, Y NO ERRARÁS

La sabiduría y la prudencia van unidas: el dramaturgo francés Marcel Pagnol (1895-1974) solía decir que el hombre comienza por aprender a caminar y hablar, y que, con el tiempo, aprendía a sentarse tranquilo y mantener la boca cerrada.

33. LENGUA SABIA A NADIE AGRAVIA

Debe entenderse en sus dos significados. El primero sugiere que un hombre prudente y sabio no puede resultar enfadoso con nadie, porque dice verdades y la verdad sólo ofende a los mentirosos y falsos. La segunda acepción indica que el mejor modo de hablar consiste en no ofender a los demás. Se dice que, en una cena a la que asistía don José Ortega y Gasset (1883-1955), un hombre de negocios se mofaba de los filósofos y pensadores. El charlatán dijo: «¿Para qué sirve un filósofo? Para nada. En cuanto a mí, creo que la palabra filósofo es un eufemismo que designa a un necio. Porque, seamos sinceros, ¿qué distancia separa a un filósofo de un tonto?» A lo que el gran pensador español contestó: «Justamente, la anchura de una mesa.» A este hablador injurioso le conviene mucho el refrán: [33a] QUIEN PREGUNTA LO QUE NO DEBE, LE RESPONDEN LO QUE NO QUIERE.

34. AL QUE QUIERA SABER, POQUITO Y AL REVÉS

La prudencia enseña a desconfiar de los que lo quieren averiguar todo. Este refrán se refiere especialmente a ciertas personas que pretenden conocer asuntos privados que no les competen. Este tipo de gentes, llamadas «metomentodo» o «cuzos», no preguntan para conocer los problemas y ayudar, sino para murmurar y chismorrear a cuenta de los demás.

35. PARA QUE EN TODAS PARTES QUEPAS, NO HABLES DE LO QUE NO SEPAS

Porque por hablar de lo que se ignora se cometen agravios o se injuria de modo totalmente imprudente a los demás. En otras ocasiones, lo único que se logra es el ridículo. Se dice que un afamado político acudió a la Universidad de Salamanca con motivo de la inauguración del curso escolar. Para rematar su discurso y mostrar su sabiduría quiso el buen hombre usar latines, y sentenció: «Como dijo el filósofo: *Mens sana in corpore insepulto.*»

36. No hables sin ser preguntado, y serás estimado

Aviso contra la charlatanería. Este refrán conviene también a quienes dan su opinión sin ser consultados, y como no habrá cosa más molesta que recibir consejos de quien se ocupa en juzgarlo todo, el refranero recomienda no intervenir en lo que no nos concierne. Del mismo modo, los siguientes refranes aluden a la conveniencia de no inmiscuirse en asuntos ajenos:

37. En lo que a otro toca, punto en boca

O la variante: [37a] En lo que no me toca, punto en boca. Recomienda no inmiscuirse en asuntos ni problemas ajenos.

38. Vista larga y lengua corta, y huir de lo que no te importa

Aconseja el refrán andar atento a lo que sucede alrededor, pero sin perder la discreción que nos asegura no vernos afectados por los problemas ajenos.

39. No alabes lo que no sabes

Este refrán remite a las personas que, por no callar y no ofender, se dan a la adulación y al encomio de otras personas o cosas. De esta actitud imprudente surge que lo alabado resulte con el tiempo bien malo o pernicioso o cuente con defectos no conocidos, y tenga el adulador que desdecirse y pasar vergüenza. Por esta razón se recomienda no «poner la mano en el fuego», método expeditivo con el cual los pueblos bárbaros probaban si una persona decía verdad o llevaba razón.

40. Quien mucho dice, mucho se desdice

Porque por dar la lengua a paseo se dicen impertinencias, se contraen deudas o se hacen promesas que no se han de cumplir; y se acaba uno por arrepentir. Para no lamentar habernos expresado con ligereza, recomienda este refrán el hablar poco, porque [40a] Quien no dice nada, ni peca ni miente. De este modo no se nos echará en cara habernos comprometido en cosa alguna y no tendremos que oír en boca de los demás la castiza reprimenda: «Donde dije digo, digo Diego», que indica la falta de fijeza en nuestros criterios o compromisos.

41. De haber dicho «sí» muchas veces me arrepentí; de haber dicho «no» nadie se arrepintió

La prudente recomendación del refranero es, en este caso, andarse con tiento a la hora de conceder favores, de aceptar encargos o de tolerar perjuicios. En general, aconseja valentía para negar lo que no se quiere hacer o soportar. La complacencia en los deseos ajenos suele acarrear sinsabores y quebraderos de cabeza que sólo benefician a los demás. Del mismo modo se deben interpretar las variantes siguientes: [41a] Poco prosperó quien más veces dijo «sí» que «no». [41b] Una vez dije «sí» y ciento me arrepentí.

42. Quien fía o promete, en deuda se mete

Las promesas o los compromisos deben ser cumplidos. Así lo certifica también el proverbio [42a] Lo prometido es deuda. En cuanto al refrán, recuerda la obligatoriedad, un tanto caballeresca, de llevar a efecto nuestras promesas, y por tanto, nos aconseja revisar todos los refranes que recomendaban prudencia en el hablar. El hombre, más fanfarrón que sensato, ha empeñado su palabra muy a menudo con promesas estrafalarias. Las malas lenguas dicen que Rodrigo Díaz de Vivar aseguró que no se rasuraría la barba hasta que el honor no le fuera restituido por el rey Alfonso; y de la reina Isabel se comentaba que se había impuesto no adecentarse hasta no haber tomado la ciudad de Granada. Con todo, las promesas más extravagantes aparecen en las leyendas de la caballería andante: reyes que prometen casar a sus hijas con el caballero que libre al reino de un dragón, caballeros apostados en puentes y caminos obligando a los transeúntes a declarar que su amada es la más bella, héroes que se lanzan como posesos a la guerra con el compromiso de eliminar a quince mil turcos, etc. Pero, sin duda, el personaje caballeresco que más compromisos contrajo fue Amadís de Gaula. Este atareadísimo guerrero empeñaba su palabra para tantas acciones valerosas que llegaba a prometer su auxilio con plazos de varios años. (Las aventuras de *Amadís de Gaula* las debemos, en su redacción definitiva, a Garci Rodríguez de Montalvo, en 1508.)

43. **Quien promete, en deuda se mete**

Versión acortada, pero similar, del anterior.

44. **Ve en lo que te metes si algo prometes**

Como los precedentes, advierte que los compromisos, si se adquieren a la ligera, pueden resultar incómodos.

45. **Más atan papeles que cordeles**

El refranero no olvida que las palabras se las lleva el viento, es decir, pueden no constituirse como verdadera obligación, pero que los contratos y los acuerdos explícitos obligan legalmente. Por eso la sabiduría popular avisa y recomienda la prudencia en los compromisos firmados: [45a] Ni comer sin beber, ni firmar sin leer. [45b] Ni te cases sin ver, ni firmes sin leer. Aunque estos refranes aluden también a otros actos de la vida, como comer o casarse, su verdadero interés reside en aconsejar desconfianza ante los documentos y negocios legales. Y también: [45c] Ni bebas agua que no veas, ni firmes carta que no leas.

46. **Mentir y comer pescado, piden cuidado**

La prudencia en el hablar afecta a todas sus modalidades. Si se requiere previsión en el decir verdades, ¿no se necesitará para mentir? Entiéndase que el refranero no recomienda la mentira, pero es sabido que es muy difícil pasar la vida sin mentir ni una sola vez, de modo que, si hemos de andarnos con mentiras, tanto mejor si somos prudentes. La comparación con el pescado no es gratuita: del mismo modo hiere una espina en la lengua que una mentira cazada. Una variante de este refrán es el siguiente: [46a] Para mentir y comer pescado, hay que andarse con cuidado.

47. **Quien con muchos se casa, a todos enfada**

Este refrán recrimina a aquellas personas que, queriendo agradar a otras, se ven obligadas a mentir o a decir mal de terceros. Se avisa que no se puede complacer a todos: lo que a uno contenta, a otro enoja.

48. **Quien a todos cree, yerra; quien a ninguno, no acierta**

La prudencia es, en el refranero popular, hermana de la desconfianza.

La sabiduría popular aconseja huir de los extremos y recomienda un término medio en todo. Los riesgos a los que nos vemos sometidos en todos los actos de nuestra vida imponen este término medio. Es probable que no obtengamos el máximo provecho, pero no daremos ocasión a males irreparables. Éste es el caso del presente refrán, que sugiere no ser ingenuo en exceso ni desconfiado hasta el límite. Este refrán aparece en *La Celestina* así: [48a] Estremo es creer a todos y yerro no creer a ninguno. Séneca había formulado la misma idea en su Epístola, III: *Utrumque enim virtium est et omnibus credere et nullis.*

49. Quien de otro se fía, ya llorará algún día

El individualismo y el recelo son las características de este refrán. Sugiere que depositar la confianza en otras personas acarrea perjuicios seguros a largo plazo. Existe un refrán cuyo sentido es semejante: [49a] Quien no confía, no desconfía; en este caso, se nos muestran los beneficios de la individualidad y la autosuficiencia. Este refrán alaba a las personas que no dependen de otras para la consecución de sus fines.

50. De hombre que nunca ríe, nadie fíe

Ya advertía el refranero sobre la desconfianza que debemos a quienes hablan en exceso, a los que callan, o a los que acechan nuestros errores. La prudencia aconseja también tener precaución con otras personas que actúan de modos extraños: la risa es la demostración gestual de nuestro placer y nuestro buen humor. Durante la época clásica se consideraba uno de los atributos del ser humano, pues es el único animal capaz de reír. El saber popular conoce que la ausencia de risa es un síntoma de mala conciencia, de mal talante o de malas intenciones. Pero ¡cuidado! la templanza aconsejará reír con moderación para no ser considerados locos o faltos de juicio.

51. Con mujer barbuda y hombre desbarbado, cuidado

He aquí otros dos tipos físicos con los que debemos andarnos con tiento: mujeres barbudas y barbilampiños. Las mujeres barbudas han sido siempre objeto de extrañeza o de burla, y las ferias y los circos han exhibido a estos curiosos seres con gran regocijo de todos, aunque, a decir verdad, en la mayoría de las ocasiones se trataba de engaños y postizos. No obstante, se tienen noticias de una famosa y verdadera mujer barbuda de Peñaranda, de la cual habla Sebastián de Covarrubias en su *Tesoro.*

Por lo que toca a los hombres, la barba ha sido considerada como símbolo de hidalguía, de caballerosidad o de hombría. Se dice que, en cierta ocasión, preguntaron al sabio Diógenes por qué había dejado crecer tanto su barba, a lo que contestó: «Para notar a todos y en todas ocasiones que soy hombre.» Otro refrán hace referencia a la imprudencia en relación con las barbas: [51a] A POCA BARBA, POCA VERGÜENZA. Señala el descaro con que se conducen los jóvenes, en ocasiones.

52. NO TE FÍES DE LIGERO DE QUIEN SE DICE COMPAÑERO

Si la desconfianza y la prudencia deben usarse en todos los órdenes de la vida, más cuidado hemos de tener cuando se trata de aduladores y cobistas. Ésta es la recomendación del presente refrán, porque los verdaderos amigos no necesitan proclamar que lo son a cada momento. [52a] QUIEN MUCHO TE ALABA, TE LA CLAVA, dice otro refrán español.

53. EL AMIGO PROBADO; EL MELÓN CALADO

Este simpático refrán hace referencia a dos asuntos muy diferentes, y en ello consiste su gracia. Sólo el verdadero ingenio popular puede crear una comparación entre un amigo y un melón, objetos que por su naturaleza y condición son tan distintos. Estos «saltos de ingenio» que nos regala el refranero popular son la prueba de la gran calidad artística del saber común. Pero el refrán no tendría ningún valor si no incluyera una recomendación o un consejo. En el caso que nos ocupa deben hacerse algunas precisiones: antiguamente, y hasta bien entrado nuestro siglo, los vendedores de fruta ofrecían en las plazas y bocacalles sus productos. Cuando éstos eran sandías o melones el comprador exigía una cala, esto es, una incisión cuadrada por la cual se comprobaba si el melón o la sandía eran buenos o no. Esta práctica, ya en desuso, era muy gravosa para el comerciante pero muy recomendable y segura para el cliente. Volviendo al refrán, éste aconseja someter al amigo a una prueba, (como al melón), para asegurarnos de sus verdaderas intenciones y para fiar en su lealtad. En caso de duda, lo más prudente es someterse al proverbio: [53a] MEJOR SOLO QUE MAL ACOMPAÑADO.

54. EL AMIGO QUE NO ES CIERTO, CON UN OJO CERRADO Y OTRO ABIERTO

La prudencia aconseja desconfiar de los amigos falsos. Porque el enemigo declarado pocas veces está a nuestro lado, pero el traidor permanece agazapado y oculto hasta que halla la ocasión de hacernos daño. La referencia al ojo es también una referencia al sueño, porque los traidores suelen actuar en la oscuridad, y en tiempos lejanos la traición se verificaba durante la noche mediante el asesinato. Otro refrán, más explícito, es éste: [54a] HAY HOMBRES TALES QUE SON TRAIDORES Y PARECEN LEALES. La historia de la humanidad está repleta de grandes traiciones. Una de las más famosas es la que tuvo como protagonista al legendario caudillo lusitano Viriato, durante la conquista romana de Hispania. Las batallas se sucedían y el valor de Viriato hacía improbable la victoria romana; hasta que ciertos traidores asesinaron al heroico guerrero luso, pensando en obtener alguna recompensa por parte de las tropas imperiales. Cuando los traidores llevaron la cabeza de Viriato a los enemigos y pidieron su valor en monedas, se les contestó: «Roma no paga traidores.»

55. El amigo imprudente con una piedra te mata el mosquito en la frente

Significa el riesgo de contar con amigos necios o zafios o locos; aquellos que por querer reparar un pequeño mal amenazan con otro peor.

56. Juntóse el lobo a la oveja, y le comió la pelleja

Aviso sobre las malas compañías. La persona mansa que cae en los lazos de hombres astutos y fieros acarrearán con las mayores desgracias. Indica el refrán que dos talantes opuestos no pueden convenirse.

57. A cordero extraño, no metas en tu rebaño

En el mismo tono pastoril del refrán anterior, éste nos recuerda los recelos ante personas desconocidas o extrañas. La prudencia aconseja no abrir las puertas de nuestra casa ni de nuestro corazón a aquellos a los que no conocemos. Este refrán, aplicado a las personas, es también efectivo si se lee literalmente, y los pastores saben muy bien los quebraderos de cabeza que supone tener un cordero ajeno.

58. Brasa trae en el seno la que cría hijo ajeno

Este refrán es uno de los más gráficos entre las joyas de nuestro refranero: la imagen de la brasa o madera candente sugiere los dolores y desprecios a los que se verá sometida la mujer que cuida de hijos que no son propios. Sea verdadero o no, el refrán advierte contra las penas de tomar afecto a quien ha de abandonarnos.

59. Quien da pan a perro ajeno, pierde pan y pierde perro

En el mismo sentido del anterior, este refrán aconseja medir con prudencia los favores a quien ha de abandonarnos. La fidelidad del perro y su zalamera conducta con los demás se toman aquí como modelo de la conducta de ciertas personas. Mueve el can su cola porque le entreguamos el mendrugo de pan, pero, una vez obtenido, volverá con su dueño.

60. A enemigo que huye, puente de plata

Se expresa ante la posibilidad de librarnos de algún importuno o de cierta persona que consideramos peligrosa, perjudicial o molesta. Sugiere también la necesidad de facilitar la huida de gentes que nos están haciendo mal. Otras formas son: [60a] A enemigo que huye, diez bendiciones. Y esta otra, un tanto menos complaciente: [60b] A enemigo que huye, golpe de gracia.

61. El que en fuego busca, o se quema o se chamusca

La prudencia que aconseja hablar poco y callar mucho, la que recomienda no fiarse sino de uno mismo o la que avisa de no inmiscuirse en asuntos ajenos, esa misma prudencia nace del escarmiento. Este refrán, concretamente, sugiere no realizar actos que supongan peligro, no indagar en asuntos turbios y, en general, no someterse a riesgos innecesarios. Del mismo modo, el siguiente refrán: [61a] Quien juega con fuego, se quema los dedos. El fuego ha sido siempre una referencia de peligro en la cultura de todos los pueblos. Cuando se establecieron las reglas de las religiones monoteístas, quedó fijado que los perversos y malvados acabarían chamuscados en el infierno, y por tanto, la cercanía del fuego indica peligro y tentación en la conciencia popular. Por otro lado, la hermosura de las llamas y los beneficios de su calor atraen al hombre de un modo irresistible. También, en la época clásica, el fuego era un elemento purificador. Así, lo atractivo del fuego y su peligro se han unido en el pensamiento popular, con todos sus significados, a veces olvidados, pero siempre presentes en el subconsciente de los hombres.

62. Ni tan adentro del horno que te quemes, ni tan afuera que te hieles

De nuevo encontramos la idea del «término medio» como uno de los conceptos básicos de la cultura popular. Y de nuevo, como en el refrán anterior, la referencia al fuego. En éste se aconseja no ser tan imprudente en nuestros actos que corramos algún peligro, ni tan apocados que no logremos lo que deseamos.

63. No te quemes la boca por comer pronto la sopa

El escarmiento de quien se quema la lengua por querer sorber ansiosamente la sopa sirve al refranero para enseñar que hemos de comportarnos con moderación y prudencia en nuestras acciones. La precipitación o el descuido conducen a riesgos y peligros ciertos. Otro refrán burlesco completa el precedente: [63a] Quien se quema en la sopa, sopla en la fruta. El escarmiento es el aprendizaje de la prudencia, y una vez que hemos aprendido a ser juiciosos en todos los actos de la vida, en cualquier situación aplicamos la precaución que no tuvimos en un principio.

64. El gato escaldado, del agua fría escapa

Enseña que cuando hemos aprendido que algo nos perjudica, desconfiamos de todo lo que se le parezca, aunque no suponga ningún peligro.

65. El escarmentado busca el puente y deja el vado

El escarmiento es el padre de la prudencia. Y, aunque [65a] El hombre es el único animal que tropieza dos veces en la misma piedra, el conocimiento de lo dañino y peligroso suele forzarnos a evitarlo. Se llama «vado» al paso de una corriente de agua de poca profundidad. Estos pasos han sido muy utilizados y conocidos en áreas rurales, especialmente cuando el hombre viajaba con caballerías o acémilas, y no siempre se usaron como atajos sino como vías principales. El hombre, conocedor de los peligros que entrañaban estos vados en épocas de fuertes crecidas, hallaron un sustituto de los puentes en los llamados «pontones», que consistían en gruesas piedras firmemente colocadas y asentadas en los períodos de sequía. El caminante debía saltar de piedra en piedra, pero, aún así, era muy grande el riesgo de caer o resbalar en la roca húmeda. Otro refrán reza: [65b] El escarmentado bien conoce el vado.

66. Escarmentar en cabeza ajena, doctrina buena

Refiere este refrán la bondad de aprender de los errores ajenos. Porque además de obtener el conocimiento de lo que nos es dañino, el dolor no lo sufrimos en nuestras carnes. Como en todos los refranes anteriores, donde la prudencia es el denominador común, la sabiduría popular hace hincapié en la capacidad de observación y aprendizaje para prosperar y vivir felizmente.

67. Tropezar y no caer, buen aviso es

Indica la necesidad de escarmentar en la primera ocasión que sufrimos un leve percance, de modo que no incidamos en el mismo error, cuando la desgracia podría ser ya irreparable.

68. Cuando las barbas de tu vecino veas pelar, pon las tuyas a remojar

Este conocidísimo refrán enseña a observar las desgracias ajenas y estar prevenido ante las que nos puedan acontecer a nosotros. La referencia a las barbas es muy significativa: en el mundo clásico y en la Edad Media la barba indicaba honor, valor y poder. La mayor afrenta entre moros y cristianos era tirarse de las barbas, o dicho con propiedad «mesarle» a uno las barbas. De aquí que «reírse a las barbas de uno» signifique burlarse con afrenta y desprecio. Un antiguo refrán decía: [68a] A BARBA MUERTA, POCA VERGÜENZA, indicando la fanfarronería de los cobardes ante la muerte o ausencia de quienes ostentaban el poder sobre ellos. A este propósito cuenta la leyenda que en San Pedro de Cardeña se encontraba el cadáver del Cid Campeador, recién muerto. Muchas gentes visitaban la capilla ardiente y veneraban su recuerdo, pero entre los peregrinos había también quien sólo deseaba comprobar que el héroe se hallaba muerto y bien muerto. Un judío se presentó ante el finado caballero y, queriéndolo afrentar, intentó tirarle de las barbas. El Cid se movió e hizo ademán de sacar su *Tizona* y dar muerte al ofensivo judío. Sigue el cuento diciendo que el judío se arrepintió de su cobardía, que se convirtió al cristianismo y se quedó a servir en el convento.

69. Pez viejo no traga anzuelo

La prudencia aprendida en el escarmiento es también el motivo de este refrán, que utiliza la figura de un animal (el pez) y su correspondiente daño (el anzuelo) para referirse al hombre y a los peligros que le acechan. La vejez es símbolo de sabiduría y prudencia: el paso de los años enseña los lugares donde están situadas las trampas y los errores en la vida nos hacen escarmentados y desconfiados. La prudencia y la desconfianza de los ancianos escarmentados de los errores se refleja en el siguiente refrán: [69a] AÑOS Y DESENGAÑOS HACEN A LOS HOMBRES HURAÑOS. Otros refranes similares con animales son: [69b] PÁJARO VIEJO NO ENTRA EN JAULA. Y [69c] UNA VEZ SE LA PEGAN AL GALGO, PERO A LA SEGUNDA ENCOGE EL RABO.

70. UNA VEZ ENGAÑAN AL PRUDENTE, Y DOS AL INOCENTE

Por el escarmiento aprendemos la prudencia; y la inteligencia nos advierte para no repetir los errores cometidos. La inocencia no es desconfiada y vuelve a caer en las trampas.

71. HOMBRE PREVENIDO, VALE POR DOS

Recomienda la cautela en todos los ámbitos de la vida. Se da a entender que las personas que obran con precipitación e imprudencia necesitan ayuda o necesitan emplear más esfuerzos que las personas precavidas y templadas.

72. DEL VIEJO, EL CONSEJO

Véase [69]. El hombre llega a la vejez tras numerosos errores y escarmientos; el anciano ha aprendido a observar y a ser prudente; los mayores han adquirido el conocimiento de la prudencia y los usos de la vida. Este refrán recomienda prestar oídos a quien ha vivido más y sabe más. Del mismo modo: [72a] SI QUIERES BUEN CONSEJO, PÍDELO AL HOMBRE VIEJO. [72b] MÁS SABE EL DIABLO POR VIEJO QUE POR DIABLO. Este refrán se expresa en ocasiones invirtiendo las dos primeras palabras: [72c] SABE MÁS EL DIABLO POR VIEJO QUE POR DIABLO. Indica que la astucia y las añagazas se aprenden con el paso de los años y no por la condición natural de cada uno. En ocasiones se cambia el «diablo» por el «perro». Del mismo modo, pueden invertirse los términos: [72d] QUIEN NO OYE CONSEJO, NO LLEGA A VIEJO.

73. DESPUÉS DE VERME ROBADO, COMPRÉ UN CANDADO

Éste es el refrán de la imprudencia y el escarmiento. Refiere la acción del insensato que ha sufrido un daño y pone remedio (inútil) después. Pero no todo es burla en este refrán: si el perjuicio ya se ha sufrido, es de precavidos disponer los medios para que no vuelvan a suceder.

74. EL QUE CON NIÑOS SE ACUESTA, MEADO SE LEVANTA

Indica este refrán la insensatez de mantener relaciones con necios o imprudentes. El uso de los «niños» se debe a su condición simple e inocente. En general, los niños han sido considerados en la historia como seres de inteligencia mínima y la primitiva psicología del siglo XVIII (John Locke, por ejemplo) certificaba que eran individuos eminentemente «estúpidos». No ocurre lo mismo en el campo del moralismo y las religiones, donde la infancia ha sido siempre indicativo de pureza e inocencia. Otros refranes que señalan la necesidad de ser precavidos con las personas de nuestro entorno son los siguientes: [74a] Quien con niños se acuesta, por la mañana apesta. [74b] Quien con perros se acuesta, con pulgas despierta. [74c] El que anda con aceite, se pringa.

75. Las paredes, orejas y ojos tienen

Antiquísimo refrán que aparece ya en *La Celestina* y que previene ante la posibilidad de que nuestras palabras delaten nuestras intenciones, nuestras previsiones o nuestra aversión hacia otras personas. Algunos autores consideran este refrán como dicho o como proverbio y se lo adjudican a personas de épocas más recientes. Sin embargo, como vemos, ya Fernando de Rojas sabía que «las paredes oyen».

76. Entre la mano y el plato, entra el gato

La prudencia enseña también a evitar los descuidos. Para que los bienes y los placeres no nos sean arrebatados conviene ser precavido, y andar listo: más listo que el gato para que no nos arrebate el bocado. Y más listos que la liebre hemos de ser si deseamos cazarla: [76a] Donde menos se espera salta la liebre.

77. El descuidado va por lumbre, el cuidadoso él se la cubre

Con este ejemplo enseña el refranero que la prudencia y el cuidado evitan los disgustos. La persona poco precavida descuida sus intereses y los pierde o halla menoscabo en ellos. El prudente cuida de sus bienes. Indica este refrán que el descuidado tiene doble trabajo: buscar lo bueno y volverlo a buscar por su mala cabeza.

78. En martes, ni te cases ni te embarques

Uno de los principales actos de prudencia es evitar el peligro y la ocasión en que sucedan desgracias. El famosísimo refrán que transcribimos aquí indica la necesidad de no emprender negocios o asuntos importantes en martes. Esta superstición, vigente incluso en nuestros días, tiene una historia de más de veinte siglos. Para comprender su significado hay que volver la mirada a los tiempos de la Roma clásica: los romanos establecieron los días de la semana en virtud de los dioses a los que se consagraban. Así, el lunes era el día de la Luna, el martes correspondía al dios Marte, el miércoles a Mercurio, el jueves a Jove o Júpiter, el viernes a Venus, el sábado a Saturno y el domingo al Sol. (Si en español decimos «domingo» es porque el cristianismo asoció este día a Dios, al Señor, *dominicus*, en latín.) Pues bien, el martes correspondía, como se ha dicho, a Marte, el dios de la guerra y la discordia. La presencia de este dios garantizaba el desastre en cualquier negocio que se emprendiera: se evitaba viajar, comerciar o entablar relaciones. Es muy lógico que evitaran también casarse, porque el matrimonio verificado en martes estaría regido por la discordia. El martes era, en cambio, el mejor día para entrar en guerra.

79. GUÁRDATE DEL AGUA MANSA, QUE LA RECIA ELLA MISMA SE APARTA

También este refrán enseña a evitar el peligro y a ser precavidos ante las apariencias. En este caso, como en tantos otros, la sabiduría popular utiliza una metáfora: el agua representa también al hombre. Indica que conviene ser prudente y desconfiado con las personas de apariencia tranquila porque son las que, aprovechando la confianza que se deposita en ellos, pueden hacer más daño. A los enemigos desde lejos se les conoce, pero no a los traidores. Otro refrán similar es: [79a] DEL AGUA MANSA ME LIBRE DIOS, QUE DE LA BRAVA ME GUARDO YO. El peligro acecha a veces en lo que se muestra apacible: [79b] DONDE VA MÁS HONDO EL RÍO, HACE MENOS RUIDO. [79c] LA CORRIENTE SILENCIOSA ES LA MÁS PELIGROSA.

80. GUÁRDEME DEL AIRE COLADO Y DEL FRAILE COLORADO

Este refrán aconseja protegerse contra las corrientes de aire y de los clérigos visitadores. En esta ocasión, el refranero señala estos dos elementos como los más peligrosos: el aire corriente es muy dañino para la salud, y los frailes muy peligrosos para la despensa. El anticlericalismo, la crítica contra curas, frailes y monjas, es muy común en la literatura española y también en otras formas culturales de tipo popular. El fraile colorado es el clérigo zampón y bebedor, más amigo de la mesa que de la misa, enredador y bailón. En Guipúzcoa es muy conocida la historia de dos frailes de esta calaña: iban los dos clérigos por el camino discutiendo y, al cruzarse con un villano molinero le preguntaron: «Oye, Pernando Amezquetarra, una disputa tenemos, a ver si nos la resuelves: ¿cuánto tardaría una piedra tirada desde la Luna en llegar a la Tierra?» A lo que el molinero contestó: «Una piedra, no sé; pero si a las once y media se tirase a un fraile desde la Luna, a las doce ya estaría sentado a la mesa.»

81. Cantarillo que mucho va a la fuente, o deja el asa o la frente

De este conocido refrán se conocen muchas variantes e incluso formas proverbiales: [81a] Tanto va el cántaro a la fuente que al fin se quiebra. Lo habitual es encontrar el verbo «romper» y no el «quebrar», que es una forma culta en la actualidad. [81b] Tanto va el cántaro a la fuente que se acaba por romper. El significado del refrán y sus correspondientes proverbios hacen referencia a la necesidad de no insistir en los peligros o evitar los riesgos. Efectivamente el mucho trajín que llevaban los cántaros cuando había que utilizarlos para ir a buscar agua, hacía que muchos se perdieran. Pero estas expresiones tienen otro significado, tal vez más sugerente: las fuentes han sido tradicionalmente un lugar de reunión de las mozas y mozos en áreas rurales. Para evitar contratiempos se aconsejaba a las mozas no pasar mucho tiempo en la fuente y volver con el cántaro cuanto antes. Decía la coplilla popular:

En la fuente del rosel
lavan la niña y el doncel.

En la fuente de agua clara
con sus manos lavan la cara.
Él a ella y ella a él,
lavan la niña y el doncel.
En la fuente del rosel
lavan la niña y el doncel.

82. A gran arroyo, pasar postrero

Recomienda este refrán no correr riesgos ante peligros evidentes, y dejar el negocio para más adelante o para cuando otros hayan probado suerte.

83. Ir contra corriente no es de hombre prudente

El refranero aconseja mantenerse en los límites impuestos por la comunidad. Recomienda no enfrentarse a las actitudes comunes y a las normas sociales.

84. No dejes camino viejo por sendero nuevo

La prudencia aconseja seguir los usos comunes y no correr los riesgos de la novedad. Del mismo modo, sugiere la posibilidad de cometer graves errores si optamos por la aparente comodidad. Porque, en ocasiones, lo que parece más fácil resulta gravoso y difícil. Así en los siguientes refranes: [84a] No siempre es buen tino seguir el corto camino. [84b] Quien deja camino por vereda, atrás se queda.

85. Quien va despacio y con tiento, hace dos cosas a un tiempo

En cualquier caso, los refranes enseñan la prudencia (el «tiento») frente a la precipitación y el riesgo. En la presente expresión, es evidente que quien «va despacio» y «va con tiento» hace dos cosas; pero el refrán se refiere, con exactitud, a que «se obtienen dos bienes»: se logra el objetivo y se evita el peligro.

86. Una onza de tiento vale más que una libra de talento

Se alaba en este caso la prudencia frente al ingenio o el valor, y se sugieren los beneficios de la previsión frente a los riesgos de la valentía o la inteligencia. El saber práctico siempre escoge al «listo» antes que al «inteligente». Del mismo modo se expresa el siguiente refrán: [86a] Más vale una onza de buen tiento que una arroba de talento. Existe en España una variante de origen italiano: [86b] Piano, piano se va lontano. Es decir: despacio, despacio, se llega lejos.

87. A camino largo, paso corto

Recomienda este refrán no precipitarse en tareas que requieren mucho tiempo. En general, recuerda que todas las labores y negocios necesitan su tiempo y que, como dice el proverbio [87a] La prisa no es buena consejera. En sentido literal, el consejo de caminar lentamente cuando se emprende un viaje largo a pie es muy recomendable, con el fin de no agotar las fuerzas antes de lo necesario.

88. Las cosas de palacio, van despacio

Señala que los asuntos delicados se han de realizar con mucho tiento y precaución. Bien es cierto que este refrán se utiliza habitualmente para indicar la premiosidad o lentitud con que se desenvuelve la administración, y remite a la poca eficacia burocrática.

89. No estés al sol sin sombrero, ni en agosto ni en enero

Las referencias a la meteorología y a los meses del año son muy comunes y conocidas en el refranero español. Pero cada uno de ellos significa y expresa una cosa distinta. En este caso el refrán señala la necesidad de prudencia ante cierto fenómeno común en agosto y en enero: el sol. Tan perjudicial es el tórrido sol veraniego como el engañoso sol invernal. De ahí la recomendación del uso de un sombrero. El sol de invierno provoca enfriamientos muy desagradables, así lo prevé este refrán: [89a] En febrero, busca la sombra el perro. O, al menos: [89b] En febrero, un rato al sol y otro al humero. Es decir, un rato al sol y otro a la lumbre.

90. Hasta el cuarenta de mayo no te quites el sayo, y si el tiempo es importuno, hasta el cuarenta de junio

Del mismo modo que en el refrán anterior, la prudencia aconseja no guardar la ropa de invierno (el «sayo») hasta bien entrada la primavera.

91. Agosto, frío en el rostro

Previene contra los fríos de las noches veraniegas, especialmente en ciertas zonas de Castilla, donde siempre refresca con la caída de la tarde.

92. El burro delante para que no se espante

La forma original parece ser [92a] El burro delante para que el amo no se espante, indicando la necesidad de mantener nuestros bienes a la vista y andarse con cuidado ante los imprevistos. Sin embargo, la forma más común es la que se ha utilizado en primer lugar. El significado es el mismo, pero se pone la atención en los bienes y no en el hombre. En ocasiones este refrán lo utilizan los maestros para corregir defectos sintácticos en los alumnos: si un estudiante dice «yo y mi amigo», el maestro contesta con el refrán; y por no tenerse por borrico, el joven rectificará disponiendo la oración correctamente: «mi amigo y yo.»

93. La casa se arruina por la cocina

La previsión es otra de las características de la prudencia. La prudencia enseña a ahorrar para el futuro. El despilfarrador es un imprudente: corre un riesgo y se aboca a la desgracia. El fin de la prudencia es evitar las desgracias y enseñar a prevenirlas. En el caso de este refrán, la sabiduría popular señala la necesidad de no derrochar en cuestiones alimenticias.

Esta idea se forja en la creencia de que comer poco es más saludable (para el cuerpo y el bolsillo) que comer mucho.

94. Antes de casar, ten casas en que morar, tierras en que labrar y viñas en que podar

Recomienda prevenir el hogar y el alimento antes de contraer matrimonio. Indica que es una locura dejarse llevar por sentimientos amorosos antes de asegurarse el porvenir. La triple referencia a las casas, la tierra y las viñas alude a los tres elementos considerados necesarios para la digna subsistencia: un techo, el pan y el vino. En términos generales puede aplicarse este refrán a los hombres que se precipitan en lograr el placer sin pensar en las necesidades más primarias.

95. Guardar para la vejez, acierto es

Señala este refrán la necesidad de ahorrar para los días en los que las fuerzas no nos permitan trabajar.

96. Imita a la hormiga, si quieres vivir sin fatiga

Tiene la hormiga fama de previsora. De ahí que el refranero adopte esta comparación para indicar la necesidad de guardar o ahorrar para cuando lleguen los malos tiempos. Es muy conocida la fábula de «La cigarra y la hormiga». La tradición de esta fábula se remonta a Esopo (h. 550 a. C.), legendario fabulista griego; otros autores pusieron en lengua y versos modernos esta famosa historia: Jean de La Fontaine (1621-1695) en Francia y Félix María de Samaniego (1745-1801) en España. Como es sabido, la hormiga trabajaba durante el verano mientras la cigarra cantaba y bailaba. Cuando llegó el frío invierno, la cigarra pidió prestado algo de alimento a su vecina la hormiga, a lo que ésta contestó:

«¿Yo prestar lo que gano
con un trabajo inmenso?
Dime, pues, holgazana,
¿qué has hecho en el buen tiempo?»
«Yo», dijo la Cigarra,
«na todo pasajero
cantaba alegremente,
sin cesar un momento».
«¡Hola! ¿Conque cantabas

cuando yo andaba al remo?
Pues ahora, que yo como,
baila, pese a tu cuerpo.»

(De Félix María de Samaniego, *Fábulas morales,* 1781.)
Idéntico en su significado es el siguiente refrán: [96a] NO HAY MEJOR DOCTRINA QUE LA DE LA HORMIGA.

97. QUIEN GUARDA, HALLA

Similar a los anteriores, recuerda la necesidad de ahorrar y conservar lo que se posee. Del mismo tenor es el refrán que dice: [97a] QUIEN SE ASEGURA, DURA. Hace referencia a la conservación de los bienes pero también indica la prudencia y la desconfianza ante los negocios.

98. AGOSTO Y SEPTIEMBRE NO DURAN SIEMPRE

Recuerda que los placeres y la abundancia no son perpetuos y que, por fuerza, tras los buenos tiempos llegan los malos, y viceversa, como sucede en todas las cosas de la vida; en general, se puede interpretar como la sucesión de la abundancia y la escasez, de la alegría y la pena, del descanso y los trabajos. De modo concreto, el refrán señala que es necesario pensar que tras la siega y la vendimia llegarán los meses de invierno, el tiempo donde la tierra ofrece muy poco o nada. Aconseja, por tanto, guardar y ahorrar en esos meses de abundancia, cuando los silos y los lagares se hallan rebosantes y magníficos.

99. AGUA QUE NO HAS DE BEBER, DÉJALA CORRER

Uno de los principales actos de prudencia consiste en no inmiscuirse en asuntos ajenos, ni de palabra ni de obra. El conocidísimo refrán del que nos ocupamos ahora hace referencia precisamente a esta circunstancia: aquello que no nos incumbe debemos dejarlo pasar y desentendernos de ello. La sabiduría popular ha utilizado la semejanza de la vida con el curso de los ríos y ha comparado los accidentes de una y otro. Así lo han hecho también los grandes poetas de todos los tiempos. En nuestra lengua contamos con uno de los más preciosos ejemplos poéticos: Jorge Manrique (h. 1440-1479) en sus *Coplas* los siguientes versos:

...] Nuestras vidas son los ríos
que van a dar en la mar,
que es el morir,

allí van los señoríos
derechos a se acabar
y consumir; [...]

100. A BODA NI BAUTIZADO, NO VAYAS SIN SER LLAMADO

Recomienda, como el precedente, no involucrarse en asuntos que nos son ajenos. El refrán hace referencia a bodas y bautizos para expresar con claridad que deben evitarse interferencias en cuestiones privadas aunque tengan apariencia de públicas.

101. DONDE NO ME LLAMAN, PARA NADA ME QUERRÁN

La discreción como obra de prudencia es el significado de este refrán. Asimismo la discreción enseña a mantenerse alejado de las reuniones para las que no hemos sido reclamados. Quien no nos llama no nos necesita, y si estamos donde no se nos necesita, estorbamos. Así lo certifican los siguientes refranes: [101a] DONDE NO HAGO FALTA, ESTORBO. Y: [101b] NUNCA HE IDO DONDE NADA SE ME HA PERDIDO.

102. REY DE MI CASA ME SOY, Y A DONDE NO ME LLAMAN, NO VOY

Recomienda mantenerse en los límites de la actividad que nos es propia sin entrometerse en asuntos ajenos. Literalmente señala los beneficios de mantenerse cada uno en su casa y no ser visitadores importunos. Las «visitas» han sido muy valoradas en círculos urbanos (especialmente a partir del siglo XVIII, pero en los núcleos rurales estos actos sociales no estaban bien considerados. Los vecinos solían reunirse (y aún lo hacen) en las plazas, las fuentes, en las calles, pero rara vez los vecinos entraban en hogares ajenos. Aquellas mujeres que no tenían otro oficio que meterse en cocinas ajenas eran tachadas de alcahuetas y chismosas.

103. SIÉNTATE EN TU LUGAR Y NO TE HARÁN LEVANTAR

Como los anteriores, aconseja mantenerse en los lugares que nos son propios para no correr el riesgo y la vergüenza de ser despedidos si nos metemos en lo ajeno.

104. NO HAY MEJOR ANDAR QUE EN SU CASA ESTAR

De nuevo el refranero aconseja discreción: si uno quierte pasear... que lo haga por su propio patio.

105. **El que a mi casa no va, de la suya me echa**

Indica que las visitas deben ser recíprocas y que debemos entender cierto despego en quien no busca nuestra compañía.

106. **Más sabe el loco en su casa que el cuerdo en la ajena**

El oficio de los entrometidos es arreglar las casas y negocios ajenos. Pues bien, este refrán enseña que cada uno tiene razones para obrar como desee, y que, en último término, cada cual ha de arreglárselas como Dios le de a entender. Se recomienda, además, no juzgar los asuntos de los demás porque suele suceder que desconocemos las circunstancias en que se desenvuelven.

107. **Pasar de largo te conviene en lo que no te va ni te viene**

El conocido proverbio [107a] Zapatero a tus zapatos, coincide con este refrán en aconsejar no entrometerse en asuntos que no nos conciernen. El refrán no señala indiferencia, sino prudencia: porque, en lo que no nos compete, más fácil es hallar peligros y sinsabores que beneficios. Del mismo modo se expresa el siguiente refrán: [107b] En lo que no te va nada, no metas tu cucharada.

108. **Para lo que no es de mi cuenta, lo mismo me da ocho que ochenta**

Señala la indiferencia con que debemos observar los negocios y asuntos de los que no obtenemos oficio ni beneficio. Y, en general, recomienda desinterés en todo lo que no nos afecta. A este propósito es muy conocido el cuento del barbero de perros. Dice que se llegó un hombre a otro y, mirando al perro que estaba tendido a su lado, le preguntó: «¿Quiere vuesa merced que afeite al perro?» «Aféitele usted», dijo el interpelado. Y, mientras trabajaba, el barbero preguntaba: «¿Quiere vuesa merced que corte también las orejas?» «Córtelas usted», respondía el hombre. «¿Quiere vuesa merced que recorte el rabo?» «Recorte, recorte usted.» Y, finalmente, acabó el barbero de despachar al perro, y dijo: «¿Qué le parece a vuesa merced?» El hombre miró de soslayo al pobre can y contestó: «Bien, de todos modos el perro no es mío...»

Otro refrán similar reza: [108a] Lo que no es de mi cuenta, ni me enfría ni me calienta.

109. CADA PARDAL CON SU IGUAL

El refranero popular recomienda establecer relaciones sociales entre iguales. Porque es muy común que los subordinados envidien o vituperen al superior y éste desprecie a sus inferiores. Para evitar los disgustos que proporcionan las relaciones desiguales, los refranes han establecido que cada cual tenga trato con personas y gentes de su misma categoría social, económica o laboral.

110. NI EN BURLAS NI EN VERAS CON TU AMO PARTAS PERAS

Recomienda no tratar con familiaridad a los superiores. La expresión «partir peras» significa, precisamente, tener relaciones cordiales y de confianza entre dos personas. El trato llano con los superiores es siempre causa de posterior desgracia: si en burlas porque acabará por tenerse por ofendido; y si de veras porque pensará que el inferior se ha elevado mucho y ha obrado con altanería. Por estas razones se aconseja la misma actitud distante en este refrán: [110a] QUIEN CON SU MAYOR SE BURLÓ, PRIMERO RIÓ Y LUEGO LLORÓ.

111. NI SIRVAS A QUIEN SIRVIÓ, NI PIDAS A QUIEN PIDIÓ, NI MANDES A QUIEN MANDÓ

Recuerda este refrán que las personas que cambian de estado y posición cambian también de talante: si se ensalzan se tornan soberbios, y si se degradan serán traidores e infieles. Aquel que sirvió conoce todas las añagazas y estratagemas del sirviente, conoce las penurias del criado y ha sufrido el malhumor del amo: así que, por mucho conocer el oficio o por venganza, será cosa molesta servirle. Quien pidió conoce todas las desgracias y todos los desprecios, porque en ese miserable estado todo se sufre, y querrá probar el mendigo que alcanza riqueza cuántas afrentas puede sufrir el pobre. Aquellos que tuvieron poder nunca quisieron abandonarlo y si consienten en que se les ordene y mande es porque esperan que vuelva a cambiar la fortuna o traman conspiración: por esta razón los que mandaron en alguna ocasión hicieron acopio de bienes y se retiraron: para no sufrir que se les mande. Lo mismo indica el siguiente refrán: [111a] DONDE FUISTE PAJE NO SEAS ESCUDERO.

112. CADA COSA QUE VES SON DOS COSAS O TRES

Avisa este refrán sobre la dificultad de dar con la verdad en todas las cosas. Sugiere que cada asunto o acción u objeto tiene muchas caras y que no podemos fiarnos de una apreciación superficial. Como señala el proverbio: [112a] LAS APARIENCIAS ENGAÑAN.

113. CADA COSA QUE VES TIENE SU DERECHO Y SU REVÉS

En el mismo sentido que el anterior, este refrán señala que todo tiene dos caras, una buena y otra mala, sus «pros» y sus «contras». La prudencia aconseja medir los riesgos, la previsión recomienda sopesar el beneficio y el perjuicio. Así también: [113a] CADA COSA TIENE DOS ASAS: UNA FRÍA Y OTRA QUE ABRASA.

114. NO ES ORO TODO LO QUE RELUCE, NI HARINA LO QUE BLANQUEA

Se advierte sobre la necesidad de desconfiar de aquello que tiene apariencia muy agradable, tanto en las personas como en las cosas. También sugiere que en las cosas hermosas se hallan, a veces, grandes peligros o inconvenientes.

115. NO CREAS SINO LO QUE VEAS, Y AUN DE LO QUE VEAS, LA MITAD CREAS

Este refrán sugiere la necesidad de desconfiar de las palabras ajenas y recomienda, incluso, dudar de lo que se presencia o se tiene a la vista. Se trata de un pensamiento hiperbólico, es decir, llevado al extremo; pero la prudencia señala que siempre corremos el riesgo de engañarnos. Dice otro refrán: [115a] VER Y CREER COMO SANTO TOMÉ. Se refiere a uno de los doce apóstoles de Jesucristo: santo Tomás, llamado el *Mellizo.* Según los *Evangelios,* Jesús se apareció a sus discípulos después de muerto para certificar su resurrección. Cuando se produjo este encuentro Tomás no se hallaba presente y, a su regreso, sus compañeros le contaron la maravillosa visita que habían recibido; pero él desconfió y no lo creyó; y dijo: «Si no veo en sus manos la señal de los clavos, y meto mi dedo en el lugar de los clavos y meto mi mano en su costado, no lo creeré.» Una semana después se encontraban todos los discípulos reunidos, y también estaba Tomás. Volvió a aparecerse Jesucristo y, hablándole a Tomás le dijo: «Trae aquí tu dedo y mira mis manos; trae aquí tu mano y métela en mi costado.» Arrepentido de su actitud, Tomás se avergonzó. Le respondió Jesús: «¿Porque me has visto has creído? ¡Bienaventurados los que no vieron y creyeron!» (*Juan, 20, 24-29*)

116. Quien no abre los ojos tiene que abrir el bolsillo

La prudencia en el trato comercial y, en general, en todos los aspectos de la vida social, recomienda andarse con mil ojos: no siempre el perjuicio que se deriva de la precipitación es moral, en muchas ocasiones lo que más se lastima es el monedero.

117. No se queje de engaño quien por la muestra compró el paño

También referido al mundo comercial, este refrán aconseja tener a la vista lo que deseamos adquirir; indica la necesidad de compararlo, de examinarlo con cuidado y valorar su uso y su interés. Asimismo el presente refrán sugiere no fiarse de las alabanzas que se hagan del producto y comprobar por nosotros mismos la bondad del objeto que pretendemos comprar.

Esperanza

La Esperanza es la virtud mediante la cual se expresa el deseo de acontecimientos agradables o beneficiosos. Representa también el estado de ánimo según el cual vemos como posible aquello que deseamos. En términos religiosos, implica la confianza en la Providencia, la confianza en que Dios otorgará los bienes que se anhelan.

La Esperanza se representaba en la antigüedad como una dama con atuendo verde, una mujer melancólica e ilusionada en el porvenir. El verde de los campos en primavera muestra la pronta sazón del trigo y el verde de los frutos promete la abundancia de alimento en el verano. El color verde ha significado, desde entonces, el deseo de ver satisfechas las esperanzas de los hombres. En la Edad Media, los autores de novelas caballerescas señalaban que los galanes solteros o enamorados debían portar una cinta verde. Esta señal daba a entender que el caballero tenía puestos sus ojos en alguna damisela o bien que aún esperaba encontrar a la dama de sus sueños. La sabiduría popular ha reflejado estos orígenes en algunas ocasiones: se dice que los mozos que visten de verde se tienen por guapos, es decir, andan enamoriscados o buscando amores. Las imágenes de las vírgenes, llamadas de la Esperanza, siempre llevan un manto verde.

De la Esperanza se dice que es el único bien que siempre tiene el ser humano consigo, pues todo se puede perder y todo puede irse al traste, pero la Esperanza permanece en el corazón del hombre: «La esperanza es lo último que se pierde.» Así lo certificaba también uno de los grandes poetas del Siglo de Oro español, Lupercio Leonardo de Argensola (1559-1613), quien dedicó a este asunto una canción titulada, precisamente, *A la esperanza*: «El bien de la esperanza / solo quedó en el suelo / cuando todos huyeron para el cielo. / Si la esperanza quitas / ¿qué le dejas al mundo?»

118. Cuando una puerta se cierra, cientos se abren

Indica la variedad de caminos para lograr los objetivos y señala la necesidad de mantener la esperanza ante los imprevistos y las desilusiones. De imprevistos, golpes y palos supo mucho don Quijote de la Mancha, pero a pesar de los reveses de la vida jamás se dio por vencido en su aventura de caballero andante. En el capítulo 1, XXI el famoso hidalgo habla con Sancho en estos términos: «Paréceme, Sancho, que no hay refrán que no sea verdadero, porque todos son sentencias sacadas de la mesma experiencia, madre de todas las ciencias, especialmente aquel que dice: [118a] Donde una puerta se cierra, otra se abre.» Y es muy cierto que no hay gentes en el mundo que más necesiten de la esperanza que los caballeros andantes, y más que ninguno, nuestro inmortal héroe don Quijote.

119. A quien espera, su bien le llega

Parecido en su significado a otro más común [119a] Quien la sigue, la consigue, este refrán recomienda la paciencia y la esperanza en el curso de la vida. Como siempre, la sabiduría popular aconseja evitar la precipitación y el ansia en el logro de beneficios. Pero el refranero propone también no fiarlo todo al paso del tiempo y la complacencia: suele instar a la acción para obtener lo que se desea; es el caso de los siguientes refranes: [119b] El que espera, desespera. Y: [119c] Quien espera, desespera.

120. Nunca es tarde si la dicha es buena

Proverbio con el que se da a entender que la espera o la tardanza valen la pena si el resultado final o las consecuencias son positivas. En los mismos términos puede entenderse [120a] Más vale tarde que nunca.

121. Quien menos la procura, a veces ha más ventura

Viene a decir este refrán que no siempre se encuentra la felicidad a fuerza de mucho buscarla. Lleva implícita la recomendación de acomodarse a la vida con lo poco o mucho que nos ofrezca y ceder a la providencia o a la fortuna la capacidad de otorgarnos sus bienes. La fortuna o la suerte se imaginó en la Edad Media y en el Renacimiento como una rueda que se mantenía en perpetuo movimiento y que alcanzaba a unos o a otros sin ningún criterio. Este pensamiento, que ha llegado hasta nuestros días, se refleja en el saber popular en la forma del refrán sobrescrito.

122. Si no canta el gallo, cantará la gallina

Tiene este refrán dos significados. El primero hace referencia a la confianza de que algo bueno habrá de venir, por una parte o por otra. El segundo significado aborda las relaciones conyugales y señala que si el varón no hace uso de su tradicional poder, la mujer se apropiará el derecho de organizar y mandar en la casa.

123. Sufrir y callar y mejor tiempo esperar

Ante la adversidad, recomienda este refrán no airarse ni enojarse con la fortuna. Conviene tener paciencia y esperar mejores vientos. Los sinsabores de la vida y las desgracias irremediables han de sobrellevarse con resignación a la espera de que vuelva el placer y la alegría.

124. Tiempo vendrá que el triste se alegrará

Del mismo modo que los refranes anteriores, éste asegura que los tiempos cambian y quien sufre gozará, y el que goza, sufrirá. La diferencia entre este refrán y los anteriores es la seguridad con que en este caso la sabiduría popular afirma, sin dudas, que la fortuna será propicia a los hombres desgraciados. Esta idea es de origen judaico y cristiano: esta vida es considerada un valle de lágrimas y quien tiene confianza y esperanza en Dios acabará alegrándose, porque Dios le otorgará la felicidad. Se trata de la esperanza como virtud teologal. De esta manera la sabiduría popular recoge términos e ideas cultas en su seno. El rey David, a quien se atribuyen los *Salmos*, dice:

Tú eres mi esperanza,
mi confianza, Señor, desde mi juventud.
(*Salmos*, 71, 5)

Los Libros Sagrados recogen siempre la necesidad de esperar mejor fortuna en el Cielo, y en los *Evangelios* se reflejan en las Bienaventuranzas, esto es: la esperanza del favor de Dios. «Bienaventurados los que lloran, porque ellos serán consolados. Bienaventurados los que sufren, porque ellos heredarán la tierra, etc.» En los mismos términos se expresa la siguiente variante: [124a] Tiempo vendrá que al triste alegrará.

125. De do vino el asno vendrá la albarda

Esta graciosa expresión proverbial señala que los bienes de fortuna llegan muchas veces por el mismo camino por el que vinieron los males. Y, del mismo modo, de un mal puede alcanzarse un bien, como reza el proverbio: [125a] No hay mal que por bien no venga. La referencia al burro y a la albarda resulta ingeniosa: el pobre asno, por sí mismo, nada cuenta; sólo si trae las alforjas cargadas o a su dueño sobre las albardas, es bien recibido. Pero como es muy usual que la albarda venga sobre el burro, el mismo animal puede considerarse un bien.

126. La dicha que tarda con gusto se aguarda

Una variante de este refrán es [126a] La dicha que tarda con más gusto se aguarda. Ambos recuerdan que ante la seguridad de la llegada de un bien, el tiempo transcurre alegremente y las desgracias se sobrellevan de la mejor manera.

127. A falta de pan buenas son tortas

Este refrán recomienda la conformidad ante la escasez o la mengua. En general, señala la conveniencia de acomodarse con buen talante a lo que se posee, y cuando no se tiene nada, alegrarse con lo poco o mucho que se reciba. Hay que recordar que la masa de las tortas resultaba antaño muy dura y que se utilizaba como sustituto del pan de levadura cuando éste escaseaba.

128. Salud, días y ollas componen cosas

Este refrán recuerda que la salud y el alimento son los únicos elementos imprescindibles para vivir. Señala la esperanza de obtener bienes mayores siempre que contemos con estos tres aliados: la buena condición física, el tiempo y el sustento. En caso de apuro, conviene conformarse con lo dicho.

129. Dé donde diere y ruede el mundo como quisiere

Muestra la imposibilidad de encontrar fortuna segura en todos los actos del ser humano; señala también la necesidad de decidirse y actuar ante las dudas que puedan surgir. Se expresa generalmente cuando, hartos y cansados de no hallar la solución a un problema, nos decidimos por cualquier opción y nos resignamos ante las consecuencias. En otras ocasiones remite sólo a la pereza e irresponsabilidad con la que se realizan algunas acciones.

130. Todos los caminos conducen a Roma

Sentencia con la que se da a entender que no vale la pena esforzarse en buscar atajos o soluciones a un problema, porque éste se solucionará de un modo o de otro. Remite también a la esperanza sobre los distintos medios para alcanzar un objetivo. La sentencia hace referencia a las antiguas calzadas romanas, donde el punto principal era la capital del imperio y todas las vías estaban diseñadas para poder acceder a Roma de forma rápida y segura. De ahí que los viajeros y caminantes supieran que, cualquier camino que tomaran, acabarían en Roma, pues todas las vías comenzaban y concluían allí.

131. Ni lo dulce ni lo amargo dura tiempo largo

Muestra la inestabilidad de la fortuna y recuerda que tanto los bienes como los males son siempre pasajeros. La sabiduría popular tiene en cuenta que tras la abundancia viene la mengua, y tras la escasez, se gozarán los placeres. Un proverbio español sugiere esta misma idea: [131a] No hay mal que cien años dure. Pero esta sentencia tiende hacia el pesimismo, y nos enseña que si no cambia la suerte, el mal acabará con la muerte. Existe una coletilla, un tanto xenófoba, a este proverbio: [131b] No hay mal que cien años dure ni gitano que lo aguante. Se dice por la conocida paciencia que han tenido los gitanos para sobrellevar las calamidades y los reveses en su historia, pero del mismo modo puede aplicarse a cualquier hombre con mala fortuna.

132. No hay nublado que dure un año

Del mismo modo que el anterior, hace referencia a la volubilidad de la vida, y recomienda la esperanza como el mejor medio para soportar los reveses y la desgracia. De este modo la paciencia y la esperanza se convierten en los mejores aliados del hombre en la adversidad.

133. No hay mal tan grave que, si no se acaba, no se acabe

Con mucha ironía muestra este refrán que los males o enfermedades siempre se resuelven: o bien alcanzamos la salud y la prosperidad, o bien acabamos por morir a fuerza de dolores y penurias. Respecto a la enfermedad y los males que acarrea, el siguiente refrán recuerda que las dolencias crónicas tienen un origen muy anterior y son causa de la negligencia: [133a] No es de ahora el mal que no mejora.

134. A cualquier dolencia es remedio la paciencia

Recomienda soportar con mansedumbre los dolores físicos y morales de la vida, porque ni para el restablecimiento (tras una enfermedad) ni para las ofensas es recomendable la ira o la imprudencia. El conocimiento práctico del refranero sabe que [134a] El tiempo lo cura todo, y que esperar a que escampe es siempre el mejor método para andar sobre seguro. Una variante del refrán sobrescrito es [134b] A cualquier dolor, paciencia es lo mejor.

135. Quien canta su mal espanta

Porque se tiene por seguro que la diversión es el mejor antídoto contra la pena y la tristeza. Y porque el entretenimiento aleja las pesadumbres y nos distrae de las preocupaciones. Pero este refrán hace referencia también al hecho de «hablar o comunicar» los pesares que nos ocupan. Es conocido este método para ahuyentar los pensamientos sombríos. Al contar las desgracias se alivia el dolor porque se entiende que los amigos lo comparten y ayudarán en la resolución del problema.

136. Juntando los bienes con males, resultan todos los años iguales

Enseña este refrán que la vida es una sucesión de acontecimientos agradables y desagradables y que los placeres y las desgracias forman parte de nuestra existencia.

137. Unas veces ganando y otras perdiendo, vamos viviendo

Del mismo modo que el anterior, este refrán constata la volubilidad de la fortuna y los cambios de suerte en el transcurso de nuestra existencia. En general, constituye una afirmación de conformidad con la vida y una conciencia de que los sucesos del mundo unas veces nos benefician y otras nos perjudican. Otra versión de este refrán es: [137a] Unas veces tropezando y otras cayendo, vamos viviendo. De características más pesimistas, sugiere este refrán que los placeres son escasos y que debemos darnos con un canto en los dientes si las desgracias son escasas. Podría añadirse que esta sentencia afirma que la existencia no es sino un cúmulo de desgracias, unas veces pequeñas (tropezones) y otras graves (caídas). He aquí otra variante más simple: [137b] Yendo y viniendo vamos viviendo. Otra sentencia de similar significado dice: [137c] Unas veces se gana y otras se pierde.

138. Nunca llueve a gusto de todos

Este proverbio advierte sobre la variedad de circunstancias favorables y desfavorables de la vida. Y advierte que, lo que para unos es beneficioso o agradable, resulta para otros perjudicial o funesto. Recomienda la conformidad respecto a los acontecimientos que no se pueden evitar (como la lluvia del refrán).

139. Vivir bien es lo que importa, que la vida es corta

Recomienda este refrán acomodarse cuanto se pueda a los placeres que nos ha otorgado la vida y aconseja buscar los medios para gozar de lo que hemos logrado. Del mismo modo parece indicar que debemos alejarnos de las quimeras y preocupaciones que amargan nuestros años. La idea de la brevedad de la vida ha sido expuesta por numerosos poetas y filósofos. Séneca (h. I d. C.) se ocupó de este tema en su magnífica *De vita brevis* (De la brevedad de la vida). Nos recuerda el filósofo cordobés que no es cierto que la vida sea corta, sino que más bien la malgastamos y la abreviamos ocupándonos en asuntos vanos (deseo de gloria, dinero, poder, el juego, etc.). Dice Séneca que estas necias ocupaciones nos roban el tiempo y que nuestros días sólo están bien invertidos si los dedicamos a la sabiduría. He aquí sus palabras: «Es larga la vida, si de ella sabes hacer buen empleo.» También en la Roma clásica solía utilizarse el proverbio [139a] *Carpe diem*, esto es: «aprovecha tu tiempo», para indicar la brevedad de la vida y la necesidad de gozar de ella mientras dura. Más irresponsable y farandulera es la expresión española moderna [139b] Vive la vida.

140. Lo comido por lo servido

Esta expresión proverbial es la simplificación del refrán [140a] Váyase lo comido por lo servido. Indica la conformidad respecto a un negocio o a cualquier otro asunto en el que se pierde algo pero se gana otro tanto. Se utilizaba frecuentemente esta expresión cuando el comercio se realizaba mediante el intercambio o trueque de objetos o materiales. Puesto que dos objetos raramente tenían el mismo valor, unas veces salía beneficiado uno y otras, otro. Y todos en paz.

141. No hay río que no tenga vado, ni plazo que no llegue al cabo

Este refrán advierte en dos sentidos distintos: por un lado indica la confianza en la existencia de posibilidades para lograr un objetivo. Porque del mismo modo que todos los ríos tienen un paso fácil o vado, así todas las dificultades de la vida pueden atacarse y solucionarse de algún modo. Pero también recuerda que los compromisos y las promesas tienen un tiempo para cumplirse; y que debemos tener presentes las deudas que contraemos.

142. Cada uno estornuda como Dios le ayuda

Este refrán se expresa para señalar la conformidad con las posibilidades de cada cual: quiere señalar que no todos tienen las facultades o los deseos para alcanzar determinados objetivos, y que debemos conformarnos con lo que nos es dado. Suele decirse también que «cada uno hace lo que puede, y no lo que quiere». Respecto al estornudo: hoy contestamos habitualmente con «Jesús», pero en tiempos no lejanos se utilizaban distintas fórmulas: «Dios te ayude», «Jesús esté contigo» o simplemente «salud». Esta referencia cristiana o religiosa en un momento tan cotidiano y habitual tiene una explicación: la gripe común es hoy una enfermedad leve, pero, excepto en nuestro siglo, esta afección resultaba muy grave y podía ser mortal o revelar otras afecciones igualmente letales. La inexistencia de medicamentos (la penicilina, sobre todo) hacía que un resfriado se convirtiera en un verdadero drama familiar. La costumbre de taparnos la boca cuando estornudamos tiene, además de sus virtudes higiénicas, el mismo origen: se trataba de prevenir el contagio a toda costa.

143. Viento y ventura poco dura

O su variante: [143a] Buena ventura, poco dura. El carácter pesimista de los refranes tiene su máxima expresión en la desesperanza o amargura de este ejemplo y de los siguientes. Acostumbrados como están los hombres y mujeres de los pueblos de España a sufrir todo tipo de calamidades, surgió esta variedad triste de sentencias. Los conocimientos meteorológicos de los campesinos enseñan que la fortuna es tan voluble y variable como el viento, que unas veces sopla a favor y otras en contra. Así lo certifica el siguiente refrán: [143b] La fortuna es una veleta: nunca está quieta.

144. Nadie diga «bien estoy» sin añadir «hoy por hoy»

Nos recuerda que los males y desgracias pueden sobrevenir de improviso; y que lo que hoy es alegría puede ser pesar mañana. Escribió el estoico Séneca que es locura hacer planes para el mañana porque no conocemos el término de nuestra vida, y afirmaba que ignoramos qué ha de ser de nosotros en el instante inmediato. Lope de Vega decía, por su parte: «Nadie puede asegurar que va a vivir un instante más a partir del momento en que lo dice.»

145. A días claros, oscuros nublados

Del mismo modo este refrán sugiere que tras los días de bonanza, abundancia y felicidad, vendrán otros de miseria y pesadumbre. Recuerda la necesidad de estar prevenidos ante la llegada de los malos tiempos.

146. Año bisiesto, año siniestro

Este supersticioso refrán advierte que los años bisiestos resultan aciagos, pero no es cosa probada. El refranero popular tiene varias razones para considerar nefasto los años con 366 días. La primera razón es que se le añade un día a febrero, mes funesto en la tradición popular y generalmente apodado como «febrerillo, *el loco*». Dicen los supersticiosos que bastante largo es ya febrero con veintiocho días como para que, además, se le otorgue uno más. La segunda razón reside en el concepto de «normalidad». El saber popular no gusta de las excentricidades ni de las variaciones y prefiere siempre la regularidad. Por tanto, un año con un día de más es un mal presagio. Como es sabido, los años bisiestos son la consecuencia de la adaptación del calendario gregoriano al calendario solar por el cual se rige la medición del tiempo.

147. Cada año trae su daño y cada día su acedía

También este refrán revela el carácter pesimista de algunas expresiones españolas. Como los anteriores, nos recuerda que en la vida no es todo alegría y felicidad, y que a cada instante estamos sometidos a las variaciones de la fortuna. La «acedía» es «acidez o agrura de estómago». En Chile se utiliza esta palabra para indicar más justamente «tristeza o angustia». El siguiente refrán, más breve y conciso, comunica el mismo significado: [147a] No hay año sin desengaño.

148. No son iguales todos los días: los más traen penas, los menos, alegrías

La desesperanza o el pesimismo se expresa en este refrán con mucha ironía. Cuando esperamos que diga «unos traen penas y otros alegrías», el refranero acaba por resolver que todos los días son desgraciados: unos malos y otros peores.

149. Todas las horas nos maltratan, y la última nos mata

Este refrán abunda en la misma idea de los anteriores: la vida es una sucesión de dolores y penas, y la existencia concluye con la desgracia, la muerte. En la misma dirección se expresa el siguiente refrán: [149a] Son más los días que las alegrías.

150. Un mal ido, otro venido

Recuerda este refrán que no podemos alegrarnos en exceso de haber superado una dificultad, pues al momento nos acechan otros mil peligros y dolores. Esta expresión, como las anteriores, son el fruto de una conciencia popular pesimista que entiende la existencia como sucesión de desgracias.

151. Penas y olas nunca vienen solas

El refranero popular sorprende siempre por su ingenio y su gracejo; pero en ocasiones nos muestra sus verdaderos valores poéticos, como en este caso. El carácter nostálgico y triste de la imagen del mar se une al de los dolores humanos, y, de este modo, ofrece una verdadera joya de la poesía tradicional española. Con el mismo significado, pero en su versión proverbial, más escueto y ajustado, se expresa la siguiente sentencia: [151a] Las desgracias nunca vienen solas.

152. La desgracia a la puerta vela, y a la primera ocasión, se cuela

Advierte este refrán sobre la necesidad de ser prudentes y precavidos porque el peligro acecha siempre. En sentido contrario, otro refrán más esperanzador, advierte sobre la oportunidad de cambiar la fortuna. Recuerda que es necesario estar atento para aprovechar las pocas oportunidades que ofrece la vida: [152a] Cuando la ventura pase por tu puerta, hállela abierta.

153. A caballo y deprisa viene el mal, y a pie y cojeando se va

Señala la celeridad y sorpresa con la que los males se ciernen sobre el hombre y las dificultades que hallamos para librarnos de ellas.

154. Ponte en lo peor y acertarás de tres veces, dos

La desesperanza se expresa en este refrán para indicar que las desgracias son los acontecimientos más probables en la vida del hombre. «Ponerse en lo peor» significa «imaginar o tener por cierto que todo va a ocurrir del peor modo posible». Respecto a esta visión pesimista de la vida, un pretendido filósofo o científico moderno, a quien se llama *Murphy*, hizo una relación de *leyes* de probabilidad, según las cuales «si algo puede acabar mal, es seguro que acaba mal». Otra supuesta *ley* sugiere que si una tostada cae al suelo, es seguro que cae por el lado de la mantequilla.

155. Quien ha de ser burro de carga, del cielo le cae la albarda

De un modo muy simpático, este refrán se hace eco de una idea muy común: el destino o la predestinación. Quiere señalar que los hombres están destinados (por Dios o los astros) para ser algo en el mundo; y a quien le cabe la suerte de ser dichoso, lo será, pero al que le toca la desgracia, poco puede hacer por aliviarse. Por esta razón el refranero cita el «cielo»: porque los males y los bienes proceden del cielo y no está en manos del hombre cambiar o modificar el curso de los días. Nuestro destino, como afirman muchos charlatanes y videntes, está escrito en las estrellas (en los astros, en el zodíaco). Pero esta idea está expresada ya en los grandes libros sagrados, en *La Biblia* y *El Corán*, y recuerda que Dios conoce de antemano nuestro futuro y, si lo conoce, es porque está determinado desde siempre y no puede ser variado a nuestro gusto. Por eso dice el refrán que quien ha sido enviado al mundo para sufrir (para ser burro) por fuerza acabará con sus dolores (la albarda). A este propósito, se comenta en tierras de Zamora que una madre disponía la mesa para su hijo. Cansado y abatido tras una durísima jornada de trabajo, el mozo no mostraba tener mucho apetito. La madre lo observó con detenimiento y finalmente acabó por decirle: «Come, hijo, come, que tienes que trabajar como un burro.» En el mismo sentido se expresa este conocido refrán: [155a] QUIEN NACE PARA MARTILLO, DEL CIELO LE CAEN LOS CLAVOS.

156. A perro flaco, todo son pulgas

Dice el presente refrán que los desgraciados tienden a recibir más desgracias y a sufrir más. Como sugiere otro proverbio: [156a] LAS DESGRACIAS NUNCA VIENEN SOLAS. Se utilizan cuando a una persona acuciada por los males le llegan otros nuevos y más graves. En términos generales, se entiende que los miserables tienen más probabilidades de encontrar en su vida nuevas desdichas.

157. Todo mi gozo en un pozo

Se utiliza esta expresión para señalar la decepción ante las expectativas o esperanzas que se tienen depositadas en el porvenir. En general, representa el pesar de quien se ve defraudado cuando espera un bien y le sucede un mal.

158. La mala noticia viene como saeta, la buena, como carreta

Recuerda este refrán la velocidad a la que se difunden las desgracias y la premiosidad o lentitud con la que se reciben las buenas noticias. En el mismo sentido se expresa el siguiente: [158a] La mala noticia llega volando, y la buena, cojeando.

159. Cuando no hay nuevas, todas son buenas

Conforme al refrán anterior, y conociendo la tardanza con la que se reciben las buenas noticias, este refrán señala que la ausencia de avisos es el mejor de los avisos. También nos expresamos de este modo porque existe la conciencia de que las malas noticias deben ser comunicadas con urgencia, por si algo pudiera hacerse; pero las buenas se aguardan siempre con placer. Así: [159a] Pues tarda el mensajero, buenas noticias tenemos.

160. Quien dijo años dijo desengaños

Este desesperanzador refrán enseña que con el paso del tiempo el hombre pierde toda ilusión y toda confianza. Representa que la vida es una sucesión de traiciones y desengaños. Del mismo modo se expresa el siguiente: [160a] Quien vive de ilusiones, de desengaños muere. Aconseja no fiarlo todo a las esperanzas porque éstas no suelen cumplirse. Por el contrario, un conocido proverbio español nos recuerda que [160b] De ilusión también se vive; es decir, que las esperanzas y las expectativas también ayudan a sobrellevar los sinsabores de la existencia, y que sólo el deseo de mejorar nos procura la alegría y las fuerzas para vivir.

161. Viejo soy y viejo serás; cual me ves, te verás

Enseña a la juventud que la primavera de la vida no dura siempre; y más:

que los ancianos merecen respeto y cuidados. Reconviene a los jóvenes que desprecian a los viejos por no tener fuerza o salud, y advierte que así como traten a sus mayores, así serán tratados.

162. Hijos criados, duelos doblados

La mayor esperanza de los padres reside en los hijos: porque significa la perpetuación de la estirpe, porque los progenitores desean ver cumplidos sus sueños en los retoños o porque esperen de sus vástagos los cuidados y placeres de la vejez. En tiempos remotos (así lo recogen los libros sagrados de todas las culturas) tener hijos era una bendición divina. Tener hijas era una desgracia, y aún es motivo de pesadumbre en muchas culturas primitivas. Los hijos son llamados «báculos de la vejez» significando con esta figura que la descendencia cuidará de los ancianos cuando éstos no se puedan valer por sí mismos. Sin embargo, este refrán pesimista recuerda a los laboriosos padres que, una vez crecidos, los hijos vuelan del nido y dan más quebrantos que placeres.

163. En cien años todos calvos

Sarcástico refrán que nos recuerda que todos los males (y todos los bienes) serán cosa pasada con el discurrir del tiempo. También sugiere aprovechar el tiempo y disfrutar de los placeres de la vida sin preocuparse en exceso de los inconvenientes y problemas que surjan en el camino. La poesía ha denominado este sentimiento del paso del tiempo con una expresión: *Ubi sunt...?* Significa «¿dónde están?» o «¿dónde quedaron?» y hace referencia a los placeres y bienes que quedaron en el pasado y que no han de volver. Con estas preguntas los poetas quieren dar a conocer la vanidad de las cosas de este mundo. Otras variantes de este refrán son: [163a] De hoy en cien años, todos calvos. Y [163b] Dentro de cien años, todos calvos.

164. Pelo a pelo perdiendo, quien ha de ser calvo lo va siendo

Del mismo modo que los refranes anteriores, este recuerda el paso del tiempo y que todos los hombres acaban en lo mismo. En general, señala que todos tenemos un sino en la vida y que, poco a poco, se irá cumpliendo nuestro destino. En términos concretos, advierte que el que va para calvo, quiera o no quiera, será calvo. A propósito de los calvos hay que indicar que siempre han sido motivo de mofa y burla, y en muchos lugares se les tacha de astutos y lujuriosos (Aristóteles). Más divertidas eran las bromas que los ciudadanos gastaban a los calvos en el siglo XVI y XVII, llamándolos «calvinistas», en referencia a Calvino, el fundador de la herejía cristiana llamada *calvinismo.* De todas las sátiras contra los calvos, he aquí un fragmento de una del inmortal poeta Francisco de Quevedo (1580-1645):

VARIOS LINAJES DE CALVAS

Madres las que tenéis hijas,
así Dios os dé ventura,
que no se las deis a calvos,
sino a gente de pelusa.
Escarmentad en mí todas,
que me casaron a zurdas
con un capón de cabeza
desbarbado hasta la nuca.
Antes que calvicasadas
es mejor verlas difuntas:
que un lampiño de mollera
es una vejiga lucia.

Dice después Quevedo que hay calvas sacerdotales (maridos que parecen curas), calvas jerónimas (como frailes bailones), calvas asentaderas, calvas vergonzantes, calvarios, calvas de mapamundi, aprendices de calvos y calva rasa.

165. DE FUERA VENDRÁ QUIEN DE CASA NOS ECHARÁ

Este desesperanzado refrán recuerda a los ancianos que con la pérdida de las fuerzas se pierde también el poder doméstico y que los yernos y nueras acaban por hacerse dueños de las casas. Del mismo modo, y en términos generales, avisa sobre los forasteros y desconocidos que se introducen en los hogares y toman posesión de ellos. Con el mismo esquema aunque con distinto significado se expresa el siguiente refrán: [165a] DE FUERA VENDRÁ QUE BUENO TE HARÁ. Señala que siempre hay quien sea peor que nosotros, en el trabajo o en el gobierno de la casa o en otras circunstancias. Remite a la esperanza de continuar con nuestra labor y valorar lo que hemos logrado.

166. AL MÉDICO, CONFESOR Y LETRADO, HÁBLALES CLARO

Para lograr salud física, espiritual y económica, este refrán aconseja no mentir a estos profesionales; pues son ellos los únicos que pueden curar nuestro cuerpo, nuestra alma y nuestra hacienda.

167. Tiempo pasado siempre es deseado

Las ilusiones de la juventud, el vigor y la salud son siempre recuerdos agradables. Los placeres de la mocedad se tienen como los mejores de la vida y la alegría de los tiernos años se rememora siempre con nostalgia. El gran escritor norteamericano Edgar Allan Poe (1809-1849) solía decir que «sólo recordamos los acontecimientos, no los pesares que nos produjeron» y que por esta razón nuestra vida pasada siempre parece mejor de lo que en realidad fue. Nuestro poeta Jorge Manrique (h. 1440-1479) es el autor del famoso proverbio: [167a] Cualquier tiempo pasado fue mejor. Aparece en las *Coplas a la muerte de su padre,* y dice así:

Recuerde el alma dormida,
avive el seso y despierte,
contemplando
cómo se pasa la vida,
cómo se viene la muerte
tan callando;
cuán presto se va el placer,
cómo después de acordado
da dolor;
cómo a nuestro parecer
cualquier tiempo pasado
fue mejor.

En el mismo sentido se conoce también este refrán: [167b] Tiempo pasado, siempre loado.

168. Quien va y vuelve hace buen viaje

Afirma la esperanza de volver a ver a quien emprende un viaje. Señala, además, que las ausencias causan doble dolor: por los que arriesgan su vida en los caminos llenos de peligros y por los que permanecen a la espera de su regreso. Por eso, el volver de nuevo a casa es la mejor de las noticias.

169. El que tiene hambre con pan sueña

La ilusión del mísero es obtener aquello de lo que se carece. En términos generales, se utiliza este refrán para expresar las esperanzas de la persona que desea algo fervientemente. Del mismo modo: [169a] Soñaba el ciego que veía y soñaba lo que quería. En ocasiones estos refranes son una burla hacia aquellos que quieren obtener algo con mucho ardor, y esta pasión les hace creer que ya han logrado su objetivo.

170. No hay ninguno tan pobre que la muerte no le sobre

Este irónico refrán muestra que, incluso en la extrema miseria, hay cosas que no se desean: la desgracia fatal. En términos generales señala que los males no son apetecidos de nadie y que la salud viene a ser lo más importante en la vida, pues sólo la muerte no tiene remedio. Un análisis más profundo revelaría un sentido más filosófico: la salud y la vida es la mayor riqueza; sin ellas nada se tiene y nada puede tenerse.

171. No hay vida como la del pobre, teniendo pan que le sobre

En un sentido más práctico que el anterior, este refrán recomienda la conformidad con lo poco o mucho que se posea: la salud y el alimento (simbolizado en el «pan») es todo cuanto se necesita para vivir felizmente.

172. Trabajar y no medrar, es gran pesar

Las esperanzas de los miserables y de la gente común se ven truncadas en ocasiones. Los campesinos conocen muy bien esta afirmación: tras mucha labor y tras mucho sudor una mala cosecha da al traste con todas las ilusiones. Trabajar y bregar para no salir de pobre, a esto están muy acostumbrados la inmensa mayoría de los hombres y mujeres del mundo, y así lo certifica el refranero castellano. «Medrar» significa «prosperar». Otro refrán que muestra cómo a veces el trabajo no es recompensado es el siguiente: [172a] Afanar, afanar y nunca medrar.

173. Tres cosas hay que nadie sabe cómo han de ser: el melón, el toro y la mujer

La esperanza en lograr una buena esposa se ejemplifica en este refrán comparando a la mujer con el melón y el toro. Pues, efectivamente, nadie sabe si un melón es bueno o no hasta que se abre y nadie sabe si el toro es manso o bravo hasta que no está en la plaza. Así (según la creencia popular) la mujer no se conoce tal cual es hasta que uno está casado.

Porque se tiene la idea de que la novia es zalamera y buena, pero, cuando llega a ser esposa, muda el carácter y se vuelve arisca y mandona. Con el mismo tipo de comparación se expresan los siguientes refranes: [173a] El melón y el casamiento han de ser acertamiento. [173b] El melón y el casar, todo es acertar. [173c] El melón y la mujer, malos son de conocer.

174. Derramar vino, buen destino; derramar sal, mala señal

Las supersticiones son ideas muy arraigadas en todas las culturas. En ocasiones, los supersticiosos no conocen el origen o la verdadera formulación de tales gestos, y se trasladan de generación en generación mientras se olvida su antigua raíz. Los actores, por ejemplo, suelen tener la manía de no vestir ropas de color amarillo, y todo porque el famoso dramaturgo francés Molière falleció en escena con un disfraz amarillo. En realidad, parece probado que el traje era de color violeta, o quizá verde, pero no amarillo. Respecto al refrán que nos ocupa, derramar vino (o modernamente champán) es síntoma de abundancia y, por tanto, de ventura y prosperidad. Derramar sal es mala señal porque en la antigua Roma la sal era muy escasa. Tan escasa que, en ocasiones, a los obreros se les pagaba con sal: de ahí la palabra «salario». Por eso quien derrama sal derrama su dinero y su fortuna.

175. Quien encuentra una herradura, guárdela para su ventura

He aquí otro refrán basado en la superstición según la cual el hallazgo de una herradura procura suerte al que la encuentra.

176. A cada gorrín le llega su san Martín

El presente refrán avisa que a todos nos llega el momento de purgar nuestras culpas. Especialmente está dirigido a los malvados y a los tiranos que han engordado (como los marranos) a costa de las penalidades ajenas. Esta amenaza tiene una variante sin rima, mucho más común: [176a] A cada cerdo le llega su san Martín. Estas expresiones hacen referencia a la matanza del cerdo, que suele realizarse al llegar el invierno, en torno al día 11 de noviembre, día de san Martín. Por esta razón, en algunas zonas rurales se llama «sanmartinada» la fiesta del sacrificio del gorrino, o gocho, o marrano, o puerco, o guarro, o cochino, o porcachón, o tocino, o tunco, o chancho, que de todas estas maneras se denomina a este benéfico animal.

177. Cual el año, tal el jarro

Hace referencia a las esperanzas que los campesinos, y especialmente los vendimiadores, tienen en la bondad del clima. Tal y como haya venido el año en lluvias y sol, así será la cosecha de vino, es decir «el jarro». Del mismo modo, la abundancia o la escasez de vino indica los beneficios o menoscabos que se producirán en el año. A más vino, más alegría; a menos uva, más pesar.

178. Agua del cielo no hace agujero

Señala el beneficio de las lluvias para los campos y las gentes. Indica, además, que la lluvia no puede hacer mal y nunca es perjudicial. En este refrán, semejante a una plegaria, se muestra toda la esperanza del labriego que observa el cielo en espera de las benéficas aguas primaverales.

LA ESPERANZA DEL CAMPESINO

Refranes sobre los meses, las estaciones del año, el clima y las labores del campo

179. Año que empieza helando, mucho pan viene anunciando

Porque para el trigo no hay mejor cosa que las heladas invernales. En general, los refranes solicitan del clima una regularidad en las lluvias, en el sol y en las temperaturas, es decir: que el año venga bueno, con sus heladas en febrero, con sus lluvias primaverales, con su calor veraniego y con su templanza otoñal. Así, incluso un fenómeno como la nieve es bien recibido si viene en su justo momento: [179a] Buena es la nieve que en su tiempo viene.

180. Diciembre mojado y enero bien helado

No dice este refrán que el mes de diciembre sea generalmente húmedo y enero gélido; más bien trata de expresar un deseo, porque esta climatología es la mejor para las simientes y para las tierras aireadas.

En otras ocasiones se pide lluvia: [180a] Agua de enero, cada gota vale dinero.

181. Buen enero, mal febrero

Mal asunto para el campo si enero viene soleado y con altas temperaturas. Así lo certifica también el siguiente refrán: [181a] Si en enero hay flores, en mayo habrá dolores. Se enuncia la esperanza de que las flores aparezcan en el mes que le corresponde (mayo), y será señal de que el ciclo de las verduras, los cereales y las frutas se cumple rigurosamente.

182. En enero se hiela el agua en el puchero

Es evidente que en enero hace mucho frío. Pero como en otros tantos refranes lo que se expresa es un deseo de regularidad en la climatología.

183. Tan malo es enero como febrero

En este caso el refrán alude a las temperaturas gélidas y a los vientos fríos, muy perjudiciales para la salud. Recomienda no descuidar el abrigo durante estos meses.

184. Año de nieves, año de bienes

Porque está probado el beneficio que las nieves suponen para las cosechas siempre que vengan a su debido tiempo.

185. Por san Blas la cigüeña verás, y si no la vieres, año de nieves

Señala la llegada de las cigüeñas a la Península Ibérica a primeros de febrero. Buscan estas aves la templanza climática y su ausencia señala la prolongación del invierno y su previsible empeoramiento. Por esta razón, una variante señala: [185a] Por san Blas, la cigüeña verás; y si no la ves, mala señal es.

186. Por san Blas, una hora menos y otra más

Señala el progresivo aumento de las horas de luz diurna a partir de los últimos días de enero (san Blas es el 3 de febrero). En Castilla es muy común oír por estas fechas una frase críptica: «Ya se notan los días.» Significa que «se nota que los días son más largos», pero los lugareños suelen resumirlo en esa expresión tan breve y lacónica.

187. Refranes que no sean verdaderos y febreros que no sean locos, pocos

Este curioso refrán hace referencia a lo inestable del clima en el segundo mes del año.

188. Agua de marzo, peor que la mancha en el paño

Tampoco quiere el labriego lluvia en marzo, sino más tarde. Porque el agua de marzo hace crecer y madurar los frutos antes de tiempo; así lo certifica el siguiente refrán: [188a] En marzo el sol riega y el agua quema.

189. Cuando marzo mayea, mayo marcea

Con apariencia de trabalenguas, significa que si en marzo luce el sol, en mayo hará mal tiempo, cosa nefasta para el campo que precisa frío y viento en marzo y buenas solanas en el mes de las flores.

190. Cuando marzo mueve el rabo, ni deja pastor enzamarrado ni carnero encencerrado

Este refrán se refiere a los meses de marzo que vienen soleados. Cuando sucede efectivamente así, el sol pica en exceso y el calor, por no esperado, resulta muy molesto.

191. En marzo, la pepita y el garbanzo

La interpretación más directa de este refrán advierte que hay un momento para cada elemento, llámese siembra o cualquier actividad.

192. Marzo ventoso y abril lluvioso, traen a mayo florido y hermoso

Más comúnmente se dice [192a] Marzo ventoso y abril lluvioso sacan a mayo florido y hermoso; con este refrán se indican los agentes meteorológicos necesarios y beneficiosos para el campo.

193. A abril alabo si no mueve el rabo

Se desea que abril no venga ni soleado ni caluroso en exceso. En el mismo sentido se expresa el siguiente refrán: [193a] Abril sonriente, de frío mata a la gente; porque parece hacer calor y hace frío.

194. Agua de abril, granos mil

Es durante este mes cuando resulta más beneficiosa la lluvia, porque procura la germinación de los cereales.

195. Abril, aguas mil

Expresa, más que una realidad, un deseo: porque es en abril cuando debe llover para que los campos luzcan en mayo y den sus frutos en julio y agosto. En algunas zonas este refrán lleva una coletilla: [195a] En abril, aguas mil, si no al principio, al medio o al fin. También existen otros refranes que hacen referencia al carácter lluvioso de este mes: [195b] Abril, lluvioso y señoril.

196. Abril frío, mucho pan y poco vino

Como señala el proverbio [196a] Nunca llueve a gusto de todos. Señala este refrán que el frío es muy beneficioso para el trigo pero muy nocivo y perjudicial para los viñedos.

197. Abriles buenos y buenos hidalgos, muy escasos

Aprovecha este refrán el borrascoso tiempo de abril para compararlo con los hidalgos, gentes nobles y distinguidas que solían ser los amos de las tierras y se conducían con tiranía y violencia. En ocasiones los hidalgos compraban el derecho de serlo, y se llaman «hidalgos de privilegio». Si un hombre conseguía tener siete hijos varones consecutivos se le otorgaba el derecho de hidalguía, y se le adjudicaba el sonoro nombre de «hidalgo de bragueta».

198. Llueva para mí en abril y mayo, y para ti todo el año

Recuerda los bienes que traen las aguas en los meses de primavera e insiste en la necesidad de que se produzcan justamente en abril y mayo, porque durante el resto del año son más perjudiciales que beneficiosas.

199. Abril y mayo componen el año

Dicen los campesinos este refrán porque las lluvias de abril y la templanza de mayo hacen germinar los granos en su tiempo y florecen todos los frutales.

200. **Corta cardos en abril y de cada uno saldrán mil**

Señala que la poda de cardos en abril fomenta la regeneración de esta especie dañina para los cultivos. Recomienda dejarlos secar y escardar convenientemente la próxima temporada.

201. **Si no hubiera abril, no habría año vil**

Hace referencia al clima desapacible característico de este mes.

202. **Agua de por mayo, pan para todo el año**

Señala la necesidad de la lluvia en primavera, especialmente para el trigo y los demás cereales.

203. **Mayo hortelano, mucha paja y poco grano**

Significa que las primaveras en las que se obtienen muchas verduras son indicio de cosechas pobres. Indica que ha llovido antes de tiempo y, por esta razón, han crecido las hortalizas. Las espigas, con lluvias tempranas, crecen mucho pero dan poco grano.

204. **Por san Matías igualan las noches con los días**

Indica que la duración de la luz diurna aumenta hasta equipararse a las horas nocturnas. La sabiduría práctica del refranero no asegura que sean exactamente iguales, sino que «por esos días», es decir, «aproximadamente» los días y las noches vienen a durar lo mismo. San Matías se celebra el día 14 de mayo.

205. **Agua de por san Juan, quita vino y no da pan**

Enseña que la lluvia en junio es perjudicial para las viñas y los cereales. Se celebra el día de san Juan el día 24 de junio.

206. **Agosto madura y septiembre vendimia la uva**

Indica lo que es propio de estos meses respecto a las viñas. Otro refrán similar añade: [206a] Lo que agosto madura, septiembre asegura; y alude a la habitual secuencia de buen tiempo en agosto y la templanza de septiembre. Con el refrán [206b] Agosto, frío en el rostro, se avisa que el tiempo comienza a refrescar con la llegada del otoño.

207. **Agosto y vendimia, no cada día y sí cada año; unos con ganancia y otros con daño**

Hace referencia a la recogida de las mieses y la uva; pero recuerda que ha de procurarse que las cosechas y vendimias sean buenas porque sólo se producen una vez. En tan breve espacio avisa, además, sobre la necesidad de ahorrar para cuando vengan años malos.

208. **Agua de agosto, azafrán, miel y mosto**

Señala los frutos que se obtienen como consecuencia de las lluvias veraniegas. En algunas zonas las aguas de agosto no hacen ningún bien, porque las mieses aún están en las eras, sin trillar y sin aventar.

209. **Agosto tiene la culpa y septiembre la pulpa**

Recuerda que un buen agosto hace madurar la uva y otros frutos otoñales. Además un agosto caluroso endulza los frutos de la vid.

210. **Dichoso mes, que entra con Todos los Santos y acaba con san Andrés**

Se refiere, naturalmente, a noviembre, mes no muy apreciado por la llegada de los fríos, las lluvias y, en general, el mal tiempo.

211. **Treinta días trae noviembre, con abril, junio y septiembre; veintiocho trae uno; y los demás treinta y uno**

Con este refrán aprenden los niños cuántos días tiene cada mes del año.

212. **Año nuevo, vida nueva**

Proverbio conocidísimo y muy utilizado en los primeros días de cada año, cuando se depositan todas las esperanzas en el curso que comienza. Hace referencia a la modificación o reforma de nuestra conducta o de nuestro estilo de vida, con el propósito de mejorar o de prosperar.

213. **Cielo aborregado, suelo mojado**

Este refrán de sabiduría meteorológica señala la posibilidad de lluvia inminente cuando el cielo está cubierto de nubes, o «aborregado». Dependiendo de las zonas geográficas se utiliza esta palabra u otra similar: «emborregado». Ambas se refieren al aspecto algodonoso de las nubes llamadas cúmulos, las cuales presagian o traen lluvias.

214. Mañana de niebla, tarde de paseo

Sugiere una verdad habitual en áreas donde las nieblas son frecuentes: las llanuras castellanas y las grandes cuencas fluviales. En estos lugares, las nieblas matutinas despejan a mediodía y puede gozarse de una tibia tarde invernal o primaveral. Con todo, en zonas de montaña y en algunas vegas, la niebla puede estancarse durante semanas enteras.

215. Cuando el pájaro la pica es cuando la fruta está rica

La confianza del hombre de campo en la sabia naturaleza se comprende a la luz de este tipo de refranes: es muy dudoso saber el estado de madurez de la fruta sólo por su aspecto exterior, pero las aves conocen, instintivamente, el período de sazón de estos productos. Es en ese momento cuando podemos estar seguros de su exquisitez.

CARIDAD

Los filósofos de todos los tiempos dicen de la caridad que es una virtud opuesta a la envidia y al odio. Las religiones, y especialmente la cristiana, la señalan como la virtud que consiste en amar a Dios sobre todas las cosas, y al prójimo como si fuera uno mismo. Sin embargo, la caridad se ha entendido y se entiende de modos bien distintos. En general, decimos de una persona que es caritativa si se muestra compasiva y solidaria al sufrimiento y los pesares de los demás.

En este último sentido debían entenderlo los pícaros que aparecen en las novelas españolas del Renacimiento y del Barroco. «Ya no hay caridad en el mundo», solían decir cuando les negaban el alimento, o cuando les negaban un lugar donde dormir, o, cuando, con peor suerte, los apaleaban. Aunque la historia y la literatura española está plagada de pícaros, vividores y zangarrones (son muy famosos Pablos, *el Buscón,* y Guzmán de Alfarache, entre otros), lo cierto es que el más famoso representante de este género de vida es Lázaro de Tormes, conocido como *El Lazarillo de Tormes,* cuya vida cuenta él mismo en una breve novela aparecida en 1554. Conforme a los preceptos de Erasmo de Rotterdam (1466-1536), el autor del Lazarillo lamenta el egoísmo de los hombres, y recomienda la caridad, la amistad y la piedad. De modo que el pobre muchacho pasa la vida entre «tolondrones», «repelones» y «coscorrones», y sin otra ocupación que buscar de qué comer y cómo hallar algún sustento. Así, el pobre Lázaro moría dos veces: a golpes y de hambre. «Me cumple avivar el ojo y avisar, pues soy solo, y pensar cómo me sepa valer», decía. Y de esta manera, estando atento y listo, pudo llegar Lázaro a ser un hombre de provecho. Cierto que para ello debía consentir que su esposa «visitara» al Arcipreste, pero eso son habladurías.

216. Haz bien y no mires a quién

Este conocido refrán es la máxima expresión de la caridad y la bondad con que debe conducirse el hombre en el transcurso de su vida. Refleja el desinterés de la persona que ayuda y coopera con los demás sin necesidad de pago o deuda.

217. Dar limosna no mengua la bolsa

La tradición de la caridad cristiana se refleja en este tipo de refranes. Aquí, se proclama que la limosna hace mucho bien sin que perjudique a la persona que la ofrece. La limosna, como la hospitalidad, eran conceptos esenciales en las primitivas culturas monoteístas; así, tanto *El Corán* como *La Biblia* recomiendan la limosna para lograr los favores divinos.

218. Da y ten, y harás bien

Recomienda la caridad, pero también aconseja la prudencia en la ayuda del necesitado.

219. Caridad y amor no quieren tambor

Indica que los favores y el cariño no tienen necesidad de pregonarse y, en general, señala el desinterés con que deben realizarse estas acciones. Este refrán alerta contra la vanidad de publicar los buenos actos o las conductas sociales.

220. A borrica arrodillada no le dobles la carga

Porque este benéfico animal, el asno o el burro, es de gran resistencia y cuando dobla las patas es indicio de que se ha sobrepasado el límite de lo que puede cargar. En general, aconseja caridad con las personas que padecen sufrimientos sobrados. A este propósito suele también recomendarse [220a] No hacer leña del árbol caído; o lo que es lo mismo: no ensañarse con aquellos que están sufriendo o que se ven abatidos.

221. Al amigo y al caballo, ni apretarlo ni apurarlo

En referencia a la amistad, este refrán recuerda la necesidad de no solicitar más de lo que se nos puede dar. Pues todo tiene un límite, la sabiduría popular sabe que no conviene extremar las acciones ni forzar lo que nos es útil o valioso.

222. Al que están ahorcando no le tires de los pies

Macabro refrán que insiste, como los anteriores, en no aprovechar las desgracias ajenas para ensañarnos. Un dicho muy popular en España expresa con la misma intensidad esta acción: «Meter el dedo en la llaga», significa aumentar con maldad la desgracia y el dolor de otros. La horca era un método expeditivo de ejecución oficial; la muerte por la horca era aplicada a los asesinos, pero también a otros delitos menores y a la brujería. Los cadáveres permanecían colgados a las afueras de las ciudades durante varios días y las aves carroñeras se alimentaban de sus vísceras. Por esta razón se llegó a decir «que te coman los cuervos» para desear que otro fuera ahorcado.

223. EL QUE DEL CAMPO VIENE, CALDO QUIERE

Indica la necesidad de alimento, paz y descanso que necesita la persona que ha estado laborando durante todo el día; y más que alimento, el refrán alude al sosiego de la casa familiar. Era común que los labradores pasaran toda la jornada en los campos: en sus zurrones llevaban la comida del medio día, que, en ocasiones, no iba más allá de pan, queso y vino. Si las tierras se hallaban cerca, las esposas y las mozas se acercaban con el capazo portando en él viandas más apetitosas: garbanzos, torreznos, verduras, etc.

224. DONDE COMEN DOS, COMEN TRES

En ocasiones este refrán se completa con la coletilla , «si echan qué». Expresa la actitud hospitalaria de quien está dispuesto a repartir sus alimentos (u otra cosa cualquiera) con un recién llegado que los necesita. El refrán, si le añadimos la coletilla, resulta un tanto más egoísta y parece indicar que conviene no compartir los alimentos con los demás. La caridad es un elemento peculiar en el refranero popular español: he aquí otros refranes con el mismo sentido: [224a] LA MESA DE SAN FRANCISCO, DONDE COMEN CUATRO COMEN CINCO. [224b] DONDE COMEN TRES, COMEN CUATRO. Este último ejemplo tiene una variante: [224c] DONDE CABEN TRES, CABEN CUATRO.

225. UN ALMA SOLA, NI CANTA NI LLORA

Como en otros muchos casos, el refranero muestra su vena «poética». En esta expresión, se señala la necesidad de la compañía para la buena salud del espíritu. Las almas solitarias o melancólicas necesitan de la amistad para enjugar las lágrimas de la pena o incitar a la alegría y la vitalidad. Los efectos de la soledad fueron descritos maravillosamente por un suizo llamado Zimmerman en su *Tratado sobre la soledad*, en el siglo XVIII. Hoy este ensayo es una pieza preciosa para los eruditos pero, por desgracia, es desconocida para la mayor parte del público.

226. Error confesado, mitad perdonado

La caridad impone perdonar a quien yerra o se equivoca. Más aún: la caridad exige perdonar a quien se arrepiente. Por esta razón este refrán señala que el arrepentimiento es la actitud más propia para que nuestros errores sean disculpados. Sin embargo, no todos los refranes son caritativos con las culpas ajenas. En el siguiente, por ejemplo, se recomienda perdonar la primera fechoría, pero ser inflexible y duro con la segunda: [226a] A LA PRIMERA, PERDÓN; A LA SEGUNDA, CON EL BASTÓN. Y también: [226b] PERDONA A TU AMIGO UNA VEZ, PERO NO DOS, NI TRES.

227. Quien ha de dar, por los suyos ha de comenzar

Recomienda ejercer la caridad empezando por aquellos a quienes naturalmente debemos nuestros respetos o nuestro cariño: los parientes. La benevolencia, la gratitud, la abundancia debe ser repartida con los padres, los hermanos y los hijos. Esta enseñanza incide en la idea, muy común en el refranero, de atender primero a los miembros de la familia que a los que vienen de fuera. En este mismo sentido se expresa el siguiente refrán: [227a] CARIDAD BUENA, LA QUE EMPIEZA POR MI CASA Y NO POR LA AJENA.

228. Bueno es aconsejar, mejor remediar

Recuerda la utilidad de las recomendaciones, pero apunta que la verdadera caridad y el verdadero amor se demuestra en los actos. Otro conocido refrán español incide en esta idea: [228a] OBRAS SON AMORES, QUE NO BUENAS RAZONES. Las palabras consuelan y aquietan el alma pero los mejores remedios son los que se verifican mediante la acción. Con estos refranes se suele recriminar a aquellas personas que a todas horas nos dicen lo que debemos y lo que no debemos hacer para solucionar nuestras penas; se reconviene también con estas expresiones a los que ofrecen mucho «de pico» y, a la hora de la verdad, nada.

229. A Dios rogando y con el mazo dando

Alude a la mala voluntad de los que se fingen piadosos y buenos. En general, este refrán se expresa cuando una persona habla de un modo y actúa en sentido contrario. El significado de esta expresión parece haber variado desde su formulación original. Juan Mal de Lara en su *Philosophia vulgar* (1568) interpreta este refrán en un sentido algo distinto: quiere decir que no se debe esperar todo de la providencia sino iniciar y concluir las tareas por nuestros propios medios. El erudito sevillano propone que este refrán es una reconvención contra la pereza y cuenta esta anécdota: dice que, en cierta ocasión, un escultor recibió el encargo de tallar varias figuras de santos. Abrumado por la escasez de tiempo y el inmenso trabajo, el artista iba de un lado a otro exclamando: «¡Dios quiera que se hagan», pero no ponía manos a la obra. Ante esta actitud su padre dijo: «A Dios rogando y con el mazo dando.»

230. El rosario al cuello y el diablo en el cuerpo

Señala la hipocresía y la falsedad de quienes aparentan ser buenos y piadosos. Esta expresión se debe aplicar a quienes hacen ostentación de sus aparentes virtudes. De nuevo el refranero nos pone alerta ante las apariencias.

231. Buenas palabras no hacen buen caldo

Expresión proverbial que indica la inutilidad de las buenas palabras y los consejos ante situaciones desesperadas donde se necesita la acción. Alude a la caridad mediante las obras y señala la necesidad de poner remedio activamente a los sufrimientos ajenos.

232. El mundo promete y no da; y si algo te da, te costará

Este refrán de tono filosófico asegura que nada se obtiene de balde en esta vida y que cada bien que se logra resulta caro y gravoso. Como los falsos amigos que ofrecen mucho y no dan nada, así el mundo muestra todas sus maravillas y después las esconde para los privilegiados. Los pícaros del Renacimiento español, apaleados y hambrientos, solían decir «Ya no hay caridad en el mundo», para indicar la crueldad y la falsedad de una sociedad hipócrita. Otro refrán dice: [232a] AL MISERABLE Y AL POBRE, TODO LE CUESTA DOBLE.

233. Con tanto decir amén, la misa no sale bien

Recomienda evitar el servilismo o la complacencia y, de paso, aconseja actuar para lograr los objetivos propuestos. Porque sólo con buenas palabras no se acaban las labores. Del mismo modo [233a] CON SÓLO ROCÍOS NO CRECEN LOS RÍOS, alude a la necesidad de trabajar sin esperarlo todo de la providencia.

234. CONSEJOS SIN EJEMPLO, LETRAS SIN AVAL

Señala que los consejos y recomendaciones deben ser la consecuencia de la experiencia. En general, el refrán observa que los consejos son inútiles si no van acompañados de la actitud que se recomienda. La sabiduría popular recrimina de este modo a las personas que se muestran ligeras a la hora de las consejas y muy lentos cuando tienen que poner en práctica sus propias palabras. Un conocido proverbio español señala a este efecto: [234a] NO ES LO MISMO PREDICAR QUE DAR TRIGO.

235. HAY MÁS REFRANES QUE PANES

Este curioso refránalude a la inmensa cantidad de enseñanzas y consejos que la gente está dispuesta a ofrecer, y a la escasez de su utilidad práctica. Se podría considerar un *anti-refrán*, porque reconviene a las personas que hablan por refranes. Estas gentes refraneras encuentran un proverbio para cada asunto, sugieren soluciones para cada problema o argumentan sus creencias ensartando el refranero. Contra estos molestos consejeros, la sabiduría popular ha construido este refrán como contestación. De este modo se indica que las sentencias son útiles como conceptos morales pero resultan poco efectivas ante necesidades prácticas inmediatas. Por otro lado, el refranero se elogia a sí mismo cuando alaba las bondades de estas sentencias breves cargadas de sabiduría: [235a] HOMBRE REFRANERO, MEDIDO Y CERTERO. Y: [235b] QUIEN HABLA POR REFRANES ES UN SACO DE VERDADES.

236. QUIEN MUCHO OFRECE, POCO DA

Insiste el refranero en la hipocresía y falsedad de los que aparentan ser caritativos y piadosos. Recuerda la necesidad de tener en poca cosa los ofrecimientos de las personas que sólo se muestran generosas de palabra. Del mismo modo se pueden entender los siguientes ejemplos: [236a] QUIEN TODO LO OFRECE, TODO LO NIEGA. [236b] QUIEN TODO LO DA, TODO LO NIEGA.

237. OFRECER Y NO DAR ES LO MISMO QUE ROBAR

Como los refranes anteriores, éste señala la maldad con que se conducen las personas que prometen y no otorgan. En la cultura árabe la negación de los compromisos es considerada como un gravísimo pecado y una gran ofensa. Así lo entendieron los súbditos musulmanes del alcaide de Ronda, Abdalá, en tiempos de la Reconquista. Los caballeros cristianos apresaron al alcaide y a su sobrino y los musulmanes propusieron comprar la libertad de los dos nobles árabes por cierta cantidad de oro. Los cristianos aceptaron el trato pero, tras haberse quedado con el tesoro, sólo entregaron al alcaide, y retuvieron al sobrino con el fin de obtener más riquezas. Enterado de esta infame actitud, el rey Juan II de Castilla (1404-1454) recriminó a sus caballeros y mandó que el joven árabe fuera llevado a palacio. Los caballeros cristianos pensaron que el rey deseaba cobrar él mismo el rescate. Por eso se decía en los campamentos cristianos que Juan II quería «el oro y el moro».

238. EL AMOR Y LA FE, EN LAS OBRAS SE VE

Este refrán alude a la veracidad de los sentimientos reflejados en la práctica. De nuevo la sabiduría popular desconfía de las palabras y se remite a los hechos para comprobar los verdaderos afectos de las personas. En el mismo sentido debe entenderse el siguiente: [238a] SI BIEN ME QUIERES JUAN, TUS OBRAS ME LO DIRÁN.

239. POR LAS OBRAS Y NO POR EL VESTIDO ES EL HOMBRE CONOCIDO

Que [239a] LAS APARIENCIAS ENGAÑAN, es muy sabido de todo el mundo. Y así lo afirma también este refrán, previniendo contra el aspecto exterior de las personas en tanto no se vea confirmado por sus actos. Lázaro de Tormes, el más famoso de nuestros pícaros, dio con un amo de la más gentil apariencia. Pero el pobre hidalgo sólo contaba con eso: su apariencia. De modo que incluso un rapazuelo debía alimentarlo con lo que sacaba de pedir por las calles de Toledo. «Quisiera yo que no tuviera tanta presunción, mas que abajara un poco su fantasía con lo mucho que subía su necesidad», dice Lázaro de su tercer amo.

240. HAZ LO QUE BIEN DIGO, Y NO LO QUE MAL HAGO

Distinto a otros refranes que sugieren poner en práctica los consejos, éste enseña que los consejos pueden ser perfectamente buenos aunque el consejero no los lleve a cabo. Es notable que el refranero tenga soluciones para todos los problemas referentes a la palabra y la acción. En este caso, se recalca la bondad de los buenos avisos en sí mismos, sin necesidad de que se encuentren actos que los confirmen. Los médicos fumadores suelen repetir este refrán muy a menudo.

241. El dar y el tener seso es menester

El presente refrán no niega la bondad de la caridad pero tiene presente que es muy conveniente usar la prudencia. Recomienda valorar el objeto de nuestros favores y obrar con tiento en el dispendio.

242. Al que toma y no da, el diablo se lo llevará

Se refiere a la actitud avarienta de las personas que acumulan bienes y riquezas sin usar de la caridad. El refranero utiliza aquí la amenaza y el aviso cristiano contra el egoísmo.

243. No pidas lo que negaste, ni niegues lo que pediste

Este refrán es la recomendación del agradecimiento: si cuando se pudo ayudar, se negó la caridad, no se debe esperar nada de aquellos a los que ofendimos con nuestra dureza de corazón. Y del mismo modo, de desagradecidos sería negar lo que solicitamos cuando estuvimos en apuros. Los proverbios españoles han explicado estos comportamientos con claridad: [243a] Amor con amor se paga. Significa que conviene actuar con los demás tal y como los demás han actuado con nosotros. En general, se utiliza cuando hemos sido despreciados u ofendidos, o se nos ha hecho algún mal. Con este proverbio se indica que hemos de «pagar con la misma moneda».

244. Al buen amigo, dale tu pan y dale tu vino

Señala este refrán el modo con que debemos conducirnos con la fiel amistad. Hay que recordar que el refranero utiliza el «pan» y el «vino» como símbolos de lo más preciado del hombre. El pan es símbolo del alimento, de las riquezas y las necesidades elementales de cualquier ser humano. Por esta razón decimos que un hombre es malvado cuando «niega el pan y la sal», es decir, lo imprescindible para la subsistencia. El aspecto espiritual lo completa el vino: el fruto de la viña representa la alegría, la amistad y el consuelo.

245. No es amistad la que siempre pide y nunca da

Este refrán niega el valor verdadero de la amistad cuando sólo una de las partes se beneficia del trato. En general, se recomienda la actitud recíproca entre amigos, especialmente en lo que toca a la caridad, el préstamo o la ayuda. En el mismo sentido se expresa el siguiente refrán: [245a] Reniego del amigo que se come lo suyo solo y lo mío, conmigo.

246. Amigo que no presta y cuchillo que no corta, que se pierdan poco importa

Del mismo modo que el anterior, el préstamo y la ayuda monetaria representa una buena prueba para calcular la amistad del prójimo. Porque, como afirma una sentencia universal [246a] Los amigos están para las ocasiones, es decir, para ayudar en los momentos de apuro y en las desventuras. Es, en estas circunstancias adversas, cuando se necesitan y se buscan a los buenos amigos. Un amigo que no se comporte como debe, de nada sirve, y por tanto, puede perderse.

247. Si le quieres enemigo, presta dinero al amigo

En sentido contrario a los refranes anteriores, éste recomienda no establecer relaciones económicas con los amigos. Existe una corriente ideológica popular que avisa sobre los inconvenientes del préstamo a amigos y parientes; en realidad, se trata de una visión negativa de los efectos del dinero. También la sabiduría popular tiene conciencia de la actitud desagradecida del género humano.

248. Quien de la olla del vecino quiera probar, la suya no ha de tapar

Recomienda la caridad recíproca y, en general, alerta contra los egoístas que guardan los bienes para sí mismos y buscan beneficiarse de los afanes ajenos.

249. Quien no buscó amigos en la alegría, en la desgracia no los pida

Insiste el refranero en la sabia recomendación de compartir lo que se tiene. Para ser correspondidos, el saber popular enseña a ser solidarios en los tiempos de abundancia. Porque, quien cuando tuvo no dio, mal puede esperar ofrecimientos en la desgracia.

250. Doy para que me des, ruin dar es

Contra usureros. El refranero reniega de las personas que realizan actos de caridad o ayudan al prójimo esperando obtener beneficios posteriores. La caridad y el amor deben ser desinteresados y callados. Esperar beneficios de la caridad o anunciar «a bombo y platillo» las buenas acciones no es sino cobrar por adelantado actitudes hipócritas.

251. Quien pide prestado, unas veces se pone amarillo y otras colorado

Porque la cultura occidental consideraba vergonzoso pedir prestado y porque cuando se pide prestado hay necesidad de devolver lo pedido; y como no siempre es posible devolver lo que se solicita, resulta más humillante verse sin poder cumplir con el trato. Los deudores o morosos suelen pasar por estos malos tragos y, en estas ocasiones, se les huye la sangre de la cara (se ponen amarillos) o toda la sangre se les acumula en las mejillas (se ponen colorados, o enrojecen). El préstamo es un acto social muy común en otras culturas (la judía, por ejemplo) pero en la Edad Media el préstamo era un signo de miseria material y de humillación moral, precisamente porque era obligado entrar en tratos con judíos, quienes sufrieron terribles persecuciones tanto por su condición religiosa como por sus actividades mercantiles. La superstición medieval también les acusó de brujería. El romanticismo del siglo XIX recogió todas estas ideas y las llevó a la literatura. Sir Walter Scott (1771-1832), el autor de *Ivanhoe* (1820), se refiere a estas cuestiones del siguiente modo: «El judío inspiraba un sentimiento de horror por ser mago o usurero.»

252. Quien pide no escoge

Señala la humildad con que debe conducirse quien es socorrido; porque sería necio y ridículo que la persona miserable y desventurada pudiera elegir el medio de prosperar. Esta expresión recuerda que lo que se nos ofrece de buena fe, de buena fe debe ser admitido.

253. Quien recibe, a dar se obliga

Muestra este refrán el agradecimiento que se debe a la persona que ofrece su favor y ayuda. Y no hay mayor agradecimiento que devolver el favor y la ayuda cuando nos sean requeridos.

254. TEN QUÉ DAR Y TE VENDRÁN A BUSCAR, PONTE A PEDIR Y VERÁS A LA GENTE HUIR

Este refrán da cuenta de los desprecios que se sufren en la miseria. Reconoce que la abundancia atrae a las gentes y la pobreza las ahuyenta. El conocimiento práctico del refranero insiste en la mala reputación del mundo: los hombres sólo buscan el beneficio material, y cuando éste no existe, todos se alejan en busca de nuevos intereses. Porque para recibir todos están dispuestos, pero para ejercer la caridad se tuerce el gesto y se hacen mohínes.

255. QUIEN PIDE CON TIMIDEZ, INVITA A NEGAR

Recomienda la expresión enérgica en la petición de favores; porque la caridad es una disciplina muy grave y dura, y de modo natural los hombres tienden a guardar y a ser egoístas con sus bienes. En términos similares se expresa la conocidísima sentencia: [255a] QUIEN NO LLORA, NO MAMA; es decir, que para lograr algo es necesario pedirlo con insistencia y tesón. Un refrán antiguo enseñaba a pedir: [255b] POBRE PORFIADO, SACA BOCADO. Esta enseñanza la conocen bien todos los pobres del mundo, porque es notorio que es fundamental insistir hasta la extenuación para aflojarle el bolsillo al viandante. Sin embargo, la insistencia no siempre da fruto: en cierta ocasión un joven se acercó al palacio de un noble para solicitar un favor. El noble lo negó tajantemente. Al día siguiente el joven se disfrazó de anciano para provocar la caridad del rico; y vestido con harapos y teñida su cabeza de canas, pidió de nuevo ayuda. Cuando se presentó ante el noble, éste sonrió y le contestó: «Ya los días pasados me pidió lo mismo vuestro hijo y le dije que no había lugar.» Otro refrán dice: [255c] QUIEN MACHACA, ALGO SACA. Y en sentido contrario: [255d] QUIEN MUCHO PIDE, NADA OBTIENE. El siguiente refrán establece el término medio: [255e] PEDIR SOBRADO PARA SALIR CON LO MEDIADO. Es decir, se recomienda solicitar de más, porque siempre se nos concederá de menos.

256. NO DIGAS TU MENESTER A QUIEN NO TE PUEDA SOCORRER

Recomienda la prudencia en declarar nuestras necesidades y aconseja no perder el tiempo solicitando lo que no vamos a lograr. Avisa contra los hombres que andan al acecho de las debilidades ajenas para perjudicar o aprovechar la indefensión. Otro refrán similar indica: [256a] A QUIEN NO TE HA DE AYUDAR, NO LE VAYAS A LLORAR.

257. Más barato es comprarlo que rogarlo

Porque las deudas y los préstamos se han de devolver, y nunca se sabe a qué precio. El refrán alude también a la vergüenza y humillación moral del que tiene que pedir y rogar.

258. La manzana maduró, pero el «pero» no

Mediante un ingenioso juego de palabras, este refrán advierte que cuando se solicita algo y se nos responde con excusas e impedimentos, generalmente no se logra nada positivo. Son aquellas personas que comienzan diciendo: «Sí, pero...» De modo general, se utiliza esta expresión para reconvenir a quien siempre encuentra dificultades e inconvenientes en todo. Éstos, parece decir el refrán, nunca prosperarán. Así: [258a] Todas las frutas maduran, pero el «pero» nunca. La palabra «pero», aparte de ser una conjunción adversativa, también es el nombre de un fruto, resultante de una variedad del manzano, alargado, poco sabroso y que se pudre agrio y verde, es decir, que no madura nunca.

259. No dar respuesta, negativa cierta

Parece contradecir este refrán al proverbio [259a] Quien calla otorga. Pero en realidad el refrán se refiere a la contestación a una petición o a una solicitud, mientras que el «callar» del proverbio responde a una acusación. De modo que cuando se dé «la callada por respuesta» se debe entender que se deniega el favor.

260. De bien nacidos es ser agradecidos

Este refrán es uno de los más conocidos y utilizados de todo el compendio refranero. Expresa una cualidad moral muy valorada en la antigua Castilla de hidalgos y nobles. Se decía «bien nacido» por oposición a «mal nacido», es decir, por oposición a la descendencia bastarda o de orígenes dudosos. Una variante de este refrán es: [260a] Quien es agradecido es bien nacido.

261. Al agradecido, más de lo pedido

Pondera también este refrán el valor moral del agradecimiento y recomienda ser generoso y largo con aquellos que aprecian los favores que se les hacen.

262. **DE TUS HIJOS SÓLO ESPERES LO QUE CON TUS PADRES HICIERES**

Un proverbio señala: [262a] CRÍA CUERVOS Y TE SACARÁN LOS OJOS. Aviso contra el proverbial egoísmo filial y, como siempre, el refranero recomienda honrar a los mayores. La veneración y la caridad de los hijos para con los padres ha sido una de las constantes culturales en todas las civilizaciones: los ancianos son considerados los portadores de la sabiduría y la prudencia, y sus trabajos han sido la fuente de prosperidad de los jóvenes. Cuando Dios entregó los Diez Mandamientos a Moisés señaló esta orden del siguiente modo: «Honra a tu padre y a tu madre, para que se prolonguen tus días sobre la tierra.» Por esta razón los hijos desagradecidos son considerados en la moral tradicional como malditos de Dios. Así: [262b] HIJO FUISTE, PADRE SERÁS; CUAL HICISTE, TAL HABRÁS.

263. **QUIEN QUIERE MAL A LOS SUYOS, NO QUERRÁ A NINGUNO**

Este refrán reniega de aquellos que no sienten afecto por los de su misma sangre y recomienda desconfiar de todos los que no aman a sus parientes. Porque el saber tradicional considera los lazos de sangre y el parentesco como los vínculos más fuertes. Se argumenta que si no se cumple con esta «ley natural» mal se podrá cumplir con amigos y conocidos.

264. **DE RICO A POBRE PASÉ Y SIN AMIGOS ME QUEDÉ**

El refranero nos recuerda cómo los falsos amigos se acercan en tiempos de bonanza y cómo los perdemos en tiempos de desventura. Porque del rico aún se obtienen beneficios, pero de la miseria nada se logra. Previene contra los aduladores que sólo buscan hacer rapiña. Así lo recomienda también el siguiente refrán: [264a] AMIGO DEL BUEN TIEMPO, SE MUDA CON EL VIENTO.

265. **PERAL QUE NO TIENE PERAS POCAS VISITAS ESPERA**

Del mismo modo que el anterior, este refrán significa que los que no tienen nada que ofrecer se ven con frecuencia solos. Es decir, que la miseria ahuyenta a la gente del mismo modo que la riqueza atrae a los falsos amigos.

266. **DONDE UN FAVOR SE HACE UN INGRATO NACE**

El anónimo autor de este refrán desconfiaba de la caridad. O, más bien, desconfiaba de los efectos de la caridad. Señala que los beneficios sólo generan ingratitud y envidia, que los favores se olvidan pronto y, en general, afirma que los hombres son desagradecidos por naturaleza. Así lo confirma también el proverbio: [266a] De desagradecidos está el mundo lleno.

267. Favor logrado, favor olvidado

Como el refrán anterior, éste recuerda que los favores se olvidan pronto. Otra sentencia popular antigua afirmaba de un modo muy gráfico cuál es el comportamiento de las personas desagradecidas: [267a] Obra hecha, maestro al pozo.

268. Tan mala memoria tengo, que si te vi, no me acuerdo

La segunda parte de este refrán se expresa cuando se ha recibido un favor o un préstamo y el deudor se desentiende o se hace el olvidadizo. Es la máxima expresión del desagradecimiento. Otro refrán incide en estos «olvidos» fingidos: [268a] Lo olvidado, ni agradecido ni pagado.

269. Amor de asno, coz y bocado

Con esta expresión se reconviene a quienes sólo buscan el beneficio en la amistad. Y se les compara con las acémilas. Porque se supone, aunque no sea del todo cierto, que los burros sólo nos estiman cuando les damos de comer y si les molestamos cuando se alimentan, sueltan la coz. En realidad, muchos burros superan a algunos hombres en bondad y gratitud. Véase, por ejemplo, el rucio de Sancho Panza, que fue robado y aparece al cabo de poco tiempo sin dar más explicaciones.

270. De quien se ausenta nadie echa cuenta

La ingratitud y la falta de caridad se muestra también en los casos de personas ausentes. El presente refrán recuerda qué pronto somos olvidados y cuánto se benefician otros de nuestra ausencia. En el mismo sentido se expresa el siguiente refrán: [270a] Si te fuiste, hazte cuenta que moriste.

271. El pescado y los parientes, a los tres días hieden

También se dice [271a] El pescado y los parientes, a los tres días huelen; y [271b] El huésped y el pece a los tres días hiede. Las tres expresiones son representativas de la ingratitud y de la falta de hospitalidad. Por otro lado, el refranero siempre es reacio a todo lo que se refiere a visitas. Se recomienda, por tanto, no prolongar en exceso la estancia en casas ajenas: [271c] La visita, cortita, dice un escueto refrán.

272. Huéspedes de repente, ni me los mientes

Reniega el refranero contra las visitas inesperadas.

273. Los huéspedes dos alegrías nos dan: cuando vienen y cuando se van

Alude al placer que causan las visitas cuando llegan y señala el gusto con que se admite su partida. En el mismo sentido puede entenderse el siguiente refrán: [273a] Quien me visita, me hace un favor; quien no me visita, dos.

274. Bondad y hermosura, poco dura

Señala este refrán la brevedad y la escasez de la caridad, y la compara con la belleza, porque ésta se desvanece con el paso del tiempo.

275. Buenas y malas artes, en todas partes

Recuerda este refrán que en todos los lugares se encuentran hombres de buena y mala condición. Asimismo es una advertencia contra quienes menosprecian las costumbres de otros países o del suyo propio. Porque la condición humana no varía de lugar a lugar, y el hombre siempre se conduce del mismo modo; y en nada depende la bondad del haber nacido aquí o allá.

276. Por tu corazón juzgarás el ajeno, en lo malo y en lo bueno

Este filosófico refrán alude a la capacidad de todos los hombres para considerar los actos de los demás. En este caso, la sabiduría popular recuerda que cada cual juzga las acciones ajenas de acuerdo con sus sentimientos o con sus experiencias. Un malvado tendrá por buenas las acciones reprobables y un corazón bondadoso apreciará como nefastos los crímenes. Es decir, que cada cual opina y juzga conforme a su propia escala de valores y conforme a su moral individual, y por eso es posible que lo que a uno le parece bueno, le parezca malo a otro.

277. Haz mal y espera otro tal

La justicia popular advierte también que [277a] Quien la hace, la paga. Por otra parte, la justicia judía dictaba: [277b] Ojo por ojo, diente por diente. Todas estas sentencias avisan que el daño que se infringe a otros debe ser reparado con un castigo similar. Por esta razón durante siglos se ha venido ejerciendo una justicia un tanto salvaje: a los asesinos se les ahorcaba o se les decapitaba, a los ladrones se les cortaba una mano, a los difamadores se les arrancaba la lengua, las adúlteras eran lapidadas, a los brujos se les condenaba a la hoguera, etc. Porque se entendía que [277c] Ser piadoso con los malos es dar a los buenos de palos. Las leyes modernas que nacen con la Revolución francesa de 1789 y la Ilustración cambiaron estos comportamientos y establecieron una justicia que pretende evitar el mal y procura que no vuelva a repetirse.
En realidad, el refrán español hace referencia a hechos más cotidianos y menos graves. La sabiduría popular tiene el convencimiento de que el mal se vuelve contra uno mismo y que Dios castigará las malas acciones.

278. El perro y el niño, donde vean cariño

La fidelidad canina y la inocencia infantil se unen en este tierno refrán para señalar que la bondad siempre atrae a los dulces de corazón. El agradecimiento que demuestran los perros y el placer que nos causan los rapaces con sus carantoñas son los índices del amor que reciben.

279. Al buen consejo no se halla precio

Encarece este refrán las bondades de las advertencias, siempre que provengan de quien nos quiere bien.

280. No hay mejor espejo que el amigo viejo

El refranero popular advierte en muchas ocasiones contra los falsos amigos. En esta ocasión, muestra las bondades del amigo probado con el curso de los años. En la amistad probada se puede depositar la confianza y de ella debemos esperar el consejo desinteresado y la advertencia sincera. Asimismo, puede interpretarse que los buenos amigos se conocen y se parecen en tantas cosas que lo que vale para uno vale para el otro.

281. Quien tiene un amigo tiene un tesoro

Famosísimo y conocidísimo proverbio de cuya veracidad nadie duda siempre que se trate de un buen y viejo amigo, tal y como señala el refrán anterior. La alusión al «tesoro» no es casual: la amistad se demuestra en los momentos difíciles, cuando nos hallamos en penuria económica o sentimental. Es aquí cuando los amigos se muestran: cuando obtenemos su ayuda y compasión.

282. QUIEN TIENE LA PANZA LLENA, NO CREE EN LA HAMBRE AJENA

Lamenta este refrán la falta de caridad de los hombres ricos y holgados, aquellos que dudan de que verdaderamente exista la miseria y la pobreza. Podría aplicarse, con comodidad, a las personas que hacen ascos y muecas cuando se les habla de la penuria que sufren otros hombres.

283. QUIEN NO SABE DE MAL, NO SABE DE BIEN

En el mismo sentido que el refrán anterior, el presente proverbio sugiere la necesidad de enfrentarse a la desgracia y las calamidades para conocer, de propia mano, el sufrimiento. También puede entenderse en otros sentidos: por ejemplo, cuando una persona se muestra desagradecida ante los bienes que se le ofrecen constantemente. El refranero incide, una ves más, en la utilidad de conocer que todo en este mundo tiene dos caras: una buena y otra mala.

284. QUIEN NO ES BUENO PARA SÍ, ¿CÓMO LO HA DE SER PARA OTRO?

Se inserta este proverbio o sentencia en la mayoría de las colecciones de refrane, por su analogía con otros similares o de parecido significado. Da a entender que «la caridad empieza por uno mismo», y que las personas que no se aman a sí mismas no pueden tratar bien, de ningún modo, a quienes tienen a su alrededor.

285. BUENAS SON MANGAS, DESPUÉS DE PASCUA

Refrán que recuerda el dicho «A buenas horas, mangas verdes». Esta frase hecha nació como consecuencia de la proverbial tardanza de la Santa Hermandad (antigua policía rural) cuando se la necesitaba. Los cuadrilleros vestían jubones verdes y eran conocidos como «mangas verdes». El refrán, como la frase, lamenta la caridad o la ayuda que llega a destiempo o cuando ya no es necesaria. Una ves más, el refranero sugiere que el auxilio en la penuria debe ejercerse en los momentos adecuados: tal es el sentido y objeto de la verdadera amistad y caridad.

286. Si me lo has de dar, no me lo hagas desear

Reprimenda a los que muestran y guardan. La sabiduría popular reniega de los que ofrecen y no dan, y de los que enseñan y retiran. Así nos comportamos con los perros y los gatos, a los que mostramos un pedazo de pan y se lo escondemos inmediatamente. Por esta razón, lo que conviene a los animales, como juego, no es propio de los hombres: tanto más cuando hay necesidad. Sugiere el refranero no prometer lo que no se va a otorgar.

287. Lo que uno desecha, a otro aprovecha

Ley inmutable en un mundo mal repartido. El refranero, que tantas veces lamenta la desdichada suerte de unos y la gran holganza de otros, indica aquí la cierta condición de los más desfavorecidos. Los ricos y potentados desprecian las cosas que, para otros, son imprescindibles y necesarias. La cultura popular enseña a no desechar aquello que es vital y necesario, como a besar el pan que se cae al suelo o persignarse cuando ha de tirarse al pan duro que no se va a utilizar.

288. Sin harina, no se camina

Alude a la harina, o al pan, como elemento fundamental en las tierras de Castilla, donde se considera un alimento casi sagrado: ¿no dijo Jesucristo en la Última Cena «este es mi cuerpo» cuando partía el pan con sus discípulos (*Mat.*, 26, 26)? Pues bien, esta idea de pan como objeto imprescindible para el cuerpo y el alma, se refleja también en el refranero. El camino, desde tiempos antiquísimos, no es más que un símbolo de la vida o la existencia.

289. En tus apuros y afanes, pide consejo a los refranes

La caridad, o la ayuda en momentos decisivos, es también una cualidad del refranero. En éste se encuentran las soluciones a un gran número de conflictos y problemas (apuros y afanes) que se presentan en el curso de la vida. El refranero, breviario de sabiduría, nos ayuda a solventar los inconvenientes en las relaciones sociales o personales.

290. El que se queja, sus males aleja

Uno de los principales argumentos de la caridad es el consuelo del desgraciado. Este refrán pondera cuán saludable resulta compartir las penas y las miserias de la vida. Como se dice en otro lugar: [290a] QUIEN CANTA SUS MALES ESPANTA. Porque esperamos que nuestros lamentos sean escuchados, porque deseamos que nuestros pesares sean consolados y porque, en fin, esperamos un consejo del amigo que nos escucha. Una coplilla anónima del siglo XVI lamentaba de este modo no tener con quién compartir la pena:

¿A quién contaré mis quejas,
mi lindo amor;
a quién contaré yo mis quejas,
si a vos no?

Recogida en Francisco Salinas, *De Musica libri septem,* 1577.

291. EL QUE HABLA DESCANSA, Y EL QUE CUENTA SUS MALES, MENOS MALOS LOS HACE

En el mismo sentido que el anterior, este refrán recuerda las bondades de la compañía y el consuelo. Decimos que una persona se «reconcome» o tiene «reconcomio» cuando se ve agitada o angustiada por una pena; por eso es bueno expulsarla y no dejar que se enquiste y se coma la vida.

292. EL QUE MUCHO LLORA, SU MAL EMPEORA

Tradicionalmente se ha entendido que el llanto desahoga, pero este refrán recuerda que las penas que persisten y se hacen crónicas hacen más daño y agravan el estado de quien las padece. Hasta el siglo XVIII se creía que el cerebro era una víscera que necesitaba humedad y que cuando a uno se le secaba el cerebro se volvía loco o tenía fantasías. Con la actividad diaria, los sesos perdían cierto volumen de agua que se recuperaba con el sueño. Si una persona permanecía despierta y en constate actividad durante la noche, acababa por perder el juicio. También el llanto continuo privaba de humedad al cerebro y, por esta razón, se recomendaba derramar lágrimas con moderación. Un refrán contrario señala: [292a] QUIEN LLORA, SUS MALES MEJORA.

293. LOS GRANDES SUFRIMIENTOS NO TIENEN LÁGRIMAS NI LAMENTOS

Filosófico refrán que descubre el estado de abatimiento al que se ve reducida la persona que sufre horrorosamente. Las grandes penas, los grandes males no pueden expresarse ni con palabras ni con gestos.

294. Los duelos con pan son menos

Recuerda este refrán que las penas se curan mejor en la abundancia. Porque así como las desgracias se aumentan en la miseria, así los placeres nos hacen olvidar otros sinsabores o se olvidan antes. Parece ser que el refrán original decía [294a] Los duelos con pan son buenos, que vendría a significar lo mismo. Ahora bien, los «duelos» eran antaño un plato de huevos fritos. Así, Alonso Quijano, don Quijote, solía comer «duelos y quebrantos» en sábado, es decir, huevos y torreznos. Es posible que el ingenioso autor de este refrán jugara con ambos significados para indicar, por una parte, las delicias del mojar el pan en los huevos; y por otra, la mengua de dolor cuando se vive en la abundancia.

295. No hay duelo sin consuelo

Como señala una sentencia popular: [295a] Todo tiene remedio en esta vida, excepto la muerte. Se quiere decir que no hay desgracia que no tenga remedio o, al menos, que no pueda ser aliviada.

296. Socorro tardío, socorro baldío

La caridad a destiempo para nada sirve, nos dice este refrán. Porque el auxilio que llega tarde y el consuelo extemporáneo enojan más que ayudan. Recomienda actuar cuando se presentan los inconvenientes y no hacer ostentación de la inutilidad en la tardanza.

297. Cada uno lleva la lengua donde le duele la muela

Aparte de ser una verdad probada, este refrán significa que cada cual se queja de lo que le preocupa. Se expresa cuando varias personas se quejan y se comprueba que cada uno de ellos sólo tiene interés en los problemas que le afectan, e ignora los lamentos de los demás. También se entiende que las desgracias personales nos ocupan más que los dolores ajenos, y así lo certifica el siguiente refrán: [297a] No hay mayor mal que el de cada cual.

298. De sastre a sastre, tiras de balde

Este refrán es el refrán del corporativismo: indica que las personas que ejercen una misma profesión o que son de la misma condición no deben ponerse obstáculos ni interferir en los asuntos del otro. También se dice: [298a] Entre sastres no se pagan hechuras; [298b] De barbero a

BARBERO NO PASA DINERO. Y modernamente: [298c] ENTRE BOMBEROS, NO NOS PISEMOS LA MANGUERA. En términos generales, estas expresiones recomiendan la solidaridad entre iguales.

299. RENIEGO DEL AMIGO QUE CUBRE CON LAS ALAS Y MUERDE CON EL PICO

Alude este refrán al falso amigo que aparenta protegernos y consolarnos y, en realidad, trata de perjudicarnos. Los hipócritas son aduladores y zalameros, pero a nuestras espaldas propagan infundios y mentiras. El refrán utiliza la comparación de los pájaros porque ésta es la manera con que las aves protegen a sus polluelos. En el mismo sentido se expresa el siguiente: [299a] POR DELANTE AMAGAR Y POR DETRÁS ROER, NO ES AMISTAD NI BUEN QUERER.

300. RASCAR POR DELANTE Y DESOLLAR POR ATRÁS ES DE HIJOS DE SATANÁS

Maldice este refrán a los falsos y a los perversos que hacen carantoñas a nuestra vista y dan la «puñalada trapera» al menor descuido.

CORAJE

Aunque en ocasiones se confunde con la ira o la animadversión, el Coraje ha sido entendido habitualmente como un estado del corazón que proporciona valor y ánimo. Tampoco debe asociarse a la fanfarronería o a la soberbia, pues éstos son defectos morales, en tanto el Coraje es una virtud por la cual el hombre se siente con el arrojo necesario para afrontar las pesadumbres o los inconvenientes que se presentan.

El valor ante la adversidad lo encarnan los héroes. Los estudiosos de la literatura y de las artes han descubierto que un héroe es aquel que se sobrepone a todos los reveses de su azarosa existencia. No vale, por tanto, que un hombre ejecute una acción arriesgada para convertirse en héroe. Es necesario afrontar los peligros desde la desgracia para ser considerado como tal. Los literatos suelen utilizar un recurso bien conocido desde el principio de los tiempos: consiste en colocar a su protagonista en un estado lamentable. A continuación se le somete a numerosas pruebas y se le agobia con más penurias. Si el protagonista supera todos los contratiempos y sale triunfante de su experiencia, es considerado un héroe y, por lo tanto, un representante del Coraje del hombre. Ulises es uno de los héroes más apreciados por la posteridad. (Su verdadero nombre, Odiseo, da título al relato de sus aventuras: *La Odisea,* de Homero.) El objetivo de Ulises es volver a Ítaca con su esposa Penélope, pero su viaje se ve impedido por la oposición de los dioses, el mayor inconveniente posible. Todos los inconvenientes imaginables se cruzan en su camino: gigantes, sirenas, brujas, tempestades, etc. Sin embargo, triunfa, y su triunfo es mayor cuanto mayores han sido las penas que ha sufrido.

El refranero castellano no va tan lejos como Homero. En las sugerencias del saber popular basta con tener valor, esperanza, tenacidad y paciencia.

301. No se ganó Zamora en una hora

Recomienda la constancia y la perseverancia en las acciones que se emprenden. En general, se comprende que la paciencia es el medio más eficaz para lograr los objetivos. Este refrán hace referencia a las dificultades que encontró el usurpador Sancho II de Castilla (1038-1072) para conquistar la plaza de Zamora a su propia hermana. Esta ciudad había sido entregada legítimamente a Doña Urraca en herencia. Un caballero zamorano, Vellido Dolfos, tal vez animado por la mismísima Doña Urraca, fue el encargado de asesinar al rey de Castilla. Se dice que Rodrigo Díaz de Vivar persiguió a Vellido Dolfos hasta un portillo, llamado «de la Traición», pero, con la precipitación, el héroe castellano olvidó sus espuelas y no logró alcanzarlo. Los trovadores castellanos consideraron siempre a Vellido Dolfos como un traidor, puesto que había matado a su rey, pero el zamorano no hizo sino defender a la infanta, Doña Urraca. Los habitantes de Zamora conocen muy bien este romance, perteneciente al *Cantar del cerco de Zamora*, uno de los más antiguos en lengua romance:

!Guarte, guarte, rey don Sancho!
No digas que no te aviso,
que de dentro de Zamora
un alevoso ha salido,
llámase Vellido Dolfos,
hijo de Dolfos Vellido:
cuatro traiciones ha hecho
y con ésta serán cinco;
si gran traidor fue el padre,
mayor traidor es el hijo.
Gritos dan en el real:
¡A don Sancho han malherido,
muerto le ha Vellido Dolfos,
gran traición ha cometido!
Desque le tuviera muerto,
metióse por un postigo;
por las calles de Zamora
va dando voces y gritos:
–Tiempo era doña Urraca
de cumplir lo prometido.

302. Un solo golpe no derriba el roble

Encarece nuevamente la necesidad de actuar con paciencia en la consecución de los objetivos. Porque los logros requieren mucho esfuerzo y trabajo, y es insensatez pretender que, al primer intento y sin sudor, consigamos dar fin a nuestras obras.

303. Dijo el perro al hueso: si tú estas duro, yo tengo tiempo

Porque la paciencia y el tesón son imprescindibles para resolver cualquier asunto difícil. Y así como el perro se retira y, poco a poco, abre el hueso y lo roe, así el hombre debe esforzarse en su afán. La pertinacia o tenacidad son los mejores medios para lograr nuestros deseos. Así lo certifica también un refrán moderno: [303a] El que la sigue, la consigue. Y este otro: [303b] Quien porfía, alcanza hoy u otro día.

304. Al vecino y la muela sufrirlos como se pueda

Recomienda este refrán tener paciencia con los vecinos y con el dolor. Se han de soportar a los vecinos porque con ellos se ha de convivir a la fuerza. Y se debe uno resignar ante el dolor de muelas porque tienen poca solución hasta que no llegue el barbero. Efectivamente, el dolor de muelas, que siempre ha sido un dolor horroroso, tenía poca solución antaño. Para procurar el efecto de la anestesia se utilizaban aguardientes o licores que mitigaban el dolor o emborrachaban al paciente. El barbero (y, en ocasiones, el herrero) era el encargado de extraer la pieza. (No se podían imaginar otras operaciones quirúrgicas hoy tan frecuentes.) Estas extracciones eran verdaderas carnicerías.

En general, el refrán recomienda paciencia y valor para sobrellevar la desgracia, cualquiera que ésta sea. Asimismo puede entenderse que cada cual ha de buscar los medios más propios para no sufrir en exceso los inconvenientes.

305. Con pan y vino se anda el camino

He aquí uno de los más famosos refranes de la cultura popular española. En términos generales significa el conformismo de quien sobrelleva un trabajo porque posee lo necesario para no sufrir en exceso. Se suele expresar cuando debemos tomarnos nuestro tiempo para lograr un objetivo: refuerza la paciencia y, puesto que las penurias no son muchas, el refrán aconseja disfrutar en lo que se pueda del tiempo que se invierte. En los mismos términos debe entenderse el siguiente: [305a] Con buen vino se anda el camino.

306. Cada cual pase sus penas lo menos mal que pueda

También se dice: [306a] Cada cual pase sus penas lo mejor que pueda. Aconseja la paciencia en los malos tiempos, a la espera de otros mejores. Señala también que cada cual busca los medios para mitigar el sufrimiento ante las desgracias y, en cualquier caso, recomienda el coraje para superar las penurias de la vida.

307. Al mal tiempo buena cara

Este conocidísimo proverbio recomienda la paciencia ante las desgracias y la penuria. Revela también el coraje necesario para enfrentarse a la adversidad y afrontar los reveses de la vida con buen talante.

308. Hasta el rabo, todo es toro

Recomienda prudencia en las acciones arriesgadas y señala la necesidad de obrar con cautela en nuestro valor. El peligro sólo debe considerarse lejano cuando estamos verdaderamente a salvo. En términos generales esta expresión proverbial se utiliza cuando comprendemos que un trabajo o una acción no está concluida hasta que verdaderamente rematemos la obra.

309. Cuando de cara te dé el viento, anda con tiento

Recomienda prudencia en la adversidad. El coraje y el valor necesario para superar los inconvenientes requiere precaución y previsión.

310. A pan duro, diente agudo

Anima a la perseverancia y al valor ante las desgracias y los inconvenientes. [310a] A carne de lobo, diente de perro. Del mismo modo, este proverbio recomienda no renunciar a los objetivos por muy grandes que sean las dificultades.

311. El mundo tiene eso: poca carne y mucho hueso

Aviso sobre la escasez de placeres y la abundancia de desgracias en la vida. En relación con los anteriores refranes, la sabiduría popular fomenta el valor y el coraje, e invita a superar las dificultades que nos ofrece la existencia. Se dice «hincarle el diente» a una cuestión, cuando se quiere expresar el arrojo con que nos enfrentamos a la adversidad. Este refrán enseña que es necesario afrontar la vida con la seguridad de que los problemas serán mucho más frecuentes que las alegrías.

312. AL CATARRO CON EL JARRO

Este refrán ha sido explicado de distintas maneras. En principio, el refrán parece indicar que los catarros y los constipados se deben curar con vino, conforme a la experiencia popular. Se creía que el vino caliente sanaba los resfriados, aunque la medicina moderna lo desdice. Por otro lado, el refrán tiene una coletilla: [312a] AL CATARRO CON EL JARRO; PERO NOTA QUE EL JARRO NO ES BOTA. Si se atiende a esta variante, el jarro no haría referencia al vino, sino al jarro de medicinas. En este sentido, el refranero recomendaría la medicina frente a la sanación popular por medio del vino. Sea vino, agua o medicina, el refrán anima en términos generales a esforzarse en mejorar, a buscar soluciones y a enfrentarse con valentía a la adversidad.

313. A BUEN HAMBRE NO HAY PAN DURO

Suele completarse este refrán con la coletilla «ni falta salsa a ninguno». Argumenta que, cuando la necesidad aprieta, el hombre se crece en su valor. De modo concreto, el refrán señala que la miseria obliga a no pararse en inconvenientes, aunque estos pudieran ser grandes en otras circunstancias. Porque el desgraciado no se muestra exquisito en lo poco que halla, y todo le sirve. Los remilgos son para el que tiene donde elegir, no para el que ha de conformarse con lo que haya. El famoso pícaro Lázaro de Tormes tuvo un amo hidalgo, miserable y pobre, aunque su vanidad le impedía reconocer su pobreza. Como la mesa no se disponía, Lázaro sacó unos mendrugos de pan y se preparó para comer. El amo lo observaba y se le deshacía la boca de hambre, pero su orgullo le impedía solicitar al pobre Lázaro uno de sus mendrugos. Esta fue su conversación:

—Ven acá mozo. ¿Qué comes?
Yo lleguéme a él y mostréle el pan. Tomóme él un pedazo de tres que eran, el mejor y el más grande, y díjome:
—Por mi vida, que parece éste buen pan.
—¡Y cómo! ¿Ahora –dije yo–, señor, es bueno?

—Sí, a fe, dijo él.

—¿Adónde lo hubiste? ¿Si es amasado de manos limpias?

—Yo no sé de eso –le dije–. Mas a mí no me pone asco el sabor dello.

—Así plega a Dios –dijo el pobre de mi amo. Y llevándolo a la boca, comenzó a dar en él tan fieros bocados como yo en el otro.

—Sabrosísimo pan está –dijo–, por Dios.

En el mismo sentido deben comprenderse los siguientes refranes: [313a] A BUEN SUEÑO, NO HAY CAMA DURA. [313b] CON BUEN SUEÑO HASTA EN UN LEÑO.

314. QUIEN TIENE BUENAS GANAS, POCO APETITO LE BASTA

Juega este refrán con la identidad entre «ganas» y «apetito» para señalar las pocas dificultades que encuentra una persona desgraciada en encontrar buena cualquier cosa. En términos generales, indica que la necesidad no es escrupulosa ni exquisita.

315. A CASA VIEJA, PUERTAS NUEVAS

En algunas ocasiones, este refrán ha sido explicado como reconvención a los viejos que pretenden aparentar ser jóvenes. Pero su expresión más habitual responde a la necesidad de prevenir y guardar las propiedades o los intereses personales. Su significación se extiende hasta señalar que se deben reforzar los cuidados en los asuntos delicados o peligrosos.

316. A GRANDES MALES, GRANDES REMEDIOS

Expresión proverbial utilizada para indicar que todas las desgracias pueden tener su alivio y reparación. Sugiere esfuerzo y valor para dar solución a problemas graves. Los grandes inconvenientes han de superarse a fuerza de ingenio, rapidez y coraje. El padre de la medicina sugería que «para las enfermedades graves, los mejores remedios son las soluciones drásticas». [316a] EL BUEN CIRUJANO, CORTA POR LO SANO, recomienda otro refrán español. Tanto el refrán como su aplicación médica, recomiendan la resolución y la valentía en situaciones desesperadas. Otro refrán sugiere: [316b] NO HAY DAÑO QUE NO TENGA APAÑO.

317. DE CORNADA DE BURRO NO VI MORIR A NINGUNO

Refrán que reconviene a las personas quejicosas y débiles, que se abaten ante cualquier dificultad o revés de la vida. Asimismo, reprende la actitud de quienes se alarman por un pequeño inconveniente. Como es muy notorio los burros no dan cornadas y, por tanto, las cornadas de los asnos no pueden ser muy graves. Los hombres que hacen un mundo de sus pequeños problemas son considerados cobardes y despreciables a los ojos del refranero.

318. La mancha de mora con otra verde se quita

Además de contar un hecho cierto, esta sentencia Indica que el olvido de los reveses de la vida se consigue mediante actividades nuevas. Lo viejo queda apartado y desechado ante la llegada de lo nuevo. La alegría y la juventud, parece decir el refrán, siempre renueva el alma. Aunque este refrán se utiliza en innumerables ocasiones y con distintos motivos, es cierto que más frecuentemente se expresa ante la pena del desamor y el olvido. Una coplilla popular cantaba:

De que tú ya no me quieras
no me da pena maldita,
que la mancha de la mora
con otra verde se quita.

Una variante de este refrán es: [318a] Lo que tiñe la mora, la verde lo descolora.

319. Agua pasada no mueve molino

Expresión proverbial que recomienda el olvido de las cosas que no pueden ni perjudicarnos ni beneficiarnos.

320. Lo que pica, sana

Proverbio de la medicina popular. Afirma que la curación de heridas produce un escozor característico, señal indudable de que el daño se está restañando. En términos generales, se expresa cuando la superación de un inconveniente produce leves efectos negativos, y se comprende que tales efectos son índice de su solución. La sentencia anima a soportar los pequeños males que se producen cuando tratamos de olvidar un daño pasado.

321. Viendo venir el canto, no hiere tanto

Este refrán anima a soportar los daños y males que se avecinan. Sugiere también la necesidad de afrontar con coraje y paciencia lo que es inevitable. A cambio, el refrán señala el verdadero dolor que producen las desgracias no esperadas y no previstas.

322. Quien su mal encubrió, de ello murió

Enseña a no ocultar ni esconder los males o las desgracias que nos aquejan. Los problemas, señala el refrán, deben comunicarse para hallar en los demás el consuelo o la solución. Suele decirse que los problemas «se enquistan», cuando queremos decir que aumentan y se agravan a fuerza de encubrirlos o por no darle cura a tiempo.

323. A quien Dios se la dé, san Pedro se la bendiga

También se dice: [323a] A quien Dios se la diere, san Pedro se la bendiga. Con estos proverbios se indica el desdén de los problemas ajenos. Además, se sugiere que cada uno es responsable de sus actos, y que cada cual debe asumir las consecuencias que de ellos se deriven. Hace referencia a la potestad que Jesús dio a san Pedro cuando le concedió ser el máximo representante de Dios en la tierra. En este sentido, lo bueno o malo que Dios envía a los hombres es corroborado por san Pedro; y por esta razón se pide la bendición del santo: para que los males no sean muchos o muy graves. Otro proverbio español señala: [323b] Cada palo que aguante su vela. Hace también referencia a la responsabilidad que tiene cada uno para soportar lo que se desprenda de sus actos. Alude a los palos de las embarcaciones a vela, los cuales deben soportar los envites del viento. En efecto: para que el navío cumpla su función es necesario [323c] Que cada palo aguante su vela.

324. A quien le pique, que se rasque

Se desentiende de los problemas ajenos. También señala la indiferencia ante la envidia o los perjuicios que se causan a otros. Se expresa generalmente cuando determinamos llevar a cabo una acción sin tener en cuenta las opiniones de los demás, y sin contar con los daños que puedan acarrear. Es una invitación al coraje, también al individualismo. Otra expresión: [324a] El que se pica, ajos come; es decir: las personas que se sienten perjudicadas sin motivo por acciones o palabras de otros, no expresan sino envidia o excesiva susceptibilidad. También indica que si se sienten aludidos, por algo será. Recomienda actuar sin tener en cuenta opiniones ajenas.

325. Por miedo de gorriones no se deja de sembrar cañamones

La simiente del cáñamo, los cañamones, se utilizaba con frecuencia para alimentar a ciertas aves. Al mismo tiempo el cáñamo era el principal material para la fabricación de cuerdas o redes. En cuanto al refrán, se aconseja actuar con decisión aunque existan pequeños problemas previsibles. En la siembra del cáñamo era seguro que algunas semillas engordarían a los pájaros silvestres, pero ello no impediría una cosecha. De modo que se invita a afrontar los leves inconvenientes que surgen en cualquier acto de nuestras vidas.

326. Quien dice la verdad, ni peca ni miente

Anima a decir la verdad siempre, sin importar las consecuencias que de ello se deriven. Porque la verdad es un bien en sí misma y no puede haber daño ninguno en ser honrado y cierto. La verdad sólo hace daño a los criminales y malvados. Otro refrán alude a los actos: [326a] Quien hace lo que debe, a nadie ofende. También se dice: [326b] Quien hace lo que debe, a nadie teme. Porque los actos que nacen de la honestidad y la honradez no pueden ofender ni dañar a personas honestas y honradas. Anima a actuar con coraje cuando se tiene la seguridad de estar haciendo lo que se debe.

327. El espejo y la buena amistad dicen siempre la verdad

Elogio de la amistad antigua y probada. Advierte que no debemos ofendernos por las duras verdades que nos muestran los amigos, del mismo modo que no nos ofendemos al reflejarnos en un espejo y notar nuestros defectos. Los consejos o los reproches de los verdaderos amigos, dice el refrán, nos ayudan a ser mejores. En sentido contrario se explica este refrán: [327a] Por decirse verdades se pierden las amistades. Recuerda que los consejos y recomendaciones sinceras pueden enojar a los amigos. Porque los hombres no siempre aceptan de buena gana las amables reconvenciones. Sugiere prudencia a la hora de mostrar la verdad de las cosas a nuestros amigos.

328. Las cuentas, claras, y el chocolate, espeso

El refranero recomienda el coraje en las distintas acciones humanas. En este caso, aconseja fijar con claridad las condiciones de los contratos u otras actividades mercantiles. Es una advertencia contra trafulleros y embaucadores, porque en asuntos pecuniarios lo mejor es la transparencia. En términos generales, se busca que todos los actos sociales no escondan trampas o añagazas: [328a] Las cosas claras y el chocolate, espeso. Y también: [328b] El agua clara y el chocolate, espeso.

329. El que quiera peces, que se moje el culo

Sugiere este gráfico refrán que cada persona debe luchar y sacrificarse para conseguir lo que desea. Al mismo tiempo, se utiliza esta expresión cuando se quiere dejar sentado que no estamos dispuestos a arriesgarnos o a trabajar por los demás. Lo que se obtiene mediante el trabajo es propiedad del que se ha esforzado en lograrlo; y no se debe tener la pretensión de adquirir los bienes que otra persona ha conseguido a fuerza de sudor o riesgo. Otra versión dice: [329a] Quien quiera peces que se moje el culo.

330. Quien nueces quiere comer, las cáscaras ha de romper

Su significado es muy similar a los anteriores. También parece afirmar que para obtener cualquier bien es necesario tomarse su trabajo y su tiempo.

331. El que algo quiere, algo le cuesta

O bien: [331a] Quien algo quiere algo le cuesta. Estas expresiones proverbiales afirman la necesidad de emprender con paciencia y con coraje las tareas que nos proporcionan placer u otro tipo de bienes. Generalmente no se utiliza para designar que los deseos se intercambian por dinero. Más bien alude al esfuerzo y el riesgo que debemos afrontar para conseguir nuestros anhelos.

332. El que quiere la rosa, aunque le pinche, no se enoja

Poético refrán. En ocasiones se utiliza el verbo «punzar» en vez de «pinchar», pero el significado no varía: sugiere que el placer de los logros hace olvidar las pesadumbres que hemos tenido que afrontar hasta obtenerlos. En efecto, cuando se consigue algo, se menosprecian las dificultades que se han encontrado en el camino. El refrán también indica que los deseos vehementes o apasionados no reparan en los riesgos con tal de lograr su fin. En ocasiones alude a la galantería o al cortejo, y los «pinchazos» serían los desdenes de la dama, poco importantes si se consigue su amor.

333. Sarna con gusto no pica

Este proverbio avisa sobre los males o inconvenientes en una situación que se considera agradable. Se expresa con frecuencia ante los problemas que una persona soporta de buena gana porque, en su estado, no los considera como gravosos.

334. Déjame entrar, que yo me haré un lugar

Señala el coraje y la predisposición para hacerse valer. También indica confianza en uno mismo y en sus posibilidades. Por otro lado, se trata de un refrán irónico donde se previene contra gentes que, a fuerza de tesón e insistencia, se entrometen en asuntos ajenos.

335. Cuanto más se piensa, menos se acierta

Propone decisión, valentía, arrojo. El refrán sugiere abandonar las dudas y no darle mil vueltas a los asuntos. Tanto mejor es afrontar el problema con serenidad y darle solución rápida. Porque, dice el refrán, no por hacer muchas pesquisas se acierta con seguridad.

336. Más vale maña que fuerza

Este conocidísimo proverbio afirma que la habilidad y la destreza es, con frecuencia, más útil que la fuerza bruta. Alude también al carácter resuelto de muchas personas para afrontar los problemas con «maña», es decir, con ingenio. En la Historia de la Humanidad y en la Historia de la Literatura existen numerosos ejemplos que corroboran este proverbio. Sin duda, uno de los más conocidos es el episodio de David y Goliat. El Primer libro de Samuel (cap. 17) describe a Goliat como el más fabuloso y fuerte de los filisteos. El joven David se enfrentó al poderoso gigante con una honda y un guijarro, y con estas armas lo hirió de muerte. Con lo que se prueba que el valor y el coraje no residen en la fuerza bruta sino en la inteligencia y la habilidad.

337. Más pueden tretas que letras

En un sentido similar al del anterior, este refrán señala que los conocimientos aprendidos en los libros no siempre dan más fruto que la habilidad y la astucia. Las letras, es decir, la sabiduría teórica vale poco frente al ingenio y el saber práctico. Se cuenta, a este propósito, que un famosísimo ingeniero constructor de automóviles tuvo un percance en su viaje, y no lograba que su vehículo funcionara. Acercóse un joven mecánico y, apretando un tornillo, logró poner en marcha el coche. Cuando el mecánico extendió su minuta, el ingeniero montó en cólera al ver el excesivo precio de la reparación: «¿Tan caro resulta apretar un simple tornillo?», preguntó. «Señor, no le cobro por apretar el tornillo: eso lo hago de balde. Le cobro por saber qué tornillo debía apretar.»

338. El que toma la zorra y la desuella, ha de ser más que ella

Significa que para enfrentarse a determinados asuntos espinosos se necesita adoptar una actitud ingeniosa y astuta. Recomienda, en estos casos difíciles, comportarse con habilidad y maña. Se aplica la palabra «zorro» a la persona de pensamiento ágil, taimado, que obra con astucia y, en ocasiones, con trampas, ardides o añagazas. Porque el animal silvestre también actúa de este modo.

339. En los viejos está el saber y en los mozos el poder

Señala la bondad de combinar adecuadamente la sabiduría y la experiencia de los mayores con la fuerza, la destreza y el entusiasmo de la juventud. Conforme al tradicional pensamiento del refranero, éste avisa sobre la necesidad de escuchar y atender los consejos de los que saben: los ancianos. A los jóvenes encomienda la facultad de actuar: la sabiduría apaciguará la vehemencia y los impulsos desbocados y hará prudentes a los mozos impulsivos.

340. Quien no se aventura, no ha ventura

Éste es el refrán del riesgo, del arrojo y del coraje. Con un simple juego de palabras, este refrán significa que con apocamiento y timidez rara vez se consigue algo positivo. Indica la necesidad de arriesgarse a sufrir reveses si deseamos tentar a la fortuna y obtener bienes. Así lo dice también el siguiente ejemplo: [340a] Quien no se arriesga, no gana nada. Y estos otros: [340b] Quien no aventura, no gana. [340c] Quien no se aventura, no pasa la mar. Este último hace referencia a un tema muy común en la época de colonización americana, y también en los tiempos de la emigración contemporánea. Se decía, en los siglos XVI y XVII que sólo había tres modos de prosperar: milicia, mar y casa real. Pero hacerse a la mar implicaba unos riesgos desmedidos. Sólo el deseo de encontrar fortuna en las incógnitas tierras del continente americano empujaba a los jóvenes a aventurarse en las procelosas aguas del océano, a sufrir naufragios, enfermedades y otras desgracias. Una vez en el Nuevo Mundo, no siempre se acumulaban grandes tesoros, y lo más común era llevar una vida desdichada, con tantas privaciones como las que en Europa habían dejado. Los que conseguían una fortuna, algunas veces regresaban. Se les llamaba «indianos», porque regresaban de las Indias Occidentales, es decir, de América. En el siglo XIX, estos indianos afortunados construían en España palacetes de estilo colonial, con exóticos jardines en sus inmediaciones. Son las construcciones aisladas que aún se conservan en Galicia, Asturias y Cantabria, donde sorprende la altura de sus palmeras y los vistosos colores caribeños de las mansiones. Algunas herencias millonarias volvieron a España tras la muerte de aquellos aventureros y muchas ilusiones se forjaron a raíz de contar con un familiar al otro lado del Atlántico, del cual se esperaba una fortuna muchas veces imaginaria. De aquí proviene el dicho «como tener un tío en América», cuando algo resulta inútil o inservible.

341. Bien se sabe atrever quien no tiene nada que perder

Este refrán reprocha el falso coraje de quien aparenta correr riesgos sin arriesgar nada. El atrevimiento y la osadía sólo tienen valor cuando se corren peligros: el resto no es sino vanidad y fanfarronería. Se expresa también cuando alguien nos anima a emprender una acción en la que sólo nosotros podemos salir perjudicados.

342. Por preguntar, nada se pierde

Esta expresión, y otra de similares características ([342a] Por probar, nada se pierde), resaltan la necesidad de actuar con atrevimiento, e incluso con osadía. En estos ejemplos, la sabiduría popular recomienda abandonar la timidez, especialmente en los casos en los que no se corre ningún peligro ni ponemos en riesgo nuestros intereses.

343. Sin tener venilla de loco, el hombre vale poco

Este refrán resulta, en el conjunto del saber tradicional, un tanto extraño. El refranero suele recomendar prudencia y humildad, reniega de todo lo estrafalario y llamativo. Pero, en este caso, se propone un rasgo de locura, es decir, de atrevimiento y de osadía. Es una recomendación de alegría y genialidad. El refranero también sabe que sólo los que se distinguen pueden prosperar. Por esta razón, un tanto más comedido, otro refrán dice: [343a] Un día cada año, ser loco no hace daño.

344. Dedo encogido no rebaña plato

Contra la timidez y el apocamiento. Para lograr nuestros objetivos debemos actuar con decisión y arrojo, sin amedrentarnos ante los inconvenientes o la dificultad del caso. La cobardía no prospera ni medra, parece decir el refranero. Así lo certifica una sentencia muy común en la actualidad: [344a] Al que se hace de miel se lo comen las moscas. Especialmente se usa esta sentencia para indicar la necesidad de hacerse un lugar en medio de la competencia feroz de la vida moderna. La debilidad de espíritu o la falta de coraje facilita que los demás nos acosen y nos aparten. Ahora, como en todos los tiempos, la fragilidad ha convertido en desgraciados a muchos hombres.

345. El que amaga y no da, miedo ha

Contra la fanfarronería. Se refiere a las personas que amenazan o intimidan a los demás con las palabras, pero nunca pasan a los hechos. En términos generales, alude a aquellos que hablan de su facultad para realizar empresas y jamás las llevan a efecto. El refranero considera a estas gentes cobardes. Así: [345a] Quien amaga y no da, por cobarde quedará. Para una rápida identificación, este tipo de individuos suele encontrarse en los cafés y las tabernas, hablan generalmente de cuestiones políticas, deportivas o de asuntos ajenos, y suelen comenzar sus peroratas así: «Si yo estuviera en tu caso...», «si yo fuera fulano...», «lo que hay que hacer es esto o lo otro», «si llego a estar yo allí...», etc.

346. Lo cortés no quita lo valiente

Esta conocida expresión proverbial hace referencia a la seriedad y energía con la que se deben argumentar y sostener las ideas sin necesidad de imponerlas por la fuerza u ofender a los demás. Cuando deseamos expresar nuestras convicciones hemos de actuar con decisión y voluntad, y la amabilidad y la cortesía no deben impedir la seguridad de nuestras afirmaciones. Más habitualmente se utiliza en el mismo sentido que [346a] Lo uno no quita lo otro. Esta expresión significa que dos cuestiones o dos acciones no tienen por qué ser opuestas o incompatibles.

347. QUIEN EN TIEMPO HUYE, EN TIEMPO ACUDE

Recuerda que el valor y el coraje no deben ser incompatibles con la sensatez y la prudencia. Asimismo, aconseja retirarse a tiempo para poder volver cuando las circunstancias sean más favorables o cuando sea posible ayudar con menos riesgos.

348. YA PUESTO EN LA AFRENTA, LO MISMO DA RECIBIR CIENTO QUE CIENTO CINCUENTA

Refleja el conformismo o la desesperación de quien sufre continuas desgracias. La acumulación de males no siempre repercute en un mal mayor, por eso el refranero expresa así la idea de despreocuparse del número de las ofensas. Revela cómo los hombres se acomodan a la ignominia o a la desventura y la poca importancia que se les da a los nuevos pesares cuando se tienen muchos. Similar significado tiene el siguiente refrán: [348a] PUESTO EN EL BORRICO, LO MISMO DA CIENTO QUE CIENTO CINCO.

349. YA QUE LA CASA SE QUEMA, CALENTÉMONOS EN ELLA

Enseña a obtener beneficios de las desgracias y a mirar los sucesos desgraciados desde el punto de vista más optimista. El refranero utiliza una hipérbole, pero en la vida práctica existen muchas circunstancias en las que un daño se puede tornar beneficioso si se sabe utilizar.

350. DE PERDIDOS, AL RÍO

Conocido refrán que, como el anterior, recomienda tomar todos los riesgos una vez que el caso está en extremo peligro o totalmente perdido. Suele expresarse cuando un asunto se ha ido torciendo y necesita soluciones urgentes y drásticas. En ocasiones también se utiliza para señalar la necesidad de asumir las consecuencias de las determinaciones o actos que se llevan a cabo.

351. MAL DE MUCHOS, CONSUELO DE TONTOS

Se reprende de este modo la apatía y la negligencia ante las desgracias, cuando nos afectan al mismo tiempo que a otras personas. Este refrán recomienda la acción, especialmente para poner solución a los inconvenientes, sin tener en cuenta si éstos atañen a otros. Se puede entender también como una recriminación a los hombres flojos y calzonazos, los cuales siempre esperan que otro les saque las castañas del fuego.

TEMPLANZA

La templanza es la moderación. Hace referencia especial a la moderación en todo lo que atañe a los placeres. Se utiliza, por tanto, en relación a la comida, a la bebida, al sexo o a cualquier otro divertimento. Se dice de un hombre que es templado, cuando no es excesivo ni exagerado en sus acciones. La templanza siempre tiene un significado positivo en el refranero: simboliza los actos de un hombre adulto, consciente y responsable. Como sucede con los metales forjados adecuadamente, es decir, bien templados, el hombre sereno ha aprendido a conducirse en la vida sin extravagancias que puedan dañar su cuerpo, su alma o sus bienes.

Esta virtud no es nueva: los latinos conocían bien los beneficios de una conducta serena y moderada. Decían: «*In medio stat virtus*», o lo que es lo mismo: «En el medio está la virtud.» Mediante este aforismo se recomendaba, en todo, una actitud prudente y alejada de todo extremismo. Los más inconformistas suelen decir que «en el medio está el tedio», para referirse a la ausencia de interés y de movimiento en la moderación. La política acuñó ya en el siglo XIX el término «centro» para dar a entender que no se pretende actuar de manera radical: los conservadores de principios de siglo, que temían la influencia revolucionaria de Francia y sus revueltas de 1789, solían encabezar sus artículos periodísticos con el proverbio latino. En estos breves ensayos en prensa, los moderados (llamados también *serviles*) recomendaban la prudencia y la estabilidad social frente a los liberales, a algunos de los cuales se les denominaba *exaltados*.

352. DE TODO UN POCO Y DE NADA MUCHO, ES REGLA DE HOMBRE DUCHO

Recomendación general de la templanza, la moderación y la medida. Como sugiere el refrán, es una regla invariable para la salud del cuerpo y del espíritu. La orden moral consiste en evitar cualquier exceso, pero al mismo tiempo aconseja probarlo todo para conocerlo todo.

353. **Para la buena vida, orden y medida**

Como el anterior, este refrán advierte contra los excesos y las exageraciones. La templanza es, en este caso, la norma fundamental. Una variante de esta expresión es: [353a] Todo en esta vida quiere orden y medida.

354. **Ni tanto ni tan de ello, señor Tello**

Un refrán más moderno dice: [354a] Ni tanto ni tan calvo. Ambos aconsejan actuar moderadamente, sin acudir a excesos de una u otra parte. Una sentencia latina sugería que [354b] En el medio está la virtud; y recomendaba conducirse con moderación en todos los actos de la vida. Un refrán castellano ha tomado también esta idea para construir su propio aforismo: [354c] Todo extremo es vicioso; sólo el medio es virtuoso.

355. **Un ten con ten, para todo está bien**

Como todos los anteriores, éste aconseja la templanza en todos las situaciones.

356. **Tres muchos y tres pocos destruyen a los hombres locos: mucho gastar y poco tener; mucho hablar y poco saber; mucho presumir y poco valer**

La recomendación de prudencia y templanza se dirige en este caso a los despilfarradores, a los necios y a los fanfarrones. Derrochar lo que no se tiene acaba en miseria; hablar con más ignorancia que medida termina por hacerse insufrible; y dárselas de valiente o vanidoso concluye en burlas y mofas. El refranero previene contra estos tres vicios del hombre y aconseja el ahorro, la parquedad en la palabra y la humildad.

357. **Cada cosa a su tiempo, y los nabos en adviento**

Enseña que los actos de la vida deben estar regidos por su oportunidad. Porque lo que se hace o se dice a destiempo siempre molesta a los demás o nos perjudica a nosotros mismos. El refranero compara las acciones humanas con el ciclo natural: y así como los nabos son propios de noviembre y diciembre, así la conducta de los hombres debe ser oportuna y adecuada a las circunstancias. En muchas ocasiones este refrán se utiliza para evitar la precipitación: la naturaleza jamás se precipita y los nabos siempre aparecen en los mercados antes de Navidad. Por estas fechas debió de producirse la famosa batalla «nabal» que Francisco de Quevedo (1580-1645) relata en su obra *El Buscón* (1626): no se trataba de una hazaña marítima, sino de una algarada callejera con lanzamiento de nabos.

358. Si quieres vivir sano, hazte viejo temprano

Porque la vejez es prudente y moderada: los mayores conocen las consecuencias del vicio y la destemplanza, y se conducen en todo con la mayor prudencia. Por medio de este refrán se aconseja a los jóvenes evitar los excesos de cualquier tipo, especialmente los que atañen a la salud.

359. Placer bueno no cuesta dinero

Se encarecen y se alaban los pequeños placeres de la vida: aquellos que no son costosos ni perjudiciales. Los placeres que se obtienen por medio del dinero no lo son tanto, porque acaban por dejar la bolsa vacía. El gusto que se compra siempre termina en vicio: así lo recuerda la coletilla que, en ocasiones, se coloca a este refrán: [359a] PLACER BUENO NO CUESTA DINERO; PLACER MALO, SIEMPRE ES CARO.

360. Quien quiera bien vivir, de todo se ha de reír

Recomienda no enojarse ni disgustarse en exceso por las penas y desgracias que puedan sobrevenir. Con la teoría según la cual [360a] SÓLO SE VIVE UNA VEZ, el refranero sugiere disfrutar al máximo sin que los inconvenientes nos amarguen la existencia.

361. Agua fría y pan caliente, nunca hicieron bien al vientre

Refiere este refrán los peligros de ciertos hábitos alimenticios: especialmente el agua muy fría en situaciones de acaloramiento y el pan recién salido del horno. En general, aconseja la prudencia en el uso de estos productos. Por tanto: el agua y el pan, que son excelentes por sí mismos, pueden resultar dañinos si los ingerimos de mala manera o en ocasiones inconvenientes. Así ocurre con muchos objetos y acciones en la vida: que son magníficas en unas circunstancias y muy perjudiciales en otras.

362. Al que bien come y mejor bebe, la muerte no se atreve

De la templanza en el comer y el beber. No se refiere el refrán a la posibilidad de comer productos exquisitos o de magnífica calidad, ni a la suerte que gozan los potentados de beber los mejores vinos y licores. Más bien hace alusión a la moderación en los hábitos alimenticios. «Comer bien» y «beber bien» no es comer mucho y beber mucho, sino comer y beber con templanza y prudencia. La salud depende de una buena alimentación: variada, natural y conforme a las energías que se gastan en el trabajo. Un refrán más burdo y tosco, pero muy común, dice: [362a] COME BIEN Y CAGA DURO Y MANDA AL MÉDICO A TOMAR POR CULO.

363. QUIEN QUIERA SER SIEMPRE MOZO, COMA POCO

Refiere este refrán las bondades de la frugalidad, es decir: la prevención contra las grandes comilonas y los banquetes diarios. Puesto que [363a] DE GRANDES CENAS ESTÁN LAS SEPULTURAS LLENAS, el refranero aconseja, para la buena conservación de la salud, comer moderadamente. En general, puede aplicarse a todas las circunstancias de la vida, allí donde la moderación y la templanza es necesaria. Los romanos, en su época de decadencia imperial, organizaban festines donde el exceso era el vicio predominante. El exceso en la alimentación como en otras facetas de la vida es siempre objeto de reprobación en el refranero. Los banquetes exagerados modernamente se llaman «pantagruélicos», y deben su nombre a *Gargantúa y Pantagruel*, obra del monje y médico François Rabelais (h. 1494 - h. 1553). Este relato pone en acción a dos hombres gigantescos cuyas necesidades alimenticias iban más allá de lo común. Aunque la obra de Rabelais contiene mucho más que simples referencias al portentoso apetito de sus personajes, éstos se han convertido en los modelos de los zampones y tragaldabas. Un grabado del siglo XIX presenta a Gargantúa (se llama así por tener un gaznate descomunal) como un gigante gordo dándose un festín increíble: veinte personas llevan comida a su mesa. Un cocinero sostiene un gran pastel sobre su cabeza, un vinatero lleva una carretilla con dos cubas, la panadera se esfuerza en transportar hogazas de pan, en un asno se trasladan las verduras, los pollos se ensartan en brochetas gigantes... Gargantúa se come un pollo de un bocado y con dos dedos sostiene un cochinillo, como aperitivo.

364. QUIEN QUISIERE SALUD SEGURA, PREFIERA EL HAMBRE A LA HARTURA

Como el anterior, este refrán aconseja el uso moderado de la comida. La tradición culinaria (de los alimentos y la cocina) reprueba siempre el hartazgo y recomienda quedarse siempre con hambre; sin embargo, la tradición popular ha estado siempre más cercana a los festines que a la moderación. Del mismo tenor es el siguiente refrán: [364a] MEJOR ES QUEDAR CON GANA, QUE ESTAR ENFERMO MAÑANA.

365. QUIEN TARDE CENA, PRONTO ENFERMA

Porque no es recomendable, al parecer, acostarse con la barriga llena. Así lo aconseja también el siguiente refrán: [365a] SI QUIERES ENFERMAR, CENA MUCHO Y VETE A ACOSTAR. La ciencia médica aconseja no someter al estómago a un trabajo excesivo mientras el resto del cuerpo está descansando, y por esta razón, sugiere no hartarse en las cenas o, como se dice en algunos lugares, es mejor «no cargar el carro».

366. TRAS LA CENA, PASEA; TRAS LA COMIDA, SIESTA TRANQUILA

Muy claramente recomienda un ejercicio suave tras la cena, y una «cabezadita» tras la comida. La siesta se puede considerar una peculiaridad de la cultura social española, puesto que sólo aparece en nuestro país como hábito común y generalizado. Es muy probable que sus afortunados inventores fueran clérigos o monjes. La *sexta hora*, es decir: la siesta, se ocupaba en los monasterios al descanso o la oración tras el condumio en el refectorio, tiempo que aprovechaban los clérigos para dedicarse a tan apacible ejercicio. En algunas comunidades religiosas se utiliza la palabra «siesta» para referirse a la misa vespertina o a los cantos que en ella se interpretan.

367. UNA MANZANA CADA DÍA, DE MÉDICO TE AHORRARÍA

Se alaban en este refrán los efectos benéficos de la manzana. Son conocidas y populares las cualidades de la manzana en la previsión de enfermedades dentales, estomacales y para purificar la sangre.

368. QUIEN QUIERA ESTAR SANO Y GORDITO, DESPUÉS DE LA SOPA BEBA UN TRAGUITO

Refrán que sugiere ciertos hábitos alimenticios tras la ingestión de la sopa. Es probable que los anónimos autores de esta sugerencia tuvieran comprobados los beneficios de tal práctica. Pero en ningún manual médico se recomienda este extrañísimo consejo.

369. Quien comió hasta enfermar, ayune hasta sanar

Recomendación contra los empachos y los excesos en la mesa. Literalmente, este refrán sugiere que el único medio de curar las intoxicaciones alimenticias es mantenerse a dieta durante la convalecencia. Pero el refrán debe entenderse también en términos generales: se refiere a la necesidad de asumir las responsabilidades de acciones alocadas o imprudentes. Así, quien obró con negligencia debe purgar su culpa con el perjuicio de su irresponsabilidad.

370. A las diez, deja la calle para quien es: los rincones para los gatos y las esquinas para los guapos

Antiguo refrán sobre las costumbres. Los hábitos rurales y la ausencia de entretenimientos nocturnos recomendaban que las personas honradas estuvieran pronto en el hogar familiar. El refrán alude también a los clásicos pobladores de la noche: los gatos y los enamorados que rondan a sus amadas. Los «guapos» son los mozos que se acercan a las rejas de las ventanas en busca de su moza, para entablar conversaciones y para proseguir un cortejo que la luz del día hace incómodo. Estos «guapos» han sido llamados también «pollos», «pisaverdes» o «petimetres». En cualquier caso, siempre actúan con nocturnidad: cuando el confiado padre de familia se halla dormido y la moza desvelada.

371. A las diez, en la cama estés; y si es antes, mejor que después

Este conocidísimo refrán alude también a la sana costumbre de retirarse temprano a los aposentos. Antaño, en áreas rurales, donde los entretenimientos nocturnos eran escasos y las labores del campo exigían madrugar, el hábito de acostarse a las diez era una condición imprescindible: ningún campesino que tuviera que despertarse al alba, estaba en vela a las doce de la noche. En rigor, se aceptaba como término del día el final de la luz solar, especialmente cuando la luz artificial suponía un gran gasto. De modo que el acostarse pronto tiene sus razones laborales, médicas, económicas y morales. Así lo recuerda también esta variante: [371a] A LAS DIEZ, EN CASA ESTÉS; Y SI SE PUEDE, A LAS NUEVE. En épocas turbulentas y de gran inseguridad, la noche ha sido refugio de bandidos y ladrones, de modo que estar en casa es también un seguro contra encuentros con estos criminales.

372. La gente que bien lo pasa, al anochecer, en casa

Como en los casos anteriores, este refrán recomienda estarse en casa con la llegada de la noche: como medio de prevenir desagradables encuentros con gentes de mal vivir y como saludable hábito. El siguiente refrán no sólo recomienda estar en el hogar, también aconseja irse a la cama: [372a] La gente de buen vivir, al anochecer, a dormir. Sobre la noche y los noctámbulos se ha escrito mucho, a favor y en contra. A favor de la noche se encuentran los románticos del siglo XVIII y XIX, quienes utilizaban las horas oscuras para darse a los más trágicos pensamientos o para recordar en compañía de la luna solitaria a sus lánguidas damas. En contra de la noche se inscriben las gentes honradas, moralistas y promotores de la vida ordenada y juiciosa. La noche fue el objeto de uno de los más conocidos poemas de Lope de Vega (1562-1635).

A la noche

Noche, fabricadora de embelecos,
loca, imaginativa, quimerista,
que muestras al que en ti su bien conquista
los montes llanos y los mares secos;

habitadora de cerebros huecos,
mecánica, filósofa, alquimista;
encubridora vil, lince sin vista,
espantadiza de tus mismos ecos.

La sombra, el miedo, el mal se te atribuya,
solícita, poeta, enferma, fría,
manos del bravo y pies del fugitivo.

Que vele o duerma, media vida es tuya:
si velo, te lo pago con el día,
y si duermo, no siento lo que vivo.

373. En la mesa y en el juego, la educación se ve luego

Sobre las costumbres y el comportamiento. Porque el acto de comer no es considerado sólo una necesidad vital, sino un acto social donde es necesario el acatamiento de las normas y reglas. Así también en el juego, donde existen normas y reglas que deben seguirse. Los hábitos sociales son ordenamientos no escritos, pero conocidos por todos. Esta normativa abarca un sinfín de acciones: por ejemplo, en la cultura occidental, no es aconsejable socialmente cantar mientras se come, ni hablar con la boca llena, ni levantarse a media comida, ni tomar la sopa sorbiendo, etc., etc. Pero en la cultura árabe, por ejemplo, es muy recomendable eructar tras una comida, como señal de que los alimentos estaban bien cocinados y eran buenos, y de este modo se agradece al anfitrión su generosidad.

Cuando don Quijote de la Mancha quiere instruir a Sancho Panza para que se comporte en la mesa como un verdadero gobernador, le dice: «Come poco y cena más poco, que la salud de todo el cuerpo se fragua en la oficina del estómago. Sé templado en el beber, considerando que el vino demasiado ni guarda secreto ni cumple palabra. Ten cuenta, Sancho, de no mascar a dos carrillos ni de erutar delante de nadie.» También le recomienda no comer ajos y cebollas, por motivos evidentes.

374. QUIEN COME Y CANTA, JUICIO LE FALTA

Norma de obligado cumplimiento en las mesas de España y, en general, en todas las mesas de la cultura occidental: *no cantar mientras se come.* Es una regla de urbanidad que tiene orígenes religiosos en el convencimiento popular de que todos los alimentos son otorgados por Dios y, por tanto, son bendecidos. El acto de comer se constituye así como un acto serio y formal, una acción de gracias al Todopoderoso. Otras variantes son: [374a] QUIEN COME Y CANTA, DE LOCURA SE LEVANTA. [374b] NIÑO QUE EN LA MESA CANTA, SE ATRAGANTA. [374c] QUIEN COMIENDO CANTA, SI NO ESTÁ LOCO, POCO LE FALTA. Existe aún otro refrán que hace referencia al hecho de comer en silencio: [374d] QUIEN COME Y ES CALLADO, NO PIERDE BOCADO. En este caso se recomienda ser taciturno con el fin de engullir más cantidad. En el mismo sentido: [374e] OVEJA QUE BALA, BOCADO QUE PIERDE.

375. QUIEN MUCHO SE CURA, PRONTO IRÁ A LA SEPULTURA

En sentido literal, este refrán certifica un hecho cierto: que las personas necesitadas de mucho médico y mucha medicina morirán pronto, precisamente porque están enfermas y ningún remedio les alivia. En este sentido se expresa también el siguiente: [375a] MAL QUE DURA, SEPULTURA. Sin embargo, puede admitirse una segunda interpretación: el refrán es una reprimenda a los que exageran sus dolencias o se quejan sin necesidad; reconviene también a las personas que se administran medicamentos y remedios porque se tienen por enfermas. Así, otro refrán señala claramente: [375b] MÁS MATÓ LA RECETA QUE LA ESCOPETA.

376. DONDE NO ENTRA EL SOL, ENTRA EL DOCTOR

En la moderación de las costumbres que propone el refranero se aconsejan también normas saludables, como la que se indica en este refrán. En este caso, se recomienda ventilar y airear las casas y, en términos más concretos, insta a los hombres a tomar el sol como medio eficaz para evitar dolencias y enfermedades.

377. SI QUIERES VIVIR SANO, LA ROPA DE INVIERNO NO LA QUITES EN VERANO

Este refrán, seguramente elaborado por un individuo en extremo friolero, aboga por la necesidad de no desprenderse de la ropa invernal. En el refranero también se encuentran casos incomprensibles o de dudosa ejecución. Aún a costa de un sarpullido, en esta ocasión el saber popular recomienda pelliza y calzoncillos largos en agosto.

378. POCO BAÑO, POCO DAÑO

Como el anterior, este refrán se muestra en la actualidad como uno de los ejemplos más antihigiénicos del saber popular. La sugerencia proviene de la idea de prevenir resfriados, pulmonías u otras enfermedades especialmente graves antaño. Pero hoy no es recomendable seguir este consejo. Esta «moderación higiénica» se debe a la fuerte presencia de los bárbaros del norte que accedieron al territorio peninsular tras la caída del Imperio Romano en el siglo III d. C. Las gélidas aguas septentrionales aterraban a estas gentes, que huían de los ríos como alma que lleva el diablo. Sin embargo, los romanos eran muy partidarios de los baños y son famosas sus termas y balnearios. Asimismo, los árabes que llegaron a la Península en el siglo VIII tenían especial afición al agua y a los lujos del baño, como atestiguan los innumerables restos históricos que nos legaron. Con el olvido de las costumbres clásicas y la aversión a los hábitos musulmanes, Europa perdió la sana costumbre del aseo personal que no se ha recuperado hasta hace bien poco.

379. POR LA TRAZA Y POR EL TRAJE SE CONOCE AL PERSONAJE

Contrario a la sentencia [379a] LAS APARIENCIAS ENGAÑAN, este refrán sugiere que el aspecto exterior de las personas es indicativo de sus valores morales.

En sentido más amplio, sugiere que los actos de cada cual señalan a las claras las intenciones y la catadura moral de cada individuo.

380. Hombre bien vestido, por su palabra es creído

Este refrán recomienda el aseo y la prestancia en el vestir. Las relaciones sociales imponen un exterior agradable y limpio, y por esta razón, las personas bien vestidas parecen demostrar honradez y buenas intenciones. Este refrán se utiliza a veces como queja: porque a un rico, bien ataviado, se le cree por su sola palabra, mientras que al humilde o al pordiosero no se le cree nunca y se duda siempre de su integridad moral.

381. El amor de la mujer, en la ropa del marido se echa de ver

Las antiguas costumbres familiares enseñaban a la mujer las ocupaciones más ingratas de la labor doméstica: las niñas recibían la educación adecuada para cocinar, fregar, lavar, planchar, etc. (En las casas de los potentados las damas se ocupaban en menesteres más lúdicos: la lectura, la música o el bordado.) De modo que una mujer que amase a su marido debía cumplir a la perfección todas estas labores, o de lo contrario, era patente que no lo amaba. El refrán señala, por tanto, que un hombre que vista con aseo y elegancia demuestra tener una esposa hacendosa que lo ama.

382. Remienda tu sayo y te durará otro año

Aconseja el ahorro y el buen uso de las cosas. Una variante de este refrán dice: [382a] Remienda tu sayo y te servirá otro año.

383. Cada cosa en su lugar, ahorra tiempo en el buscar

Las buenas costumbres que nos recomienda el refranero se inclinan, en este caso, al orden y el método. Las personas ordenadas ahorran tiempo, disponen de los utensilios y los objetos con prontitud y no pierden ni extravían nada.

384. A burro viejo, poco verde

En términos generales, este refrán señala la conveniencia de que los ancianos no se entretengan en asuntos propios de los jóvenes. La templanza y la moderación exige que cada edad tenga su actitud y sus costumbres, y así como no es propio ni saludable que un mozo pase las horas junto a la chimenea narrando cuentos a los niños, así el viejo no debe enredarse en amoríos ni darse a juegos gimnásticos. Se dice que una buena señora de edad bien avanzada estaba muy fastidiada de su nuera, porque en todas las comidas le proponía comer ensalada de lechuga. Sin saber cómo podía excusarse de comer la lechuga, la buena señora cambió el sentido del refrán, y cuando su nuera le encarecía las bondades de las hortalizas, la anciana respondía: «A burro viejo, poco verde», y así evitó comer lo que no le agradaba.

385. QUIEN A LOS TREINTA NO ASESA NO COMPRARÁ DEHESA

La templanza aconseja comportarse en cada edad conforme a las costumbres y los usos. Es muy común entre los jóvenes cometer locuras, ser poco precavidos y un tanto imprudentes. Pero, con el paso de los años, el hombre debe «sentar la cabeza» y ocuparse de buscar oficio, labrarse un futuro y acomodarse a los hábitos de su edad.

386. CASARÁS Y AMANSARÁS

Este refrán recuerda que desposarse es el mejor medio para sentar la cabeza. Se utiliza el verbo «amansar» para indicar que el estado de soltería es un estado de locura, de rebeldía y de irresponsabilidad. La cultura popular, ciertamente machista en muchos casos, suele aceptar que la persona que «manda» en los hogares es la mujer. La mujer logrará que el joven esposo no sea tan alocado. Las responsabilidades de la vida familiar, los hijos, los compromisos, el trabajo, etc., consiguen que el mozalbete se preocupe más de buscar sustento y acomodo que de fanfarronear con los amigotes. A las mujeres de mucho carácter se les llama a veces «sargentos», así como a los esposos apocados y acobardados se les denomina «calzonazos». Los problemas matrimoniales, y especialmente los problemas de novios que han encontrado una fiera en vez de una esposa, han sido abordados en numerosas ocasiones por escritores y poetas. *La fierecilla domada* es uno de los ejemplos más famosos y lo debemos a la pluma de William Shakespeare.

Respecto a la juventud y su locura, este otro refrán muestra también los medios de sanarla: [386a] EL DÍA QUE TE CASAS, O TE CURAS O TE MATAS.

387. QUIEN TIENE SETENTA, SE SIENTA

La prudencia y la templanza pueden ser virtudes innatas, pero también se aprenden: el refranero es, muchas veces, el manual donde se aprende la virtud y el buen juicio. A lo largo de la existencia se reflexiona y se aprenden a valorar aspectos de la vida que la juventud, en su loco torbellino, no permite analizar. El anciano conoce su estado y no tiene mayor interés en las circunstancias del mundo vano. Así lo recuerda también el siguiente refrán: [387a] CUANDO EL HOMBRE ES MÁS ANCIANO, EL JUICIO TIENE MÁS SANO.

388. DE LO QUE EL NIÑO SE DUELE, EL VIEJO SE MUERE

Este refrán es un recordatorio general de las edades del hombre. Indica que la niñez es fortaleza y vigor, y la ancianidad debilidad y achaques. En términos generales recuerda la templanza para que cada cual asuma la edad que tiene y no se trastoque el estado natural de las edades. Que haga el niño lo que es propio de la infancia y el anciano lo que le corresponde según su tiempo.

389. BIEN PREDICA QUIEN BIEN VIVE

Recuerda que el mejor ejemplo de templanza, sosiego y honradez es vivir conforme a estas virtudes, y señala que no es necesario sermonear en exceso sino mostrarnos como ejemplo. En ocasiones, este refrán reprende a quien aconseja desde su posición privilegiada, sin tener en cuenta que está hablando con gentes desgraciadas o miserables. En este último caso, se critica al que se pone como ejemplo ante personas desdichadas.

390. EN BIEN HABLAR, NADA SE PIERDE

La prudencia en el hablar y la templanza en el actuar es una constante en la ideología del refranero. En este caso se recomienda la moderación en el lenguaje. Porque ofender o insultar, o hablar de modo vulgar y tosco, nos puede acarrear una merma en la estima de los demás. Por hablar bien, mucho se gana, y por hablar mal se suele perder todo.

391. UN BUEN MORIR HONRA UN LARGO VIVIR

Una vida ordenada y una existencia plácida concluye con una buena muerte, es decir, una muerte alejada de los tormentos del remordimiento. La satisfacción de haber cumplido honradamente con el prójimo, en la caridad y en la humildad, se ve compensada en la memoria de quienes nos rodearon. La expresión «buen morir» puede resultar extraña y desconcertante en la actualidad, pero el «buen morir» ha sido considerado, en las zonas rurales, uno de los objetivos principales. En términos generales, se corresponde con un fallecimiento plácido, propio de la edad, rodeado de los seres queridos, de los amigos y de las gentes que se honraron con el trato del finado. Tan importante era este acontecimiento en Castilla que en muchas iglesias venera al Santísimo Cristo de la Buena Muerte; por ejemplo, en Zamora.

392. LO POCO AGRADA Y LO MUCHO CANSA

Emblemático refrán de la templanza. Da a entender que las delicias son estimadas en su justa medida y que, siendo abundantes, por muy buenas que sean, acaban por hastiar y aburrir. Habitualmente se expresa cuando una persona está bromeando a nuestra costa y se le va la mano en la broma o insiste tanto en ella que llega a ofender. Pero del mismo modo sirve para otras muchas situaciones. En cualquier caso, indica la moderación en todo. En el mismo sentido se expresa el siguiente refrán: [392a] LO POCO BASTA Y LO MUCHO CANSA.

393. A LA LARGA, LO MÁS DULCE AMARGA

Como en el refrán anterior, se nos recuerda que incluso lo que más nos agrada o lo que más nos place puede llegar a molestarnos si no usamos de ello con moderación. En esta ocasión el refranero insiste en el verdadero perjuicio que se puede derivar de los excesos.

394. OLLA CADA DÍA, AUN SIENDO BUENA, HASTÍA

Todo lo bueno, por muy excelente que pueda ser, en demasía, aburre, nos dice el refranero. La olla es un suculento plato campesino: los ingredientes son la carne, el tocino, los garbanzos, las patatas y alguna hortaliza más. Si había suerte también se incorporaba algún chorizo o longaniza. Todo ello se colocaba en un perol con abundante agua y se sazonaba al gusto. Pues bien, esta comida era el alimento diario de la mayoría de los hogares españoles durante siglos. Pero, desgraciadamente, no siempre había carne o embutidos, de modo que las patatas y el tocino hacían las veces de «olla» en tiempos de carestía. Una variante de este refrán dice: [394a] TODOS LOS DÍAS OLLA, AMARGA EL CALDO.

395. LO BUENO, SI BREVE, DOS VECES BUENO

Esta expresión proverbial tiene un autor: Baltasar Gracián (1601-1658).

En su *Oráculo manual y arte de prudencia* (1647) el autor propone trescientas sentencias o máximas, y ésta es una de ellas: [395a] LO BUENO, SI BREVE, DOS VECES BUENO; Y AUN LO MALO, SI POCO, NO TAN MALO. A lo largo de su libro propone enseñanzas para triunfar y tener éxito, especialmente en el mundo cortesano; he aquí algunas de ellas: [395b] EL SABER Y EL VALOR ALTERNAN GRANDEZA. Significa que la sabiduría y el coraje hacen a los hombres inmortales. [395c] HOMBRE SIN NOTICIAS, MUNDO A OSCURAS. Aconseja estar atento y saber lo que sucede a nuestro alrededor. [395d] TRATAR CON QUIEN SE PUEDA APRENDER. [395e] TENER INGENIOS AUXILIARES. Es rodearse de inteligentes que nos puedan ayudar. [395f] SABER CON RECTA INTENCIÓN. Lograr la sabiduría pero mantener bueno el corazón, porque, dice Gracián, no hay cosa más monstruosa que «el buen entendimiento casado con la mala voluntad». [395g] VARIAR DE TENOR EN EL OBRAR.

396. ENTRE COL Y COL, LECHUGA

Advierte sobre la necesidad de variar las acciones para que no cansen y aburran. También se expresa para señalar que es necesario entretener un discurso serio con anécdotas o gracejos. En ocasiones, indica que alguna cosa buena ha sucedido en medio de una sarta de desgracias. Por ser más tierna y jugosa, la lechuga es más valorada. Las coles son más duras y en general, bastante sosas. Las coles y las berzas se cultivan con más facilidad, porque crecen mucho y muy pronto. Un hombre plantó cien berzas y le salieron noventa y nueve. Su esposa le dijo: «Buen hortelano eres, pero si hubieras plantado alguna otra cosa, mejor nos vendría. Que las berzas se las han de comer los marranos y no hay tomates en la despensa.»

397. NO HAY MANJAR QUE NO EMPALAGUE, NI VICIO QUE NO ENFADE

Abunda el refranero en esta idea: que lo bueno en demasía cansa y hastía. Y más: el refrán señala que el abuso se convierte en vicio, y los vicios embrutecen a quien los practica y ofenden a quien los ve.

398. DÍAS DE MUCHO, VÍSPERAS DE NADA

Recomendación de prudencia, previsión y templanza: aconseja el refranero no excederse en el gasto y en el lujo cuando los tiempos sean de bonanza. Porque a los años buenos suceden otros malos, y los días alegres van seguidos de tristes días. A las temporadas de abundancia y alegría las llamamos «las vacas gordas», y a los tiempos de escasez y desgracia «las vacas flacas». Tiene su origen en la Sagrada Escritura (*Gén.*, 41). El faraón de Egipto tiene un sueño: siete vacas gordas pacían junto a las orillas del Nilo; hasta allí llegaron siete vacas flacas y de feo aspecto. Las vacas flacas devoraron a las vacas gordas. El faraón quiso que alguien interpretara este sueño y José, hijo de Jacob, desveló el misterio: las vacas gordas eran el tiempo de la abundancia y las vacas flacas el tiempo de la miseria. José aconsejó guardar el grano de los buenos tiempos y no derrocharlo, porque se avecinaban muchos años de miseria.

399. Lo que gusta en la fiesta, a la mañana apesta

Este refrán advierte sobre los excesos y locuras que se cometen con la algarabía y la jerigonza. Porque los vapores del vino y los licores invitan a despreciar los riesgos y los hombres se dejan llevar por el vicio y la inmoderación. A la mañana siguiente, cuando los efectos de la alegría han pasado, sólo permanece la responsabilidad de los actos que se han cometido. En términos generales, se recuerda la necesidad de prever las consecuencias de nuestras locuras.

400. No hay carnaval sin cuaresma

En el mismo sentido que los anteriores, esta expresión nos pone al tanto de las desgracias y dolores que pueden sobrevenir tras acciones excesivas o destempladas. Es bien conocido que el carnaval es la fiesta de la carne y la lujuria, y la cuaresma la época de la privación y el sacrificio. El saber popular recomienda tener en cuenta las resultas de la irresponsabilidad. En el mismo sentido se expresa el siguiente refrán: [400a] Cada gusto cuesta un susto.

401. Abren los ojos los muertos a los vivos más despiertos

Porque la historia de los hombres muertos es siempre aviso para los vivos. Aquellos que murieron víctimas de sus excesos y sus extravíos muestran en qué paran todas las locuras. Y los que murieron con placidez y bienquistos dan noticia de una vida honrada y buena. Por esta razón son muchos los historiadores que dicen que la historia sirve para aprender en ella los errores, para conocerlos y tratar de no incurrir en ellos nuevamente.

402. Quien mucho corre, pronto para

Sugiere que es necesario conducirse con tranquilidad, moderación o prudencia. Indica, además, que la precipitación o el alocamiento no son buenos consejeros y que actuando imprudentemente raras veces se logra alguna cosa. Por lo que toca a la templanza, el refrán advierte que el deseo de gozar de todo, acaba desastradamente.

403. Muy callado o muy hablador, no sé cuál es peor

Dice esto el refrán porque los extremos no son cosa recomendable. La moderación exige hablar cuando se debe, ni mucho ni poco. Al hombre taciturno se le considera taimado, ladino, acechante, propicio a la traición. El hombre parlero es tenido por necio, fanfarrón o chismoso. Nuevamente el refranero recomienda el uso del «justo medio».

404. El niño regalado, siempre está enojado

Norma educativa que advierte de los peligros de mimar en exceso a los niños. El rapaz que lo tiene todo, pronto se cansa de todo y no halla placer en nada, y protesta y patalea, y es la irritación de sus padres y de todos cuantos están a su alrededor. La educación de los infantes ha sido tratada en numerosas ocasiones a lo largo de la historia del pensamiento, y ninguno de los autores consideran que a los niños se les deban conceder todos los caprichos. La moderna pedagogía se inicia con el *Emilio* (1762) de Jean-Jacques Rousseau (1712-1778). El autor propone una educación que fomente el desarrollo de la inteligencia, la convivencia, el contacto con la naturaleza y el descubrimiento personal de la espiritualidad.

405. El necio es atrevido, el sabio comedido

Dice este refrán que el atolondramiento y los excesos son propios de los estúpidos. En cambio, los inteligentes saben cuándo y cómo actuar. El loco no repara en peligros e inconvenientes, el sabio estudia los pros y los contras y hace lo que le dicta su razón. El idiota siempre obra sin medida, el discreto medita sus actos. El tonto siempre se pasa o se queda corto, el listo da en el blanco.

406. La ventura de la barca: la mocedad, trabajada; y la vejez, quemada

Muestra este refrán una hermosa comparación entre la vida del hombre y el uso de las barcas marineras. Recomienda una existencia laboriosa y útil. En ocasiones se expresa como señal de la destemplanza y los excesos: una juventud perdida en vicios y alborotos resulta en una vejez llena de dolores y penas.

407. DE LA RISA AL DUELO, UN PELO

Recuerda este refrán la cercanía de la alegría y la pena. Porque, en muchas ocasiones, a las risas siguen los llantos. En términos generales, el saber popular sugiere que a los días de placer suceden otros llenos de penas. Otros refranes confirman estas ideas: [407a] TÚ QUE RIENDO ESTÁS, MAÑANA LLORARÁS. Y también: [407b] EL REÍR DEL LLORAR, POCO SUELE DISTAR. En ocasiones, estos refranes hacen alusión a las desgracias que resultan de la irresponsabilidad en la diversión. Porque la alegría sin moderación concluye en pena y llanto al día siguiente. Así lo advierte este refrán: [407c] AL FREÍR SERÁ EL REÍR, Y AL PAGAR SERÁ EL LLORAR. Literalmente, este refrán comenta la generosidad en pedir al posadero chuletas, chorizos y cochinillos, y los lamentos cuando el mesonero trae «la dolorosa» (la cuenta) y es necesario abonar el gasto. En general, alude a tener en cuenta las consecuencias de nuestros excesos.

408. QUIEN RÍE DEMASIADO, ES TONTO CONFIRMADO

Porque quien ríe mucho o ríe destempladamente no agrada. El refranero parece reconocer que no hay sucesos en el mundo que merezcan carcajadas insensatas. En general, los humoristas más afamados siempre han apreciado más la sonrisa a la risotada zafia. Porque la sonrisa es síntoma de inteligencia y la risa destemplada es tontuna y falsa. Otros dos refranes confirman esta idea: [408a] DONDE MUCHA RISA SALE, POCO FUNDAMENTO QUEDA. Y [408b] DONDE HAY MUCHA RISA, HAY POCO JUICIO.

409. EL MUCHO REÍR EN NADA SUELE CONCLUIR

Refrán especialmente indicado para las reuniones juveniles, donde la risa es el centro de todas las actitudes. Dice la sabiduría popular que la alegría bobalicona es producto de la nimiedad y la banalidad. Y, por tanto, la risa abundante y sin motivo no da nada y en nada queda.

410. DONDE HAY MULTITUD, HAY CONFUSIÓN

La moderación y la templanza huye de las aglomeraciones y de las multitudes. El refranero alude en este caso a la confusión y alboroto que se producen en estas reuniones de donde pocas veces resulta algo positivo. Las razones de estas ideas yacen en la convicción de que las reuniones muy concurridas suelen concluir con enfrentamientos y palos (especialmente si hay vino de por medio). También dice la sentencia popular que [410a] Dos es compañía y tres es multitud.

411. Quien mal anda, mal acaba

Conocidísimo refrán que avisa sobre el comportamiento que se debe seguir en la vida. Por oposición, recomienda seguir los caminos de la honradez y la templanza. Porque una vida dedicada al crimen, a la infamia o al vicio concluye en la horca, la deshonra o la muerte. De una vida desordenada resulta un final desastrado.

412. El que mal vive, el miedo le sigue

El refranero se refiere aquí a la mala conciencia de la persona que actúa de modo criminal. Sugiere que los comportamientos desordenados van dejando en el camino a muchas personas ofendidas que buscarán venganza, y de aquí el miedo.

413. Aquellos polvos traen estos lodos

Representa las consecuencias de los actos pasados. En términos generales, avisa sobre la previsión que debemos tener en todos los actos de la vida y enseña a asumir las responsabilidades de nuestras obras. El refrán indica que una vida tumultuosa acaba en desgracia y pesar.

414. Desde chiquito se ha de criar el árbol derechito

No se trata, naturalmente, de una enseñanza para jardineros y horticultores. Alude, mediante una comparación, a la educación de los jóvenes. Se recomienda que los niños aprendan a conducirse honradamente para que en su edad adulta sean hombres rectos y cabales. Se dice «andar derecho» cuando una persona tiene una conducta honesta. En el mundo taurino también se dice «irse por derecho» cuando un torero se enfrenta al astado a pecho descubierto y sin temor. Respecto a los árboles, también es recomendable que éstos crezcan derechos, fuertes y sanos. Los estudiantes de leyes suelen investigar un caso clásico: dos hortelanos vecinos tienen un altercado porque uno plantó un manzano en su parcela pero el árbol creció torcido y la copa pasó a la hacienda del vecino. El vecino recogía las manzanas del árbol que con tanto trabajo hizo crecer el otro. Se le pregunta a los leguleyos: ¿a quién pertenecen las manzanas?

415. CON VIENTO SE LIMPIA EL TRIGO, Y LOS VICIOS CON CASTIGO

Señala este refrán que el único medio seguro que hay para corregir las conductas extraviadas y viciosas es el castigo. Porque los viciosos no atienden a razones hasta que sufren en sus propias carnes la recompensa a sus desmanes. La comparación con el trigo es muy propia: antiguamente, cuando no era general el uso de cosechadoras e instrumentos mecánicos, el trigo se extendía en las eras, que era donde se trillaba. Posteriormente se reunía el trigo en «parvas» (montones alargados de trigo y paja). Las parvas se aventaban, es decir, se lanzaban al aire para que el viento separara la paja (menos pesada) del grano que, al ser más pesado, caía en el mismo lugar, y así se diferenciaba el grano de la paja. Esta tarea llevaba varios días y era agotadora. Del mismo modo, curar los excesos del vicioso requiere una labor pesada a fuerza de castigos y reconvenciones.

416. NI HOMBRE SIN VICIO, NI COMIDA SIN DESPERDICIO

Este refrán moral nos recuerda que todos estamos sometidos a los extremos del vicio y la depravación. El refrán utiliza una hermosa comparación: del mismo modo que la comida es buena, el hombre lo es. Pero tanto en una como en el otro existen restos deleznables e insanos: los desperdicios y los vicios. La sabiduría parece aconsejar que, del mismo modo que separamos en el plato aquello que no nos gusta o que consideramos perjudicial, de igual manera alejemos de nosotros lo peor de nuestros espíritus: el vicio y la inmoderación.

417. NO HAY VICIO SIN SUPLICIO

El refranero recuerda que todas las acciones viciosas tienen consecuencias, generalmente gravosas y molestas. Como en otros tantos casos, este refrán insta al hombre a refrenarse en sus excesos teniendo en cuenta las resultas de sus actos y la imperiosa necesidad de hacer frente a la responsabilidad que de ellos se deriva. Así como el vicio suele ser gozoso y placentero, el suplicio es privación y sacrificio.

418. Quien coma la carne, que roa el hueso

Mediante una metáfora, este refrán advierte que muchos placeres viciosos esconden consecuencias desgraciadas. Y señala que la persona que goza de tales placeres debe también cargar con la responsabilidad de las penurias y amarguras que le siguen.

419. Sin espuela y sin freno, ¿qué caballo es bueno?

Propone este refrán la necesidad de demostrar coraje y a la vez templanza en todas las acciones de la vida. La espuela para decidirnos a emprender acciones arriesgadas cuando sea ocasión, y el freno para conducirnos con prudencia y moderación ante situaciones escabrosas. El caballo, como el hombre, necesita de estos acicates y de estos frenos para conseguir el mejor resultado. La templanza (el uso moderado y responsable de nuestros instintos) es la mejor recomendación en el discurrir de la existencia.

420. Donde se quita y no se pone, el montón se descompone

Se advierte a los derrochadores sobre las consecuencias del gasto inmoderado. Las personas que hacen mal uso de sus ahorros y todo lo invierten en fiestas y algarabías acaban en la miseria o sometidas a las desgracias de la pobreza. Otros refranes similares son: [420a] Donde sacas y no pon, presto se llega al hondón. Y: [420b] Donde hay saca y nunca pon, pronto se acaba el bolsón. Según cuenta Juan Martínez Ortega en su *Anecdotario histórico*, uno de los más grandes derrochadores de la historia fue Mariano Téllez Girón, duque de Osuna. Su hermano Pedro, hombre honrado y sensato, murió y pasó toda la fortuna al joven Mariano. Se dice de este manirroto, que fue enviado a Rusia como embajador en tiempos de Isabel II, que en la fiesta de su toma de posesión invitó a sus amigos a comer huevos cocidos. El despilfarro no consistía en los huevos, sino en el modo de cocerlos: se cuenta que utilizó miles de rublos para mantener el fuego de la cocina. En otra ocasión viajó a París y, no habiendo coche que le estuviera esperando, se enojó tanto que dispuso que hubiese siempre un coche dispuesto para él en las estaciones de París, Roma y Madrid. En la Colegiata de Osuna se encuentran las tumbas de toda la familia; son sepulcros sencillos y austeros, excepto el de este don Mariano, que sólo muriendo dejó de despilfarrar.

421. Quien hace lo que quiere, no hace lo que debe

Porque nuestros deseos no siempre se corresponden con nuestras obligaciones. Los deseos de los hombres se encaminan a la felicidad y el placer, mientras que las obligaciones son muchas veces gravosas y molestas. En términos generales, el refranero sugiere que el gusto va seguido de disgusto, pero el sacrificio va seguido de felicidad.

422. Si quieres llegar como joven, anda como viejo

Enseña a la juventud a obrar moderadamente y sin precipitación. Porque es propio de la juventud conducirse alocadamente, siguiendo sólo los instintos y la búsqueda de la felicidad inmediata. Los ancianos, conocedores de las graves consecuencias de la destemplanza, actúan con prudencia y razonablemente. Para concluir una vida con salud física y moral es necesario obrar como los ancianos: sopesando nuestros actos y previendo las consecuencias. Al pie de la letra, el refrán sugiere caminar despacio cuando emprendemos un viaje. El camino puede ser largo y la precipitación cansa y agota, y puede provocar accidentes inesperados. La lentitud y la parsimonia nos harán gozar de una buena caminata y llegaremos frescos y sanos a nuestro destino.

423. Riñe cuando debas, pero no cuando bebas

Recomienda el coraje para enfrentarse a otros cuando la necesidad lo requiera, excepto si vamos cargados de vino u otros licores. Porque [423a] El vino demasiado ni guarda secreto ni cumple palabra, como decía don Quijote a Sancho. Porque, con los efectos del vino, ofenderemos al prójimo y saldrán de nuestros labios inoportunidades y necedades. Sobre entablar una pelea, mejor cuando el vino esté lejos, porque el alcohol atonta y embota los músculos y el cerebro, y nos darán palos hasta dejarnos baldados. La lengua española, como todas las lenguas de los países donde el vino forma parte de la cultura tradicional, tiene numerosos términos para referirse a la embriaguez o la borrachera. He aquí algunos de ellos: «cogorza», «melopea», «merluza», «mona», «pítima», «tablón», «tabla», «tajada», «tranca», «turca», «zorra», «coger un cernícalo», «encandilarse», «estar piripi», «juma», «jumera», «curda», etc.

424. Si quieres llegar a viejo, guarda el aceite en el pellejo

Recomienda la templanza y la moderación en la juventud para gozar de salud cuando llegue la vejez. En otro sentido, se puede entender la necesidad de ahorro para cuando lleguen tiempos de escasez.

425. Todo lo nuevo place y lo viejo satisface

O la variante: [425a] Lo nuevo place, lo viejo satisface. Este refrán enseña que la novedad resulta atractiva, pero los viejos objetos queridos nos ofrecen siempre una satisfacción más duradera e intensa. La novedad es transitoria y pasajera, lo antiguo es permanente y constante. Los efectos de la novedad sobre el espíritu humano han sido estudiados por muchos filósofos desde la antigüedad (Aristóteles ya trató este asunto). Sin embargo, el escritor escocés Walter Scott (1771-1832) en su magnífica novela *El Anticuario*, expresa estos conceptos maravillosamente. El protagonista, un anciano coleccionista, conversa con un joven y concluye su discurso diciendo que la mayor felicidad consiste en gozar de un libro viejo, un vino viejo y un viejo amigo.

426. A buen entendedor, pocas palabras bastan

Señala que los inteligentes entienden bien las sugerencias, avisos y advertencias sin necesidad de repetírselas mil veces. Porque a los que son torpes y burros hay que explicarles claramente lo que se les quiere decir; pero los avisados comprenden las cosas con una leve indicación. Se utiliza habitualmente para reprender o insinuar que es necesario un cambio de actitud.

*f*E

En ocasiones se identifica con la Esperanza. Pero en sentido estricto, la fe supone confianza en Dios, en la Providencia y sus designios. Los sabios han descrito la fe como «la creencia en algo, y especialmente en Dios, sin necesidad de que esté confirmado por la experiencia o por la razón».

El refranero popular español es cristiano. A pesar de su sentido práctico, el saber colectivo no descuida sus creencias religiosas tradicionales. Cierto que se ocupa con mayor frecuencia de los conflictos sociales, de los problemas y de las relaciones entre los hombres, pero siempre está presente la actividad de la Providencia, la necesidad de permanecer fiel a las creencias religiosas y la obligatoriedad de conducirse conforme a los modelos del cristianismo.

Los historiadores han puesto de manifiesto cierta extraña contradicción en el modo de obrar de los españoles: por un lado, es indudable, en general, el sentimiento religioso del pueblo; pero, por otra parte, en pocos países existe un anticlericalismo tan acendrado. Esta disfunción, afirman los entendidos, nace de la diferencia existente entre las instituciones religiosas y los actos de la fe. En términos más simples se expresaba un labriego inconformista de Salamanca: «Una cosa es creer en Dios, y otra ser amigo del cura.» Por esta razón, el pueblo ha permanecido invariable en sus convicciones ancestrales, pero ha tratado con rigurosidad o con burla a los clérigos. Se les ha tachado de gorrones, zampones, avaros, lujuriosos y de mil defectos, con razón o sin ella. Melchor de Santa Cruz cuenta que un médico visitó a cierto obispo; cuando los criados preguntaron cómo estaba el obispo, el médico contestó: «Como mi mula, gordo y liviano.» «Liviano» significa «lujurioso», en este caso.

427. DIOS APRIETA PERO NO AHOGA

Con este proverbio se recomienda la conformidad ante las desgracias de la vida. El saber popular aconseja la esperanza en Dios y la confianza de que los pesares no han de destruirnos absolutamente. Con la fe en Dios, parece decir el refrán, no hay dificultad de la que no se pueda salir.

428. CUANDO DIOS DA LA LLAGA, DA LA MEDICINA

Se nos recuerda que, si bien todos los males nos los envía Dios, también nos ofrece los medios para solventarlos y superarlos. En términos generales, el saber popular recomienda esforzarse en la búsqueda de soluciones ante los contratiempos. Se advierte así que todos los problemas tienen solución y que el lamento de nada sirve si no actuamos.

429. EN CADA SENDERO HAY SU ATOLLADERO

O: [429a] CADA SENDERO TIENE SU ATOLLADERO. Estos refranes recuerdan que todas las acciones tienen sus problemas y sus dificultades y que no debemos amedrentarnos ante los contratiempos. El refranero, en cambio, sugiere tomar medidas y actuar con valentía. Asimismo reconviene a las personas que todo lo fían a las acciones divinas y a los que, por pereza o negligencia, esperan que Dios los saque del apuro: [429b] CON PADRENUESTROS NO SE SALE DEL ATOLLADERO.

430. AFICIÓN ES LA QUE SANA, QUE NO PALO DE LA BARCA

Con este refrán se expresa que los medios para superar los contratiempos y las desgracias son la voluntad y el esfuerzo. El refranero recrimina a los que piensan que Dios anda ocupado en las pequeñas miserias humanas, reparando los achaques de la vida y envuelto en disputas y entuertos. El saber popular pone de manifiesto, una vez más, la necesidad de actuar confiando en que Dios nos ayude, pero no obrar con pereza y cobardía esperando que Dios solvente nuestras miserias. El origen del presente refrán se remonta a la época de las peregrinaciones a Tierra Santa. Un curandero encargó a un peregrino que le trajera un *lignum crucis* para curar a las gentes. (Se llama *lignum crucis* a un trozo de madera de la Cruz donde fue crucificado Jesús; estos pedazos se consideraban milagrosos y en la Edad Media había tantos *lignum crucis* que, si se juntaran, llenarían una catedral.) Pues bien, el peregrino hizo su viaje y regresó al pueblo, pero, al cruzar el río, recordó el encargo del curandero y lamentó haber olvidado el recado. Para solventar la situación arrancó un trozo del mástil de la barca y se lo entregó diciendo que era un verdadero pedazo de la santa Cruz. El sanador creyó la mentira y aplicaba el madero a los enfermos, los cuales, creyendo en los poderes milagrosos de la Cruz, sanaban. Observando esto, el peregrino dijo: [430a] INTENCIÓN ES LA QUE SANA, QUE NO EL PALO DE LA BARCA.

431. GRANDE O PEQUEÑO, CADA UNO CARGA CON SU LEÑO

Este refrán hace referencia a la Historia Sagrada. Durante mucho tiempo, la cruz en la que fue sacrificado Jesucristo se llamó «leño», o *lignum crucis*, y, por tanto, el «leño» representa los pecados, las desgracias, los pesares o las miserias humanas. Es decir, que cada cual carga con sus desgracias y todos, en menor o mayor medida, soportan los contratiempos de la vida. Cuando alguna persona soporta una gran desdicha, se dice que «tiene una cruz», esto es: que es muy lamentable el estado al que se ve reducido.

432. A LO MÁS OSCURO, AMANECE DIOS

Aconseja tener fe y confianza en Dios, porque todos los problemas de la existencia se pueden solventar. Alude también a la mutabilidad de la fortuna y enseña que lo que un día se nos muestra difícil y complicado, puede ser a la mañana siguiente fácil y amable. Porque la Rueda de la Fortuna, en su constante girar, un día nos da desgracias y al otro alegrías. Es conocida la facultad del hombre para dar con la solución en momentos apurados y, en este sentido, el refranero recomienda voluntad y esperanza. Otro refrán hace alusión a las ofensas recibidas y propone esperar tiempos mejores para consumar nuestros proyectos: [432a] A LO QUE NO PUEDAS VENGAR, DISIMULAR Y ESPERAR.

433. A QUIEN NO HABLA NO LE OYE DIOS

Como en otros muchos casos, el refranero recomienda actuar para lograr los objetivos propuestos. En este refrán se nos aconseja solicitar lo que se desea y obrar en pos de lo que se quiere. De nuevo, el saber popular recrimina a quienes lo dejan todo en manos de la divinidad sin poner los medios para solucionar sus problemas.

434. **El hombre propone y Dios dispone**

Alude a la incapacidad de los hombres para obtener la felicidad si «está de Dios» que las cosas han de salir torcidas. Se representa que, en ocasiones, la voluntad del hombre no puede nada y que la fortuna o la divinidad juegan con nuestros sentimientos y nuestros deseos. Que la felicidad o la desgracia no depende de nuestros actos, sino de los giros de la fortuna y de la ignorada voluntad de Dios. Por eso se dice que «los designios del Señor son inescrutables»: porque, desde nuestra pequeñez, no podemos conocer los proyectos de Dios. Bastante más laicos son las siguientes variantes: [434a] El hombre propone y la mujer dispone. Y también: [434b] El hombre propone, Dios dispone y la mujer descompone. Hacen referencia a la capacidad de ciertas mujeres para lograr sus propósitos a pesar de la voluntad del hombre; en el segundo caso, se recrimina en general a la mujer, que interfiere en los asuntos del hombre para desbaratar todos sus intereses.

435. **Si quieres aprender a orar, entra en la mar**

Refrán con el que se valoran los peligros del oficio de marino. Porque antaño, e incluso en la actualidad, el oficio de la navegación era muy arriesgado y los marineros se veían sometidos a toda clase de penalidades. El fin del viaje era siempre inseguro y el mayor beneficio era poder volver a la patria, de ahí que los navegantes hayan de ser muy piadosos y tener gran confianza en Dios.

436. **Quien yerra y se enmienda, a Dios se encomienda**

Recomienda no culpar ni humillar a quien se ha arrepentido; porque el arrepentimiento es un indicio de la voluntad de corregirse y enmendarse, y sólo Dios puede castigar los pecados cometidos.

437. **Antes con buenos a hurtar que con malos a orar**

Este refrán alude a la clase de compañía que resulta deseable: con las personas de buen corazón podemos, incluso, correr determinados peligros; pero con los falsos e hipócritas abrazamos siempre el riesgo de la traición o el crimen.

438. **Cuando Dios quiere, en sereno llueve**

Alude a la posibilidad de que sucedan cosas inesperadas, agradables o desagradables. Señala, además, que los cambios de la fortuna son impredecibles y que cuando aparentemente debe ocurrir algo, sucede lo contrario. Cuando los israelitas se encontraban en el desierto buscando la tierra prometida o, más bien, conquistándola a otras tribus, y Gedeón era su caudillo, sucedió que éste no se fiaba de la protección divina, aunque Dios ya había dado muchas pruebas de tener a Israel como su pueblo predilecto. El caso es que Gedeón no se fiaba y habló así a su Señor: «Si realmente vas a salvar a Israel por mi mano, como has dicho, yo voy a colocar un vellón de lana en la era: si el rocío cubre solamente el vellón, y todo el suelo queda seco, conoceré que por mi mano vas a salvar a Israel, como dijiste.» Y así fue. Pero no contento con esta prueba, Gedeón propuso a Dios el más difícil todavía: «Quiero hacer una nueva prueba con el vellón: que sólo el vellón permanezca seco, mientras el rocío cubre todo el suelo.» Y a la mañana siguiente también se verificó la señal del cielo. Por eso acertadamente dice el refrán que la voluntad de Dios es inescrutable e impredecible, y que si Dios quiere alguna cosa, por muy difícil que a nuestros ojos aparezca, ésta se hará realidad.

439. Cuando Dios no quiere, los santos no pueden

Literalmente alude a la suprema omnipotencia de Dios, pero con más frecuencia se utiliza para señalar que los subordinados o los inferiores no lograrán nada si el poderoso o mayor no quiere. Se señala la impotencia de los menores (en dinero o en poder) para lograr cualquier cosa sin el consentimiento o aquiescencia de quien tiene el mando. También se dice: [439a] Donde hay capitán no manda marinero.

440. Bien está lo que bien acaba

Proverbio con el cual se congratulan las personas que ven finalizado un asunto de la mejor manera posible; y se señala la conformidad en todo lo que no está en manos de los hombres, sino de la fortuna, del azar o de Dios.

441. Compañía de dos, compañía de Dios

Argumenta este refrán que la mejor compañía posible es la de una sola persona: los esposos o dos buenos amigos. También se sugiere que los terceros suelen ser fuente de enfrentamiento o disputa; por eso siempre se dice «el tercero en discordia», y no «el segundo» o «el cuarto». En términos generales se pondera la bondad de la compañía simple de otra persona, que constituye el mejor medio para conversar, sincerarse, aprender o mitigar las penas. Los grandes escritores y poetas saben que ésta es una verdad cierta y existen numerosas parejas literarias que se han hecho famosas por sus impagables conversaciones amistosas, entre ellas está el dúo Quijote-Sancho.

442. Cosa que me he encontrado, Dios me la ha dado

Refrán con el que se afirma que los objetos que se pierden o se extravían dejan de pertenecer a sus dueños y la persona que los encuentra se hace legítima poseedora de ellos (especialmente si se trata de dinero, porque éste no lleva el nombre del propietario). La ley, pretendidamente divina, indica que Dios ha querido que tal o cual cosa pase de unas manos a otras, y sería locura contravenir los mandamientos divinos. También, en otras ocasiones, se hace referencia a leyes santas para sentenciar tratos económicos o de otro tipo. Se dice, por ejemplo: [442a] Santa Rita, Rita, lo que se da, no se quita. Aunque es muy dudoso que Santa Rita (22 de mayo) promulgara alguna ley por la cual lo que se entrega no pueda ser recuperado de ningún modo.

443. Voz del pueblo, voz del cielo

Alude a la seguridad y certeza con la que el pueblo emite su opinión. También parece señalar la necesidad de tener por ciertos y por buenos todos los juicios emanados del criterio popular y se afirma la santidad de tales juicios. Las decisiones de los pueblos son las decisiones de Dios. Los latinos tradujeron al latín un proverbio muy utilizado en la Grecia clásica y le dieron la siguiente forma: *Vox populi, vox Deo,* es decir: «Voz del pueblo, voz de Dios.»

444. Tres jueves hay en el año que relucen más que el sol: Jueves Santo, Corpus Christi y el Día de la Ascensión

Señala la importancia de estas tres fechas en el calendario litúrgico católico. Es de suponer, también, que el saber popular no ha repetido este refrán únicamente por cuestiones religiosas, sino que tal vez hayan querido recordar la necesidad de festividades y parrandas.

445. Ríete de todo lo de aquí abajo, y manda el mundo al carajo

Escéptico refrán que reniega de toda la vanidad del mundo. Con dificultad se puede entender que se trate de un refrán místico, en el sentido que su final (un tanto grosero) no parece invitar a la contemplación divina. En sentido estricto, solamente repudia todas las cosas del mundo, más bien con rencor por las penalidades y los sufrimientos que con deseos de alcanzar la compañía celestial.

446. Casamiento y mortaja, del cielo baja

Recuerda abnegadamente que tanto la muerte como el carácter de la esposa (o esposo) son otorgados por Dios, y en sentido más extenso por la fortuna. La suerte o la voluntad divina juegan, según este refrán, un papel decisivo a la hora de encontrar consorte y en el momento de nuestra muerte. El aspecto más controvertido de este refrán es la terrible comparación entre el estado marital y el fallecimiento.

447. La muerte y el sueño igualan al grande con el pequeño

Esta es una idea recurrente en todo el refranero y en toda la cultura popular española. Tiene sus orígenes en la edad medieval, donde con más frecuencia se puso de manifiesto esta teoría en el teatro y en la poesía. *La dança general de la muerte*, del siglo XV, es uno de los ejemplos característicos. En la introducción dice que la muerte va a llamar «a todos los estados» y, cumpliendo lo prometido, llama al emperador, al cardenal, al rey, al patriarca, al duque, al arzobispo, al condestable, al obispo, al caballero, al abad, al escudero, al deán, al mercader, al arcediano, al abogado, al canónigo, al físico, al cura, al labrador, al monje, al usurero, al fraile, al ermitaño, al portero, al contador, al diácono, al recaudador, al subdiácono, al sacristán, al rabí, al alfaquí y al santero. Y concluye así:

A todos lo que aquí he nombrado,
de cualquier ley, estado o condición,
les mando que vengan muy toste priado
a entrar en mi danza sin excusación.

448. La muerte es siempre traidora: no dice el día ni la hora

Señala que el instante fatal es siempre imprevisto. Este refrán advierte un hecho cierto, pero con él quiere significar la necesidad de ordenar nuestra vida espiritual y materialmente. Conforme a la sentencia escéptica romana: [448a] No hay quien no piense vivir un instante más. El refranero raramente se ocupa de profundos aspectos filosóficos, más bien trata de avisar respecto a la conducta práctica de los hombres. En este sentido, puede colegirse que el saber popular recomienda poner en orden nuestra alma y nuestros bienes ante la permanente e inesperada presencia de la muerte. Por esta razón, también se recrimina la avaricia en la vejez y se advierte de la insensatez de amasar fortunas que no se podrán disfrutar: sólo el alma y nuestra historia portaremos en el instante fatal. Así lo recuerda el siguiente refrán: [448b] Para el último viaje no se necesita equipaje.

Humildad

La Humildad es la cualidad de las personas que rechazan el orgullo, la soberbia o la vanidad. Debido al poco uso que se hace de esta virtud, su significado ha variado hasta representar acciones y situaciones bien distintas: se dice, por ejemplo, que una persona es «humilde» cuando es de extracción social baja, o pertenece a las capas más desfavorecidas de la población. En este caso, es un eufemismo de «pobre» o «miserable», y esto es lo que se quiere decir, en realidad. En el mismo sentido se utiliza la expresión «ser de familia humilde», cuando se pretende señalar el origen bajo de un individuo. Otra transformación semántica, del significado, es la que se corresponde con las palabras «humillante» o «humillación», con las cuales se da a entender el nivel más bajo al que una persona puede llegar en determinadas circunstancias. También se ha identificado esta virtud con otras cualidades negativas, como la timidez, la insignificancia o el servilismo.

En esta sección del refranero, sin embargo, sólo se hace referencia a la Humildad en sentido estricto, es decir, como actitud modesta y servicial, opuesta en todo a la arrogancia, la soberbia o la impertinencia.

449. Zapatero a tus zapatos

Esta es la versión reducida del refrán: [449a] Zapatero a tus zapatos, y déjate de tratos. Sugiere la necesidad de que cada cual se ocupe en los negocios que le interesan y aconseja no mezclarse en asuntos que desconoce o que le son ajenos. Este refrán tiene un conocido antecedente en cierta anécdota clásica: se dice que el pintor Apeles (siglo IV a. C.) expuso en la plaza pública (ágora) un retrato, tal y como era costumbre en aquellos tiempos. Estas exposiciones se realizaban con el fin de que los ciudadanos admirasen y opinasen sobre las tallas o las pinturas de los artistas. Pues bien, habiendo expuesto Apeles su obra a las miradas del pueblo, acertó a pasar por allí un zapatero. Éste criticó duramente la forma de las sandalias en la pintura y Apeles, conociendo su error, volvió a su estudio y rectificó su falta. Rematado el cuadro, se instaló de nuevo el retrato en la plaza. El zapatero vio que se le había hecho caso y se creyó con autoridad para criticar otros aspectos de la obra, pero como desconocía el arte de la pintura sólo dijo necedades y el artista Apeles tuvo que reconvenirle: «Zapatero, no juzgues más allá de tus zapatos.»

450. En todas partes cuecen habas y en mi casa, a calderadas

Recomendación de humildad y prudencia. Aconseja no criticar ni reconvenir acciones ajenas porque los defectos y los vicios se hallan en todos los hombres y nadie se ve libre de ellos. Generalmente se expresa cuando una persona critica los modos de hacer y de gobernar una casa o un negocio, y con este refrán se le advierte que en su caso también pudieran advertirse los mismos defectos o incluso mayores. Tiene la misma significación que el dicho judío: [450a] Ver la paja en el ojo ajeno y no ver la viga en el propio. Y también los refranes españoles: [450b] Quien más quien menos, todos por qué callar tenemos; y su variante: [450c] Cual más cual menos, todos por qué callar tenemos.

451. A cama corta, encoger las piernas

Aconseja conformidad ante los inconvenientes. La humildad es una virtud que recomienda también acomodarse ante las desgracias y las penurias. De este modo se ensalza el valor ante los contratiempos de la vida y se sugiere amoldarse a las circunstancias.

452. A la corta o a la larga, el galgo a la liebre alcanza

Pondera la necesidad de actuar con perseverancia, firmeza y humildad. Estas tres virtudes son los medios para lograr cualquier objetivo y se recomienda el tesón y la continuidad en el trabajo si se desean alcanzar los bienes perseguidos. Se elogia la labor callada y constante como el mejor recurso para obtener los fines. También puede expresar la seguridad con la que se actúa en determinadas ocasiones.

453. Media vida es la candela; pan y vino la otra media

Con este refrán se asegura que el hogar es suficiente para sobrellevar una vida digna. Se hace alusión al pan y al vino porque éstos representan la alimentación indispensable y la alegría. Este refrán supone la humildad y la conformidad con el estado que nos haya tocado en suerte: la abundancia y el lujo no siempre son indicativos de felicidad. El refranero, que suele indicar los caminos de la prosperidad material, muestra cómo se puede lograr el bienestar con una conciencia humilde y conformista.

454. A la cama no te irás sin saber una cosa más

Señala que cada día puede ofrecernos enseñanzas y moralejas para aplicarlas en nuestra conducta. En general, este refrán se expresa cuando observamos algo novedoso o interesante; pero el significado es más amplio: recomienda aprender algo cada día para que la vida no resulte monótona y no se tenga la impresión de haber perdido el tiempo. Es necesario apuntar que el presente refrán se expresa en ocasiones ante curiosidades o anécdotas intrascendentes. Por ejemplo: ¿sabe el lector que el árbol más alto del mundo es la velintonia? ¿Sabe que este nombre fue adjudicado por el botánico inglés Lindley en honor al primer duque de Wellington? ¿Sabe que en la calle Velintonia de Madrid vivió el poeta y premio nobel español Vicente Aleixandre? Pues bien, a la cama no te irás sin saber una cosa más.

455. Atender y entender, para aprender

Recomienda prestar atención para obtener conocimientos precisos y útiles. En términos generales es una conducta recomendada a los «sabiondos» (antes «sabihondos») y «marisabidillas», para que hablen menos y escuchen más, únicos medios de aprender algo.

456. Como tienes el hato, así te trato

Refrán que recuerda el desprecio que habitualmente se dispensa a los pobres y miserables. Porque las apariencias son tenidas por verdades ciertas en la sociedad, y a un hombre bien vestido siempre se le trata mejor que al pordiosero. En el mundo de las apariencias no se tiene en cuenta el carácter moral de los individuos y sólo se valora el aspecto físico. También alude este refrán a zalamería con la que se trata al potentado ricachón por su dinero, en contraposición al desprecio con el que se despacha al pobre y al humilde.

457. No hay mejor desprecio que no hacer aprecio

Indica que el mejor modo de menospreciar a las personas que nos ofenden es ignorar sus ofensas y calumnias. Esta juiciosa conducta evita disputas y reyertas, y eleva el nivel moral del ofendido por encima del individuo que pretende agredirnos.

458. Quien tiene boca, se equivoca

Refrán con el que se pretende expresar el arrepentimiento ante palabras equivocadas u ofensivas. Mediante este refrán se solicita comprensión ante los errores. Al mismo tiempo, se sugiere que es imposible no equivocarse cuando nos expresamos. Los latinos decían [458a] *Errare humanum est*, es decir, [458b] Errar es humano. Una versión más castellana es esta: [458c] De los hombres es errar y de los burros, rebuznar. Porque es propio del hombre cometer errores del mismo modo que el rebuznar es intrínseco al asno.

459. Quien trabaja, come pan; y quien no trabaja, salmón y faisán

Con este refrán lamenta el pueblo la descompensación social. Porque, parece decir el refranero, cuán extraño es que los hombres humildes pasen su existencia en continuos trabajos y padecimientos y no tengan al final del día más que una hogaza y un pedazo de tocino; y que los hombres acomodados, sin trabajar, dispongan de todos los lujos y placeres. También es muy extraño que los hombres acomodados inicien las guerras y sean los jóvenes humildes los que mueren en ellas. Del mismo modo, resulta curiosísimo que los potentados posean tierras que los humildes labran; o que habiten palacios que los pobres construyen y adecentan. Dijo Voltaire: «¡Así va el mundo!»

460. Refrán es verdadero que quien más sirve, vale menos

Como en el caso anterior, este refrán alude a la contradicción que supone que las personas más útiles sean menos valoradas que las inútiles o parásitas. El refrán utiliza un juego de palabras, porque «servir» significa dos cosas: «ser útil» y «ser empleado o trabajar para otra persona». El refranero sugiere que las personas que los trabajadores son más útiles que los holgazanes, pero que éstos son más apreciados y logran más beneficios que aquéllos.

461. Más medra el pillo que el hombre sencillo

También aquí el saber popular se hace eco de la disfunción entre honradez y prosperidad. El hombre humilde y honrado a menudo no prospera, mientras que el pillastre o el pícaro, a fuerza de trampas logra beneficios y holgura. La cultura popular española ha estado dividida en la valoración del pícaro. Algunas opiniones se han vertido al respecto: hay personas que admiran y elogian al pícaro como poseedor de una inteligencia especial para la supervivencia; sin embargo, otros comentarios apuntan que el pícaro es la muestra más palpable de que en España se premia la trampa y la estafa. Los pícaros son valorados, en general, por holgazanes tímidos que aspiran a tener el valor para entregarse a la descansada vida del engaño y la mentira, pero las gentes honradas y laboriosas nunca han visto con buenos ojos al trapacero. Tal era la opinión del insigne ensayista Américo Castro.

462. Rico verás al lisonjero, y pobre al hombre sincero

Lamenta este refrán que la adulación sea uno de los mejores medios para prosperar y que la humildad y la honradez no ofrezcan ningún beneficio. Porque la riqueza se extiende hacia los zalameros y aduladores, mientras que la sinceridad suele acarrear inconvenientes.

463. Cortesía y bien hablar, cien puertas abrirán

Se alaban los buenos modales como medio para prosperar y ser bien recibidos en todas partes. Porque la cortesía es una norma de educación básica en la conducta social y el bien hablar es una norma de conducta moral: no se refiere a «hablar con corrección una lengua», sino a «no ofender con las palabras, criticar o chismorrear». Las personas que en su discurso resultan malhabladas y en su conducta maleducadas no son llamadas nunca ni requeridas para nada.

464. Asno callado, por sabio es contado

Refrán con el que se elogia la actitud de silencio y humildad. Como en las recomendaciones sobre la prudencia, el saber popular sugiere que las personas ignorantes deben permanecer calladas, ya que de este modo aprenderán algo, y si no aprenden, al menos no quedarán como insensatas o necias.

465. Calla y escucharás; escucha y hablarás

Lección de humildad. El silencio es una recomendación habitual de la sabiduría popular. La finalidad de la parquedad en las palabras es el aprendizaje. La persona que escucha y atiende, aprende. En cambio, la persona que no cesa de parlar, no puede escuchar, y por tanto, no puede aprender nunca nada. Los sabios han sido siempre humildes y no se han vanagloriado jamás de su sabiduría.

466. Con chica brasa se enciende la casa

El presente refrán hace alusión a la voluntad y perseverancia en la humildad. Las personas humildes que no poseen grandes medios deben tratar de esforzarse en lograr los bienes materiales imprescindibles. La humildad y la tenacidad ofrece, en ocasiones, grandes resultados. Este mismo refrán se utiliza a veces para señalar que una pequeña disputa puede causar un gran desastre.

467. El que bruto entra, burro se ausenta

Porque quien no presta atención y no pone los medios para aprender nunca logrará que la sabiduría le entre en la mollera. En la universidad de Salamanca se suele repetir un aforismo en latín: [467a] *Quod natura non dat, Salmantica non praestat*; que significa: [467b] Lo que la naturaleza no da, Salamanca no lo presta. Con lo que se da a entender que está en la naturaleza de los hombres ser capaces de aprender y que no hay medio ninguno de hacer que una acémila comprenda algo. En la misma ciudad de Salamanca, los profesores suelen decir que los pupitres universitarios del aula de fray Luis de León han estado allí toda la vida, pero que, con tener tan magníficos maestros, los bancos jamás han logrado entender ni una palabra de teología.

468. Quien quisiere vencer, aprenda a padecer

Lección de humildad y paciencia. En el padecimiento y la perseverancia se halla el germen de la victoria; y la espera y la humildad en el trabajo da al fin sus frutos. Un premio nobel de literatura español ha acuñado una sentencia para indicar, precisamente, que el tesón es el medio más útil para alcanzar los objetivos: [468a] En España, quien resiste, gana. En el mismo sentido se expresan otras sentencias populares: [468b] Quien sabe ceder, sabe vencer. [468c] Quien sufrió, venció. [468d] Si quieres holgura, sufre amargura. Y también: [468e] Quien no sabe aguantar, no sabe alcanzar.

469. QUIEN SUPO SUFRIR, SUPO FINGIR

Con este refrán se explica la necesidad de soportar los rigores de la fortuna sin dar a conocer nuestras debilidades y esperando la llegada de mejores tiempos. Como siempre, el refranero aconseja tener paciencia y humildad en la desdicha para lograr, con el paso de los días, que mejore nuestra suerte.

470. VASE EL BIEN AL BIEN, Y LAS ABEJAS A LA MIEL

Señala que los hombres honrados tienden a unirse, del mismo modo que los criminales se asocian en bandas. El refrán utiliza la comparación con las abejas para resaltar el carácter laborioso y trabajador de las gentes de bien. En parecido sentido se expresa el siguiente refrán: [470a] VA EL MAL ADONDE HAY MÁS; Y EL BIEN, TAMBIÉN.

471. NO OFENDE QUIEN QUIERE, SINO QUIEN PUEDE

Se expresa la sentencia para indicar que las personas injuriosas y ofensivas demuestran con su actitud no ser dignas de ningún crédito, y menos cuando cumplen con su indigno oficio. Más comúnmente se indica con esta expresión el desprecio que se hace de las ofensas hechas por gentes de baja catadura moral, y por tanto, despreciables y dignas de ser ignoradas.

472. RICO ES QUIEN NO DEBE Y PASA COMO PUEDE

Elogio de la humildad y de la conformidad. Mediante este refrán se da a entender que la mayor riqueza reside en la honradez, la paciencia, la templanza y la humildad ante los favores o desgracias de la vida. Se ensalzan, de este modo, los valores morales frente a las necesidades materiales.

473. POCA CIENCIA Y MUCHA PACIENCIA

Con este refrán se hace ver, de nuevo, que los valores morales son más necesarios que la sabiduría o la destreza para prosperar en la vida o para ser feliz. En este caso, se recomienda la paciencia para sobrellevar la desgracia, el infortunio o la injusticia; y se aconseja esperar la llegada de mejores vientos.

474. Paciencia te dé Dios, hijo, que el saber de poco te vale

Expresión con la que se da a entender que la sabiduría y el conocimiento no sirven para medrar en una sociedad que no distingue entre juicio y estulticia. El padre, en este caso, recomienda a su hijo paciencia y humildad para sobrellevar las penurias a las que ha de enfrentarse. Porque sólo con paciencia es posible que, tal vez, pueda llegarle a su hijo la fortuna. Esta expresión sentenciosa es una dura crítica contra el régimen de apariencias e hipocresía que rige el mundo. Muchos sabios y genios han visto llegar la hora de su muerte sin que su saber les valiera de nada: el pintor impresionista Vincent van Gogh murió loco y miserable sin conocer que sus obras serían estimadas y valoradas en millones de dólares.

475. Siéntate y espera, que tu enemigo pasará por tu acera

Este refrán recomienda la paciencia para la venganza o el pago de deudas pendientes. En términos generales, el refranero no suele incitar a acciones violentas y no suele aconsejar la venganza. La paciencia es mejor consejera, porque el tiempo, a menudo, da satisfacciones que la justicia niega. El arte cinematográfico ha puesto de moda una expresión muy utilizada: [475a] La venganza es una bebida que ha de tomarse despacio. Los orientales, más acostumbrados al rito de la paciencia, suelen enunciar este proverbio: [475b] Siéntate a la puerta de tu casa y verás pasar el cadáver de tu enemigo.

476. Quien ríe último, ríe mejor

O su variante: [476a] El que ríe último, ríe mejor. Con estas expresiones proverbiales se hace referencia a la paciencia que uno debe tener para ver cumplidos sus objetivos. También se usa para indicar que los bienes actuales de nuestros enemigos pueden desvanecerse o pasar a nuestras manos. Y, en términos generales, se expresa que, con paciencia, nuestro futuro será más halagüeño a pesar de los pesares que nos acaecen en el día de hoy. Con el mismo significado, y con tono vengativo se dice: [476b] Arrieritos somos y en el camino nos encontraremos.

477. Quien más sabe, más duda

Con este proverbios se expresa que el conocimiento es siempre limitado y que el universo del saber es inagotable e inabarcable. Además, se pone de manifiesto que la sabiduría no consiste en conocer verdades absolutas, sino en saber dudar de lo que se sabe. El filósofo griego Sócrates, que vivió en la antigua Grecia durante el siglo IV a. C., solía decir: «Sólo sé que no sé nada, pero aun así aventajo al resto de los mortales, que ni siquiera saben eso.» Una sentencia semejante es: [477a] QUIEN MUCHO SABE, MÁS IGNORA.

478. MÁS VALE EL HOMBRE QUE EL NOMBRE

El refranero, en esta ocasión, ensalza los valores personales del individuo frente a las apariencias o la fama. El saber popular valora más los actos que el linaje o la facha. De este modo se nos indica que las intenciones se deben demostrar con hechos y que de poco valen los gestos y el abolengo si las ideas no se llevan a la práctica.

479. SALUD Y ALEGRÍA, BELLEZA CRÍA; ATAVÍO Y AFEITE, CUESTA DINERO Y MIENTE

En contra de la vanidad y la hipocresía de las apariencias exteriores. Este refrán recomienda la sinceridad y la humildad en el aspecto y en la indumentaria, frente al maquillaje, los aderezos y los antruejos. Una existencia física y moralmente sana genera salud en el cuerpo y alegría en el alma. La falsedad de los postizos sólo se recomiendan para el carnaval.

480. QUIEN NO SE ALABA, DE RUIN MUERE

Recomienda abandonar la humildad y la modestia para prosperar en la vida. Este refrán supone que el resto del mundo no nos conoce y, por tanto, podemos alardear de nuestras capacidades o nuestros conocimientos para lograr nuestros objetivos. Actualmente, se utiliza la expresión «saber venderse» para señalar que es necesario promocionar nuestras aptitudes y, de este modo, medrar.

481. QUIEN A LO POCO ESTÁ DUCHO, NO NECESITA MUCHO

Señala que los pobres y los humildes, por fuerza de la costumbre, no precisan lujos ni excesos. Con este refrán se expresa la conformidad con lo poco que se posea y la consideración de felicidad cuando la necesidad aprieta.

482. MAS VALE CALLAR QUE CON NECIOS ALTERCAR

Aconseja el refrán no discutir con necios, porque éstos jamás aprenden ni escuchan. Los necios suelen tener la extraña manía de escucharse sólo a sí mismos y por esta vía no hay diálogo ni conversación posible. Además, recomienda el desprecio a las ofensas que nos hacen gentes de poco valer o sin talla moral. Se dice que don Miguel de Unamuno (1864-1936), siendo profesor en la Universidad de Salamanca, topó con un enemigo suyo en una calle. La acera era muy estrecha y vinieron a encontrarse cara a cara el profesor y su adversario, de modo que uno de los dos debía ceder la acera al otro. El individuo miró con furia al profesor y le espetó ofensivamente: «Yo no dejo pasar a cretinos.» A lo que el escritor contestó: «Pues yo sí», y bajando el bordillo cedió el paso a su enemigo.

483. A PALABRAS NECIAS, OÍDOS SORDOS

En un sentido parecido al anterior, este refrán recuerda la necesidad de ignorar las ofensas que nos hacen gentes zafias o sin valor moral ninguno. De este modo se evitan disputas que sólo nos perjudican. Del mismo modo se expresa el siguiente: [483a] A PALABRAS NECIAS, OÍDOS DE MERCADER. Porque los mercaderes, en teoría, escuchan poco y hablan mucho dado que su oficio es vender, no comprar.

484. NOSOTROS SOMOS BUENOS. NOSOTROS, NI MÁS NI MENOS

Con este refrán se expresa la prudencia y la humildad ante la vanidad y la beatería hipócrita. El refranero enuncia de este modo su convencimiento de que todos los hombres tienen en sí características positivas y negativas; y se recrimina la vanagloria de creerse mejor que los demás. En sentido parecido se puede comprender el siguiente refrán: [484a] TODOS QUEREMOS SER BUENOS, Y LO LOGRAMOS LOS MENOS.

485. QUIEN TROPIEZA, A APRENDER EMPIEZA

De este modo se excusa a quienes tratan de hacer cualquier cosa y se equivocan. Y también se recuerda que el aprendizaje es un proceso en el que los errores son muy comunes y que éstos deben ser perdonados. Así: [485a] QUIEN TROPIEZA Y NO CAE, DOS PASOS ADELANTA. Porque quien yerra, si es avispado, conocerá su error y se enmendará, con lo que llevará adelantado mucho. La sentencia popular dice que [485b] EL HOMBRE ES EL ÚNICO ANIMAL QUE TROPIEZA DOS VECES EN LA MISMA PIEDRA; pero si el hombre es listo procurará evitar el mismo camino.

486. Uno es de donde pace y no de donde nace

El refranero, que recomienda agradecer los bienes que se nos ofrecen, también aconseja reconocer la generosidad de los pueblos y ciudades que nos acogen. Esta muestra de agradecimiento hacia la sociedad que acoge al desplazado es también una señal de la humildad con que debemos conducirnos cuando entramos a formar parte de otra comunidad. El famoso escritor Leopoldo Alas, *Clarín*, (1852-1901), solía decir que él «era asturiano, aunque *le* nacieron en Zamora», y de este modo se sentía comprometido con sus conciudadanos de Oviedo y con la sociedad que tan magistralmente describió en *La Regenta* (1884-1885). En el mismo sentido se pueden entender los siguientes refranes: [486a] Con quien paces, no con quien naces. [486b] El buey pace donde yace. También se dice: [486c] La tierra en que te vaya bien, por tu patria ten.

487. Si no quieres caldo, toma dos tazas

Refrán con el que se reprueba la actitud de los testarudos y zopencos. Se expresa así el hecho de que una persona desdeña algo, y por este desprecio, se le somete a doble perjuicio. Habitualmente, se enuncia esta expresión cuando el capricho o la terquedad impulsa a alguien a repudiar algo. Y como son los niños los que con más frecuencia se niegan a comer lo que sus madres le ponen en el plato, el saber popular ha establecido el «caldo» y las «dos tazas» para reconvenir los caprichos de los infantes mimados.

488. A la vejez estudiar, para nunca acabar

Señala la humildad con la que se deben seguir los estudios y los trabajos de ciencia. Se recuerda que en la ancianidad, por muy juicioso que se sea, no es privilegio para aprenderlo todo, porque la sabiduría es inabarcable. Más a menudo se expresa este refrán para reconvenir a las personas que empiezan a actuar con tardanza y con falta de tiempo.

489. El agua blanda y la piedra dura, gota a gota hace cavadura

Elogio de la perseverancia en la humildad. Así como la tímida gota de agua parece inofensiva y tras muchos años logra horadar la piedra más dura, así ha de ser el oficio de los hombres: actuar poco a poco, con paciencia y tesón, para obtener los frutos apetecidos. En el mismo sentido ha de enterderse otro refrán parecido [489a] Dando y dando, la gotera va horadando. En los pueblos se conoce muy bien la certeza de estas frases: en los caños y fuentes suele colocarse una piedra para que el agua no forme un agujero en la tierra blanda. Con el continuo caer del agua se va formando una cuenca o pocillo sobre la piedra de fondo que distingue las fuentes más antiguas.

490. **Diez hombres, diez opiniones; diez mujeres, cien pareceres**

Sugiere este refrán que las opiniones de las personas son muy dispares y pondera la dificultad para lograr un acuerdo. Una sentencia popular afirma que [490a] Para gustos, los colores; y [490b] Sobre gustos no hay nada escrito. Cosa absolutamente incierta, pues la gran mayoría de los libros hablan de gustos y opiniones personales, y abordan temas sobre los cuales todas los pareceres son válidos y aceptables. Las normas de convivencia y de humildad aconsejan reconocer la opinión ajena como tan cierta y válida como la propia. El refrán sobrescrito señala, además, que las mujeres son más volubles en sus opiniones y que su acuerdo es aún más difícil que entre los varones, lo cual no deja de ser, también, una opinión.

Avaricia

Se describe este vicio como el ansia por adquirir y guardar dinero, tesoros u otra cosa de valor. Se representa habitualmente como un individuo encorvado y huraño, el cual se frota las manos como si esperase acaparar los bienes ajenos. Este individuo se presenta enjuto y comido de carnes, porque, en virtud de su codicia, teme gastar incluso lo necesario.

En 1668 se representa en los teatros de Francia una comedia que alcanzará la inmortalidad: *El avaro*, de Molière (Jean Baptiste Poquelin, 1622-1673). En esta obra, el autor muestra los desvelos de un padre tacaño, egoísta e interesado que pretende casar a su hija con un viejo rico e intenta que su hijo tome por esposa a una vieja acaudalada. En cuanto a él, cree que su dinero le dará la posibilidad de atraer a la joven y pobre Marianne. La obra pone en escena las terribles angustias de un hombre que, a cada paso, cree perder sus riquezas; el autor señala la tiranía del padre avariento que sólo mira a sus hijos como puentes para su beneficio; y se muestra claramente la falsa esperanza de que el dinero puede comprar los sentimientos. Como la mayoría de las obras de Molière, en *El avaro* se ponen de manifiesto las peores inclinaciones de la sociedad francesa del XVII con el fin de ridiculizarlas.

El refranero español se divide entre la tendencia práctica y la conformidad moral: por un lado, admite que el dinero es una fuente de placer y de alegrías, asegura la subsistencia y, en cualquier caso, es un objeto indispensable. Por otro, el saber popular es consciente de los males que acarrea el oro, el daño que puede hacer a los demás y a uno mismo, y se previene contra la falsa creencia según la cual, todo puede obtenerse con la riqueza. A continuación, el repertorio muestra estas dos facetas de *don Dinero*.

491. A GLORIA HUELE EL DINERO, AUNQUE SE SAQUE DEL ESTERCOLERO

Refrán que señala la alegría que produce el dinero en abundancia, incluso cuando se obtiene por medios ilícitos o humillantes. El poder que proporciona el dinero hace que sea considerado un bien precioso: proporciona placeres, lujos, seguridad, amigos, amor, etc. Sobre las maravillas del dinero, dice otro refrán: [491a] SÓLO UNA COSA NO TIENE PERO, EL DINERO. Afirma que el dinero es siempre bien mirado, bien aceptado, querido y deseado. Es el único objeto en el mundo que no tiene tacha ni defecto. El dinero, dice el refrán, siempre es útil y bueno, proporciona placeres y alegría, y su llegada se recibe con el mayor entusiasmo.

492. PODEROSO CABALLERO ES DON DINERO

Famosísimo refrán cuya popularidad extendió don Francisco de Quevedo y Villegas (1580-1645) en una letrilla satírica que decía así en su primera estrofa:

Poderoso caballero
es don Dinero.
Madre, yo al oro me humillo;
él es mi amante y mi amado,
pues, de puro enamorado,
de contino anda amarillo;
que pues, doblón o sencillo,
hace todo cuanto quiero,
poderoso caballero
es don Dinero.

En la letrilla completa, Quevedo señala el nacimiento ilustre de don Dinero, en las Indias (el oro procedente de América en los siglos XVI y XVII), e indica sus continuos tratos con jueces, el amor que le tienen las damas y otras agudezas del genial escritor. Tanto en el refrán como en la poesía de Quevedo se da a entender el magnífico poder del oro: con él se puede obtener todo y se puede conseguir todo. Porque todo tiene un precio y todo se puede comprar y vender. De este modo advierte el refranero sobre el avariento corazón del hombre y su debilidad moral.

493. CON SALUD Y DINERO, HAGO LO QUE QUIERO

Este refrán señala las dos grandes posesiones del hombre libre y afortunado: la salud física y la independencia económica. La carencia de salud o dinero implica necesariamente un estado de postración, bien por la enfermedad, bien por la miseria. Los únicos elementos necesarios para lograr la libertad son, pues, la fortaleza física y el caudal pecuniario. Otro refrán propone: [493a] Salud y pesetas, salud completa.

494. Entre el honor y el dinero, lo segundo es lo primero

El refranero ofrece aquí un elegante juego de ingenio, donde se da a entender que, puestos a elegir, el dinero cura toda deshonra y cualquier humillación puede ser subsanada con una buena cantidad de monedas. El honor era un elemento esencial en la vida de los españoles de los siglos XVI y XVII, y hacía referencia a la integridad social del hombre. Esto es, el varón debía vivir (o aparentar vivir) conforme a unas reglas morales muy estrictas: debía ser muy religioso (cristiano viejo, se entiende), no debía soportar ofensas (ni siquiera mínimas), debía vigilar la actitud social de su esposa, hermanas e hijas, etc. Y una mancha en el honor jamás se limpiaba, y si se limpiaba no era sino con la muerte del ofensor. El presente refrán sugiere el descrédito de esta teoría del honor y deja entrever que cualquier afrenta, bien pagada, es menos afrenta o puede olvidarse.

495. No hay compañero como el dinero

Este refrán recuerda que las características de la amistad pueden ser suplantadas por el uso del dinero. Los amigos ofrecen, en ocasiones, favores y consuelos, pero el oro también, y además no traiciona jamás. Tener dinero es tener asegurados los placeres y la alegría, parece indicar el saber popular. Por otro lado, [495a] Quien tiene dinero, tiene compañeros. Porque al olor del dinero, como el gato al olor de las sardinas, se acercan los aduladores, los que pretenden favores y los que intentan medrar. De modo que el dinero nunca está solo.

496. No hay mal tan lastimero como no tener dinero

De este modo se queja el hombre pobre o miserable. Dejando aparte la salud, el dinero parece ser la necesidad primordial. Los hombres son conscientes de su extraordinario poder y de su capacidad para hacer más fácil y agradable la existencia.

497. Ojo al dinero que es amor verdadero

Señala este refrán que la única pasión cierta en el ser humano es la avaricia o el deseo de poseer dinero. El aviso sugiere que no se debe uno fiar de virtudes aparentes, porque el hombre sólo ha de moverse por el brillo del oro.

498. Quien tiene dinero, pinta panderos

Significa que el rico puede dedicarse al ocio y no trabajar. La abundancia de dinero permite entregarse a la fiesta y la parranda mientras que la pobreza obliga a ocuparse en los asuntos propios de la subsistencia: la labor y el trabajo. Las personas acaudaladas han dedicado siempre su tiempo al arte o al arte de no hacer nada, especialmente cuando las rentas permitían ingresar grandes cantidades de dinero sin necesidad de ocuparse en más negocios. El hecho de «pintar panderos» puede remitirse a la inutilidad de colorear ese instrumento en el lugar donde va a ser golpeado continuamente. Los «panderos» son también personas que hablan mucho y sin sustancia.

499. Un aumento de caudal nunca viene mal

Refrán cuyo fin es el de expresar el agrado ante nuevos ingresos y nuevos beneficios. Al igual que en tantas otras ocasiones, el refranero muestra aquí su afición por lo práctico: y no parece haber nada más útil que el dinero. En otro ejemplo se demuestra que los medios para obtener oro no son muy importantes: [499a] Bien o mal, junta caudal. Lo importante en este caso es poseer el dinero, no los medios para lograrlo.

500. Eres guapo y eres rico, ¿qué más quieres, Federico?

Con este refrán se recrimina al hombre (Federico, en este caso) que posee todas las cualidades para ser feliz y, sin embargo, vive amargado. Efectivamente, la hermosura y la riqueza deberían ser suficientes para considerarse afortunado. Por lo general, este refrán se suele expresar cuando alguien se lamenta de su suerte sin existir razones aparentes.

501. Rey es amor; y el dinero, emperador

Este refrán pone en confrontación los dos elementos más influyentes en el corazón humano: el amor y el dinero. Sin embargo, el saber popular llega a la conclusión de que el amor, con toda su fuerza, no puede con las argucias del dinero.

502. TANTO TIENES, TANTO VALES

Famosísimo proverbio que lamenta la injusticia en la valoración de los hombres. El mundo, en su frenética carrera en pos del dinero y los bienes, juzga a las personas en virtud de sus posesiones y sus riquezas, e ignora los valores morales o los valores intelectuales. Este refrán es una queja contra el mundo de las apariencias y en contra del despiadado poder del dinero. Otra versión reza: [502a] TANTO VALES CUANTO TIENES. El siguiente ejemplo muestra de modo explícito que el dinero es la vara de medir a los hombres: [502b] NADA MÁS VALES QUE EL VALOR DE TUS REALES. El refranero lamenta que los conocimientos y la sabiduría sean despreciados en el trato social y que su valor sea mínimo: [502c] TANTO VALES CUANTO HAS; QUE EL SABER ESTÁ DE MÁS.

503. VALEN MÁS DOS CAPONES QUE DOS BUENAS RAZONES

Enseña el saber popular que convencer a un oponente o a un juez no es una cuestión de sensatez o de razón. Dos capones, o dos cabras, como señala otro refrán, son mejores argumentos para hacer inclinar la balanza a nuestro favor. El cohecho y el soborno, dos de los más deleznables delitos en la justicia, son tan frecuentes debido a la debilidad avariciosa de los jueces. El saber popular nunca se ha fiado de la justicia humana y siempre ha sospechado que los magistrados se pueden convencer fácilmente con regalos y prebendas. Otro refrán sugiere [503a] DUROS HACEN BLANDOS. Se expresaba cuando el soborno impedía a los alguaciles y a los guardias conducirse con violencia con los presos. El dinero (los duros) ablandaba la violencia de los carceleros y suministraba más piedad a los reos. [503b] MÁS VALEN DOS CABRAS QUE MIL PALABRAS.

504. EL RICO CUANDO QUIERE Y EL POBRE CUANDO PUEDE

Señala la libertad del rico para hacer las cosas cuando le venga en gana y lamenta la precariedad del pobre para dedicarse al ocio o al placer. El potentado no ocupa su tiempo en afanarse por la subsistencia y su existencia discurre conforme a su voluntad. El mísero gasta su vida en buscarse el pan, y las alegrías vendrán cuando haya seguridad y tiempo.

505. QUIEN PAGA, MANDA

El presente refrán sugiere que la persona que tiene dinero tiene también el derecho sobre los actos de otros hombres. Este polémico refrán puede entenderse como la necesidad de acatar todos los mandados del poderoso, aunque sus órdenes sean injustas o humillantes. Antiguamente, significaba la sumisión ante el poder del dinero, pero en la actualidad sólo significa que el que paga puede mandar sobre los objetos que compra, no sobre las personas ni sus derechos individuales.

506. En acabándose la plata, todo se desbarata

Otro proverbio señala: [506a] Cuando la pobreza entra por la puerta, el amor salta por la ventana. Ambos sugieren el desastre que supone la falta de dinero o la miseria. La sabiduría popular advierte sobre los peligros de la escasez y afirma que la felicidad reside, generalmente, en la abundancia.

507. Hasta para ser pordiosero se necesita dinero

Nueva prueba del poder del dinero. Indica la absoluta necesidad de monedas para sobrevivir: por encima de cualquier otro interés, este refrán sugiere que nuestra única oportunidad para desenvolvernos en el mundo es la posesión de peculio. La palabra «pordiosero» tiene un curioso origen: los mendigos de la Edad Media, como los de ahora y los de todos los tiempos, han considerado, juiciosamente, que el mejor modo de solicitar una limosna es hacerlo en nombre de Dios; por eso se reúnen en torno a las entradas de las iglesias para pedir caridad. Su oficio consiste en nombrar a Dios con el fin de ablandar los corazones, y dicen: «Por Dios, una limosna; por Dios, una caridad.» Esta afición a nombrar al Señor continuamente les costó el apelativo «por-Dios-eros» que en la actualidad llevan.

508. No hay rico necio ni pobre discreto

Lamenta este refrán el juicio que se hace de los poderosos y de los miserables en virtud de los bienes que poseen. Porque los ricos tienen el privilegio de parecer siempre inteligentes y sabios, ya que no habrá nadie tan osado que le espete en la cara su necedad. Y los desamparados, como no pueden protegerse ni defenderse, no tienen más remedio que soportar las injurias y las ofensas. Los aduladores e hipócritas se acercan al rico con la intención de sobrevivir a su costa, y con este fin ensalzan la inteligencia del poderoso. El mísero no tiene quien le recuerde su sensatez o su estupidez porque nadie solicita su presencia. En este mismo sentido se expresa el siguiente refrán: [508a] Quien dinero tiene, come barato y sabio parece.

509. **¿QUIÉN DIJO PENAS MIENTRAS LAS ALFORJAS ESTÁN LLENAS?**

Del mismo modo que [509a] LAS PENAS CON PAN SON MENOS, este refrán sugiere que la abundancia mitiga los pesares o que los hace olvidar pronto. La riqueza es un consuelo ante las desgracias y el único dolor que se considera seriamente es la miseria y la pobreza.

510. **SI EL CORAZÓN NO FUERA DE ACERO, NO LE VENCIERA EL DINERO**

La sabiduría popular se queja en esta ocasión del carácter moral de los hombres y su inmoderado vicio por la riqueza y los bienes materiales. Con este virtuoso refrán se alude a la dureza del corazón y a las injusticias que provoca. Se expresa con el fin de recomendar los sentimientos piadosos y caritativos frente a la tentación del soborno, del cohecho o de la tiranía.

511. **SAN DINERO ES EL SANTO MÁS MILAGRERO**

Porque el dinero todo lo puede. Este refrán representa la fuerza del oro para lograr objetivos, para reparar daños o para acallar quejas. En términos generales, expresa con ironía la facultad del dinero para conseguir incluso lo que puede parecer imposible: es decir, su poder para obrar milagros.

512. **DE MOSTRADOR ADENTRO, NI AMISTAD NI PARENTESCO**

Recomienda no tener en cuenta las relaciones personales cuando se trata de vender una mercancía. En general, el refranero acude a estas sentencias para advertir de los peligros que supone una relación amistosa o de parentesco cuando estamos negociando. Porque los negocios con amigos y parientes suelen ser muy desfavorables, dado que se espera que la mercancía se abarate o se regale. Así, otros refranes dicen: [512a] CON QUIEN TENGAS TRATO, NO HAGAS CONTRATO. Y [512b] EN VENDER Y EN COMPRAR NO HAY AMISTAD.

513. **SOBRE DINERO, NO HAY COMPAÑERO**

Significa que en los asuntos relacionados con el dinero se deben dejar aparte las relaciones amistosas y aconseja obrar como si se tratara de un negocio entre comerciantes desconocidos. En este mismo sentido se expresa el siguiente refrán: [513a] AL CHARLAR, AMIGOS, AL CONTRATAR, NI CONOCIDOS. Pero el refranero no siempre es tan desconfiado con los amigos. Así como en ocasiones sugiere desconfiar de las amistades, en otros lugares el saber popular valora el afecto entre los hombres. Respecto al dinero, he aquí un refrán muy solidario: [513b] Entre amigos verdaderos no se miran los dineros. En sentido contrario se expresa este otro: [513c] Quien presta a un amigo, compra un enemigo. Se incide aquí en la necesidad de no entablar negocios con amigos; porque la amistad promueve el olvido y con el olvido de la deuda, las riñas y los altercados.

514. En el buen tiempo, amistades ciento; mudada la fortuna, ninguna

Este refrán nos recuerda que la abundancia atrae a los falsos amigos y a los aduladores y que, en la miseria, estos parásitos huyen y olvidan los favores. En términos generales, se recomienda la prudencia en la elección de las amistades y se aconseja tener en cuenta que el dinero atrae a más personas que la miel a las moscas. Así lo confirma también el siguiente refrán: [514a] No hay amigo ni hermano si no hay dinero de mano. De este modo se vitupera la amistad interesada cuyo único vínculo es la ganancia que se pueda obtener.

515. Al toma, todo el mundo asoma; al daca, todo el mundo escapa

Como los anteriores, el presente refrán recuerda que para coger todos estamos dispuestos y prontos, pero para dar somos reacios y perezosos. Señala cómo la avaricia innata en el hombre se muestra desvergonzada y falta de toda virtud.

516. Al son de mis dientes acuden mis parientes

Con este refrán se lamenta uno del falso cariño que demuestra la parentela. Como los engañosos amigos y los advenedizos, los familiares se asoman al olor del dinero y de la abundancia. El refranero popular aconseja establecer distancias respecto a los parientes y, ante todo, ocuparse del bien propio. Se sugiere actuar con cierto egoísmo y prevención. Otro refrán recuerda: [516a] Más cerca están mis dientes que mis parientes.

517. Hijos y dineros, menos cuidados cuando menos

Con este refrán se dan a entender los quebraderos de cabeza que suponen los hijos y el dinero, y se establece una comparación entre ambos. Porque del mismo modo que el amor paternal causa preocupaciones, así los caudales necesitan cuidados y prevenciones. El dinero y los hijos necesitan muchas atenciones y, por tanto, se supone que causan también muchos disgustos.

518. A PADRE GUARDADOR, HIJO GASTADOR

Recuerda que los ahorros del padre ha de gastarlos el hijo caprichoso. Porque la vida feliz y fácil de los hijos se considera contraproducente y nociva. Este refrán enseña que los desvelos de los padres por sus vástagos se ven desbaratados por una mala crianza y una educación permisiva. Al mismo tiempo, el refranero advierte que los hijos no son necesariamente como sus padres y que, crecidos, pueden ser bien distintos.

519. QUIEN HAGA FORTUNA, NO SE OLVIDE DE SU CUNA

Refrán en el que se recomienda el agradecimiento al linaje y a la familia. Un comportamiento avaricioso con los padres es una señal ignominiosa que supone no reconocer los sacrificios y penas que se han causado en la infancia y en la juventud. El refranero aconseja aquí mostrarse agradecido y compartir las ganancias y los bienes que los descendientes pudieran obtener.

520. QUIEN MAL VIVE PARA QUE VIVA SU HEREDERO, ES UN SOLEMNE MAJADERO

Recriminación y burla a quien ahorra para sus hijos sin disfrutar del dinero o de los bienes. En este refrán se sobreentiende el desprecio que suelen mostrar los hijos hacia los padres sacrificados. El saber popular lamenta el desagradecimiento de que hacen gala los malos hijos y cuán pronto olvidan los pesares que han causado. Se recomienda el uso y el disfrute de lo ganado, y que los hijos se esfuercen si desean obtener bienes y ser felices.

521. ¿PARIENTES Y HAN REÑIDO? ¿POR CUÁNTO HA SIDO?

Este refrán recuerda que el motivo más común de las disputas familiares es el dinero. La avaricia, que promueve discordias, es la causa principal de desavenencias entre los parientes. Contrariamente a la creencia general, que señala que entre familias todo son favores, el refranero sugiere que las personas se conducen con mayor avaricia y violencia cuando son parientes y está sobre la mesa un asunto pecuniario.

522. Al heredar, con un ojo reír y con el otro llorar

Recuerda la hipocresía habitual en los casos de defunción, especialmente si existe una herencia a la que se puede acceder. Se llora la muerte (poco y con brevedad) y se alegra el corazón ante la perspectiva de obtener una suma de dinero u otra ganancia cualquiera. Otro refrán abunda en la misma idea: [522a] Pasa el luto y queda el fruto. Se dice que una viuda lloraba amargamente la pérdida de su marido. Y tales lamentos hacía y tales alaridos daba que se llegó a pensar que la viuda quería hacer todo el luto en un día, para poder disfrutar después de lo que el finado dejó.

523. Marido rico y necio, no tiene precio

Refrán utilizado por las damas. Se da a entender que la mejor elección de marido consiste en escoger uno que sea rico y bobo. Esta circunstancia permitiría vivir feliz y holgadamente a la esposa y hacer lo que le viniera en gana sin necesidad de dar explicaciones.

524. A la mujer fea, el oro la hermosea

O: [524a] Si es vieja doña Irene, su plata moza la vuelve. Se dicen cuando la mujer que no goza de belleza tiene pretendientes y admiradores por el dinero de la dote o por el poder de sus parientes. Del mismo modo se expresa este refrán: [524b] A la fea, el caudal de su padre la hermosea. Porque la hipocresía y el interés logran que una dama poco agraciada sea vista con buenos ojos en virtud del dinero que puede suministrar. Cuando un hombre se casa con una fea por dinero se suele decir que la ha elegido «al peso y sin hechuras», es decir, por lo que lleva al matrimonio, no por sus gracias. En términos generales se usa el siguiente refrán: [524c] Por el interés, lo más feo hermoso es.

525. Un asno cargado de oro tiene el rebuzno más sonoro

Como el anterior, explica que las cosas feas y desagradables pueden verse de otro modo si van ataviadas con lujo o traen dinero. En términos generales, también significa que lo horroroso puede considerarse menos penoso si se cuenta con abundantes bienes materiales. Gonzalo Correas (1571-1631) dice que el rebuzno del burro es una de las cosas más molestas y fastidiosas. Pues bien, incluso los rebuznos de un asno cargado de oro pueden parecer agradabilísimos.

526. Por el interés te quiero Andrés

O alguna de sus variantes: [526a] Te quiero, Andrés, por el interés. Se expresan para recriminar la hipocresía en la amistad o en el amor o en el cariño; al mismo tiempo, se indica que el único motivo del afecto es la codicia y las ansias de obtener algún provecho.

527. Queredme por lo que os quiero y no me habléis de dinero

Mediante este refrán se desea expresar la necesidad de sinceridad y honestidad en las relaciones humanas. También se recuerda que el dinero, la avaricia o el interés no deben mezclarse en los asuntos de amor o de amistad. En este sentido se puede entender también el siguiente refrán: [527a] A tu mujer por lo que valga, no por lo que traiga. En este caso se valora la franqueza en el amor frente al interés en la dote o en la herencia o en sus posesiones.

528. Bien te quiero, bien te quiero, mas no te doy mi dinero

Así se recrimina a la persona que dice estimarnos mucho pero que es incapaz de hacernos un favor pecuniario. Contrariamente a otros refranes que recomiendan diferenciar la amistad y los asuntos de dinero, éste sugiere que la amistad se prueba en las circunstancias más espinosas; por ejemplo, cuando se nos pide un préstamo o una ayuda. Los amigos y los cariños que sólo se requieren para la fiesta y el baile son amigos y cariños mermados.

529. Con tener buen vecino, se casa pronto la hija y se vende bien el vino

Refrán que reconoce la bondad de los vecinos en virtud de sus posibilidades económicas. Por medio de este refrán se expresa el interés y la codicia de determinadas personas a la hora de elegir su compañía; también alude a la falta de franqueza y sinceridad, y pone de manifiesto la conducta hipócrita de quien sacrifica toda su dignidad con tal de acaparar beneficios. Un famosísimo refrán dice: [529a] Quien a buen árbol se arrima, buena sombra le cobija. Por medio de este refrán se advierte y aconseja sobre la necesidad de mantener relaciones amistosas con quien pueda protegernos o socorrernos. También denota cierta envidia de la persona que utiliza el refrán respecto al privilegio de otra.

530. **Todos se llaman parientes del rico; del pobre, ni conocidos**

Como en muchas otras ocasiones, el refranero popular español hace hincapié en la hipocresía y el interés que rigen las conductas sociales: el potentado se ve rodeado de zalameros y aduladores que buscan encontrar alguna prebenda; del miserable huyen todos como si estuviera apestado, porque el pobre nada puede ofrecer y de él poco se puede sacar.

531. **A uso de Toledo, que pierde la dama y paga el caballero**

Toledo, ciudad imperial, sede de una de las instituciones más dignas y sabias de la Historia de España, (la *Escuela de Traductores*), crisol de las tres grandes culturas (cristiana, judía y árabe), ciudad de damas elegantes y caballeros cortesanos, ha mantenido su rancio abolengo a lo largo de los tiempos y en sus tortuosas calles han coincidido los pícaros y los hombres ilustres. Por todas estas razones, y especialmente por su ambiente cortesano y gentil de los siglos XVI y XVII, se dice que lo que las damas perdían en la mesa de juego lo pagaban sus maridos, sus amantes o sus pretendientes.

532. **A caballo regalado no hay que mirarle el diente**

Más frecuentemente se dice: [532a] A caballo regalado no le mires el diente. Se expresa cuando recibimos un regalo o un presente que no nos gusta o tiene defectos. Se recomienda no quejarse de las faltas que tienen los objetos que se nos dan gratuitamente. Porque todo lo que es regalado es bien barato y aunque sea defectuoso o malo, para algo servirá. La comparación con el caballo es muy propia. En las ferias y en los tratos entre ganaderos es muy corriente ver a los compradores observando la dentadura de los burros, de las mulas o de los caballos. La razón es que los équidos muestran su verdadera edad y su salud en el estado de sus dientes. Otra variante de este mismo refrán es: [532b] A caballo regalado no le mires el dentado.

533. **Cuando te dieren el anillo, pon el dedillo**

También en esta ocasión, como en el anterior, se hace referencia a los regalos. Y se aconseja andarse ligero para obtenerlos y no dejar pasar la ocasión. Además, se recomienda la habilidad y la sagacidad para que otros no gocen de los dones que se nos entregan. En el mismo sentido debe entenderse el refrán siguiente: [533a] Cuando te dieren la vaquilla, corre con la soguilla.

534. Si te dan dinero, tómalo al punto; si te lo piden, cambia de asunto

Recomienda no ser tardo en coger el dinero que se nos ofrece (evitando así que el donante se arrepienta o cambie de idea). Y sugiere evitar conversaciones donde se trata de prestar o de entregar dinero. En términos generales, este refrán expresa la conveniencia de acaparar todo cuanto sea posible, y escabullirse cuando se nos solicita algún favor o alguna cantidad de dinero. Comúnmente se llama a este tipo de personas «avariciosos», por el ansia en acumular bienes y su inmenso dolor al tener que desprenderse de ellos. Otros nombres que les cuadran son: tacaño, agarrado, cicatero, roñoso, prieto o roído. También suele decirse que pertenecen a «la cofradía de la Virgen del Puño», porque no lo abren, es decir: que lo quieren todo para sí. Dice Melchor de Santa Cruz en su *Floresta española* (1574) que había un escudero tan escaso (tan tacaño) que, por no dar, era incapaz de dar una paliza a nadie.

535. De esto que no cuesta, llenaremos la cesta

Sugiere aprovecharse de lo que resulta gratuito o muy barato. Con esta expresión también se reconviene a quienes, por avaricia, hacen acopio de objetos inútiles. El ansia de poseer lleva hasta el ridículo a las personas codiciosas: en cierta ocasión el Gobierno anunció una subida en los envíos por correo y unas monjitas se apresuraron a comprar gran cantidad de sellos con el fin de que la carestía no les afectara. ¡Triste sorpresa cuando descubrieron que lo que se encarecía eran los envíos, no los sellos!

536. Caballo grande, ande o no ande

Lo mismo se dice del burro: [536a] Burro grande, ande o no ande. Estos refranes recomiendan elegir los objetos más grandes, generosos o abundantes, incluso cuando no los necesitamos o puedan ser molestos. Si entre dos objetos del mismo precio, uno es más grande, debemos escoger ese. Con estos refranes también se hace burla del que adquiere o toma algo descomunal y que no le sirve para nada. El saber popular se burla de su estupidez y de los lastimosos resultados de su avaricia.

537. Ante la duda, la más peluda

Se recomienda elegir siempre lo más abundante o generoso. En este caso, el refrán hace referencia a las burras y las mulas, pero los especialistas en animales de establo no han podido certificar que los burros de pelo largo sean mejores que los de pelo corto. Respecto a la mujer, otro refrán más soez recomienda: [537a] Ante la duda, la más tetuda.

538. Dame pan y llámame tonto

Expresión proverbial que recomienda no tener en cuenta las ofensas de las personas que nos favorecen. Sugiere aprovechar los regalos y dádivas sin parar mientes en lo que piensen de nosotros. En términos generales el saber popular aconseja gozar de los bienes materiales e ignorar las opiniones ajenas. También suele usarse la variante: [538a] Dame pan y dime tonto.

539. La gloria de quien la gana y el dinero de quien lo agarra

Señala que el dinero, al no tener el nombre del propietario impreso, pertenece a la persona que lo tiene en sus manos. Y este es el único medio de saber a quien pertenecen las monedas. Con este refrán se advierte que las ganancias monetarias no siempre se obtienen por medios lícitos o comunes. En contraposición con la gloria (o Gloria) que se gana mediante los actos, el dinero se puede obtener por muchas vías, y no siempre moralmente aceptables.

540. Quien más tiene, más quiere

Este refrán examina el corazón humano y establece que la avaricia es una de sus principales características. El deseo de acopio y el ansia inmoderada de bienes distinguen al hombre. Está en su naturaleza la necesidad de acumular riquezas sin cuento, de asegurarse el porvenir y la felicidad material. Contra estas ideas de avaricia suele contarse a los niños el cuento del rey Midas, el cual, siendo rico y poderoso, pidió a Dios el poder para que todo cuanto tocaran sus manos se convirtiera en oro. Dios le concedió el deseo y el rey se alegró en extremo; pero, a la hora de comer, vio con espanto que los alimentos que llevaba a su boca también se convertían en el precioso metal. Arrepentido por su avaricia, tuvo que ir al Jordán a lavarse las manos y a purificarse. Una variante de este refrán es: [540a] Cuanto más tengo, más quiero. Y otra: [540b]

Cuanto más poseo, más deseo. En otros casos el refrán se expresa con una metáfora: [540c] El que quiere la col, quiere las hojas de alrededor. Es decir, lo quiere todo.

541. La avaricia rompe el saco

Conocidísimo proverbio que señala los males de la avaricia. Se debe entender que el ansia por acaparar bienes suele conducir al desastre o a perderlo todo. Porque tener más de lo que es justo o más de lo necesario puede acarrearnos disgustos trágicos. Como el que León Tolstoi (1828-1910) cuenta en su gran obra *Guerra y Paz:* el escritor ruso sugiere que la gran derrota de Napoleón en Rusia fue el resultado de la avaricia y la vanidad del emperador francés. La retirada del ejército galo se vio estorbada por las grandes riquezas que habían expoliado en Moscú y la lentitud de su marcha propició que el invierno y los soldados rusos se les echaran encima haciendo una gran carnicería. Una variante de este proverbio es: [541a] La codicia rompe el saco. Más explícitos son los siguientes refranes, con el mismo significado: [541b] Quien todo lo quiere, todo lo pierde. [541c] Todo lo queréis, todo lo perderéis.

542. Corazón codicioso no tiene reposo

Señala las torturas morales que sufren las personas avariciosas y egoístas. En primer lugar, porque toda su existencia la emplean en buscar medios para acumular bienes y ganancias. Y en segundo lugar, porque siempre temen perder lo que han logrado acaparar.

543. Quien mucho abarca poco aprieta

Es muy popular esta expresión proverbial. Su significado remite a la torpeza que tienen ciertas personas al intentar acumular bienes y riquezas que no pueden dominar. En general, se utiliza para reconvenir a quien trata de hacer más de lo que puede, o pretende obtener más de lo que sus posibilidades le permiten. Otro refrán dice: [543a] Quien todo lo abarca, poco ata. Este tipo de expresiones hacen referencia literal al mundo rural. Antiguamente, en la siega, se agrupaban las espigas en haces de trigo atados. La cantidad de mies de cada haz debía ser proporcionada, porque si se acumulaba mucha, no había modo de atarla o su transporte posterior era muy incómodo. En virtud de esta comparación, el saber popular enseña que la codicia desmedida resulta finalmente perjudicial.

544. No lo quiero, no lo quiero, mas échamelo en el capelo

Con este refrán se afea la conducta de los falsos modestos o de las personas que rechazan cualquier cosa cuando, de hecho, la desean con ansia. También se dice: [544a] No quiero, no quiero, pero échamelo en el sombrero. La avaricia lleva a ciertas personas a pensar que todo puede serles útil o beneficioso y, aun siéndoles innecesario, todo lo pretenden.

545. El pollo pío, pío, y el niño, mío, mío

El presente refrán hace referencia a dos cualidades distintivas de los infantes: el egoísmo y el capricho. El refranero popular afirma que, del mismo modo que los pollos ejercitan su garganta para solicitar comida, así los niños lo piden todo, lo quieren todo y todo lo consideran suyo.

546. Si me dan lo que quiero soy mansito como un cordero

Muestra que la rebeldía y la molestia que causan algunas personas tiene su origen en el deseo de poseer bienes. Además, este refrán sugiere que los enemigos se fraguan cuando no concedemos sus peticiones y, por el contrario, los amigos son tales porque les ofrecemos cuanto desean.

547. El pobre que pide pan, toma carne si le dan

Señala que la avaricia es un vicio que ataca a todo el mundo por igual, sin distinción de posición social. Incluso el pobre, en su miseria, tomaría cuanto se le diera y acapararía todo lo que le fuera posible. También se puede entender que quien pide poco, puede desear más y cogería más si tuviera oportunidad.

548. Quien guardar sabe, de la fortuna tiene la llave

Señala que el mejor medio para hacer fortuna consiste en ahorrar.

549. El dinero para contarlo, y las llaves, para guardarlo

Señala la necesidad de ahorrar. El refrán sugiere que el dinero debe estar a buen recaudo con el único fin de asegurar nuestra felicidad en tiempos de privación. Esta idea contraviene una característica hispana: el dinero sirve para gastarlo o para acrecentar nuestra hacienda. Durante la estancia de la comunidad hebrea en la península ibérica, desde el siglo VIII hasta el siglo XVI, los judíos formaron gremios económicos destinados a financiar guerras, negocios, nuevos asentamientos, etc. Este tipo de actividad les acarreó el apelativo de «usureros». A partir de aquella época se llama despectivamente «judío» o «fenicio» al que trabaja en negocios o préstamos ventajistas. Sin embargo, Américo Castro ha demostrado la importantísima labor de esta comunidad en el desarrollo de la Reconquista y su posterior influencia en el avance científico y cultural de la España del Renacimiento.

550. A la Virgen, salves, a los Cristos, credos; pero a los cuartos, quedos

También se dice: [550a] Muchas salves y muchos credos, pero los dineros, quedos. Este avariento refrán señala que lo único que se debe dar gratis son las oraciones, y éstas solo a las personas de la Santísima Trinidad. La generosidad se debe limitar a estas entregas: credos, salves, padrenuestros, etc., porque son baratas y útiles. Por lo que toca al dinero, dice el refrán, éste es aconsejable dejarlo donde está. Se indica la conveniencia de no dar limosna y mirar hacia otro lado cuando el monaguillo pase el cepillo.

551. Quien sin dar ofrece, nunca empobrece

Con este refrán se recrimina a los tacaños y a los falsos que proclaman su caridad y esconden la limosna. El refranero, que se muestra en ocasiones avariento y codicioso, en este caso proclama la necesidad de la generosidad. Y, así, el hipócrita que alardea de sus ofrecimientos y guarda la bolsa, puede tenerse como un ser despreciable.

552. Fortuna, la mejor o ninguna

No se refiere este refrán exclusivamente a los bienes materiales, sino también a la suerte o las alegrías del azar. Podría pensarse que el refranero busca los mayores beneficios o los mejores acontecimientos individuales. En realidad, parece que el saber popular ha establecido una distinción entre «buena» y «mala» fortuna; y por esta razón, toda fortuna que no sea buena, será mala, y por tanto, indeseable.

553. Lo que escasea, se desea

Refrán que alude a una teoría económica exacta: lo que abunda es barato; lo escaso, caro. Esta ley, que los economistas asocian a las palabras «oferta» y «demanda», es conocida por el pueblo desde tiempos inmemoriales: cuando los asirios descubrieron una nueva aleación metálica que podía romper el hierro, los egipcios pagaron inmensas cantidades a herreros y alquimistas para lograr el precioso metal. Cuando, en tiempos del Imperio Romano, escaseaba la sal, el precio de este condimento se elevó hasta ser moneda de cambio. El oro, muy escaso, se convirtió finalmente en la referencia económica de todas las sociedades. El dinero es también muy escaso, y de ahí su valor de cambio. Los niños suelen preguntar, con razón, la causa de esta escasez y proponen que los gobiernos hagan muchísimos billetes para que todos tengan dinero de sobra. Los padres contestan que la abundancia de monedas rebajaría su verdadero valor y acabarían por no «valer» nada. Este fenómeno económico se llama «inflación».

554. Contra el vicio de pedir, la virtud de no dar

Expresión proverbial que enseña la necesidad de ser prudentes ante los pedigüeños impenitentes. Se recomienda negar los favores a quienes los requieren continuamente.

555. Lo que apetecemos, por santo tenemos

Señala que los objetos deseados se convierten en objetos preciosos y buenos a los ojos de quien los desea. El deseo hace bueno lo que está lejos de nuestro alcance. El refrán advierte sobre la necesidad de valorar bien

556. Cada uno va a su avío, y yo al mío

Con este refrán se advierte sobre el egoísmo que rige el mundo. Es decir, que cada cual se ocupa de sus asuntos y que cada cual procura prosperar sin tener en cuenta a los demás. El refrán recomienda intentar alcanzar una buena posición social y económica prescindiendo de la solidaridad y de la caridad. A la vista del egoísmo mundano, el saber popular ha establecido una serie de sentencias que inciden en esta necesidad de buscarse uno mismo un lugar en el mundo: se dice, por ejemplo: «lo que no hagas por ti, nadie lo hará» o «si esperas que alguien te ayude, puedes esperar sentado». Todas estas frases comunes se resumen en un proverbio estadounidense: [556a] Primero yo, después yo, luego yo, y más tarde, tal vez, los demás.

557. VASE EL ORO AL TESORO

También se dice: [557a] DINERO LLAMA DINERO. Con estos refranes se da a entender que los ricos tienen más facilidad para acumular más bienes. También dejan entrever cierta envidia ante esta capacidad para atraer el oro. De otro modo: [557b] QUIEN MUCHO TIENE, MÁS LE VIENE. Sugieren que el *aver monedado* tiene la costumbre de reunirse en pocas manos. Otra sentencia parecida indica que el ahorro no es el principal medio de hacerse rico: [557c] CON UN MUCHO Y DOS POQUITOS SE HACEN LOS HOMBRES RICOS.

558. TOMA LO QUE TE DEN, Y LO QUE NO, TAMBIÉN

Recomienda coger todo lo que se ofrezca y todo lo que se presente en el camino. Este refrán puede considerarse el máximo exponente del egoísmo y la avaricia. Aconseja, con malicia, que todo lo que pueda tomarse, se tome, independientemente de los medios que se utilicen. Este consejo peligroso se ofrece también en otros refranes: [558a] A TUERTO O A DERECHO, NUESTRA CASA HASTA EL TECHO. O lo que es lo mismo: del modo que sea, lícito o ilícito, lo mejor es acaparar bienes. Ahora bien, la expresión de estos refranes puede entenderse a la inversa. Y pueden significar una queja contra las personas que logran sus ganancias robando o cometiendo delitos. Otros refranes señalan este desprecio a lo conseguido por medios ilícitos: [558b] QUIEN DE LO AJENO TOMA, CON SU PAN SE LO COMA.

559. POR UNO VOY, DOS VENGÁIS Y SI VENÍS TRES NO OS CAIGÁIS

Expresa el deseo de obtener el máximo fruto a partir de una sola acción. Se dice con gracia este refrán cuando, en la mesa compartida, uno toma un pedazo de alimento y, por azar o con intención, otro trozo acompaña al primero en su viaje.

560. SARAO, COMEDIA Y CENA, EN CASA AJENA

A finales del siglo XVIII y durante el siglo XIX eran muy comunes las fiestas privadas en palacios y casas señoriales. Las familias menos pudientes se conformaban contener invitados a cenar y a una sesión de piano a cargo de las damas más hábiles. Los potentados, en cambio, solían organizar veladas culturales en las que se leían poemas, se ofrecían prospectos de nuevas novelas o se interpretaba una pieza de teatro. Generalmente eran los mismos invitados los que ejercían como actores en estos teatros improvisados. Gaspar Melchor de Jovellanos (1744-1811), por ejemplo, estrenó su obra *El delincuente honrado* en una de estas veladas culturales, en Sevilla.

561. Oficio del que no se come, otro lo tome

En busca del provecho y del beneficio, el refranero recomienda no enredarse en negocios o empleos que no dan fruto. La sabiduría popular aconseja ocuparse en trabajos que aseguren la subsistencia. En el mismo sentido se expresa el siguiente refrán: [561a] Oficio que no mantiene, bobo es quien lo tiene.

562. En lo que no se gana, llámate a andana

Como los anteriores, este refrán recomienda desentenderse de los negocios que no ofrecen beneficios. «Llamarse a andana» o «antanas» es, precisamente, no hacer caso o evitar un compromiso. Este dicho es, en su origen, «llamarse a aldana», es decir, acogerse a sagrado (en una iglesia o en un monasterio) cuando se sufren persecuciones de algún tipo. Hay que recordar que en los lugares sagrados no puede intervenir la justicia.

563. Tres cosas hacen al hombre medrar: iglesia, mar y casa real

Nació este refrán en el siglo XVI, con motivo del desarrollo económico y social de la España del Renacimiento. La iglesia siempre había sido un reducto para los «segundones» de las grandes familias y también para bastardos e hijos naturales. Pero en esta época el clero dispone de unos fondos económicos muy abundantes, de modo que muchos hombres sin oficio ni beneficio ingresan en las órdenes monacales o eclesiásticas. Este estado permitía vivir holgadamente sin renunciar a ninguno de los placeres del mundo. La mar era otro destino interesante: la expansión de Castilla hacia América invitó a muchos aventureros a embarcarse hacia el Nuevo Mundo donde, en ocasiones, se lograba hacer una fortuna con el oro extraído de las minas de Perú y México. El inmenso poder de la corte española atraía también a numerosos buscavidas, pícaros y tramposos, los cuales intentaban hacerse un hueco en torno al fabuloso despliegue de lujo y oro que rodeaba la vida cortesana. Por estas razones el refranero popular recomienda la iglesia, el mar y la casa real como los mejores destinos para encontrar una vida próspera y agradable.

564. Cien sastres, cien molineros y cien tejedores, hacen justos trescientos ladrones

El saber popular suele criticar muy duramente a ciertos profesionales. En esta ocasión, la ira del pueblo se centra en sastres, molineros y tejedores. Pero también es muy sarcástico con los médicos, los abogados o leguleyos, los curas, los barberos, etc. En literatura, este tipo de argumentos se llama «crítica contra estados». El pueblo suele quejarse de la posición de ventaja de estos profesionales y de su tradicional tendencia a engañar al campesino: el sastre hace el vestido y se guarda la tela que sobra; el molinero entrega menos harina de la que corresponde según el trigo que se le llevó; y el tejedor saca pocos ovillos en comparación con la cantidad de lana que le dejó el ovejero. A los médicos se les acusa de prolongar las enfermedades para cobrar más; a los abogados se les recrimina alargar los pleitos por la misma razón; a los curas se les tacha de gorrones y bailones, etc. Los banqueros y los usureros son también ocupación del refranero: [564a] De enero a enero el dinero es del banquero.

565. Ser buen mercader, más está en saber comprar que en saber vender

Recomienda a los comerciantes buscar la ganancia en la compra en vez de encarecer los productos. Esta teoría del refranero supone que una compra barata y una reventa razonable da más resultado que una compra normal y una reventa muy cara. Los comerciantes conocen bien este razonamiento e intentan actuar así. Otro refrán aconseja: [565a] Para vender, orejas de mercader. «Tener orejas de mercader» es no hacer caso a lo que se pide o se dice, desentenderse. También se dice «tener oídos de mercader».

566. Comprar en feria y vender en casa, segura ganancia

Este refrán afirma que uno de los mejores oficios es el de mercader. Modernamente se llaman intermediarios, pero antaño se denominaban simplemente mercaderes. La ganancia es segura porque se consideraba que el gasto que se hacía era pequeño en comparación con el incremento del precio.

567. Quien vende barato, vende doblado

Habitualmente se entiende con este refrán que quien vende barato, vende el doble; es decir, que la venta de productos con poco margen de ganancia es beneficiosa por cuanto se venderá mucha cantidad. Este es un principio mercantil básico. Ahora bien, este refrán puede tener otra significación: que la persona que vende muy barato nos está engañando. Se llama «doblez» al timo, a la estafa y al engaño. De modo que los productos que resultan muy asequibles suelen tener defectos y de ahí su bajo precio. El refranero insiste en el cuidado que se ha de poner en este tipo de negocios porque [567a] Lo barato sale caro y lo caro barato. Los objetos muy baratos suelen ser de mala calidad o tienen desperfectos considerables, por tanto se estropearán pronto y necesitaremos gastar más en adquirir otros nuevos.[567b] Si quieres hacer un buen trato, nunca compres lo barato.

568. Huerto y molino, lo que da no lo digas al vecino

Advertencia para hortelanos y molineros. Recomienda a estos profesionales guardar secreto sobre las ganancias que producen sus tierras o su molino. Pero, en términos generales, el consejo es encubrir los beneficios en cualquier profesión o empleo. Esta conducta es una recomendación de prudencia y discreción que se acomoda muy bien al carácter del refranero: éste siempre trata de ocultar las cuestiones más personales y privadas.

569. Cuando a un enfermo dos médicos van, toca a muerto el sacristán

Señala este refrán la tradicional desconfianza del pueblo en los médicos, especialmente si cobran las visitas. Solía decirse maliciosamente que los médicos trataban de alargar las dolencias y enfermedades de los pacientes, para cobrar más. También se argumentaba que los médicos eran tan ignorantes que, cuando se juntaban dos, eran incapaces de ponerse de acuerdo en el diagnóstico y que, embebidos en sus disputas, dejaban morir al enfermo.

570. Al viejo y al bancal, lo que se le pueda sacar

Malicioso refrán en el que se sugiere que los ancianos son extremadamente tacaños y, por tanto, resulta trabajoso «sacarles» algo (obtener dinero o bienes); el refranero utiliza el bancal como término comparativo porque este modo de cultivo es muy laborioso y muy sacrificado, y los resultados no son seguros.

571. COSA QUE NO SE VENDA, NADIE LA SIEMBRA

Mediante este refrán se da a entender que los trabajos improductivos son inútiles. Aconseja ocuparse en negocios que den dinero o produzcan algún bien y recomienda no perder el tiempo en lo que no nos va a dar de comer.

572. CUANDO VAYAS AL MERCADO, TODO PAGADO

Este refrán insta a establecer los términos del negocio del modo más formal: cosa comprada, cosa pagada. Mediante esta conducta nos aseguramos buenos vendedores, buenos amigos y buen futuro. El refranero siempre ha sugerido que las deudas provocan disputas y, con el fin de evitarlas, lo mejor es pagar lo que se compra.

573. QUIEN PAGA DÉBITO, GANA CRÉDITO

El presente refrán asegura que, si se pagan las deudas, los acreedores tendrán confianza y volverán a confiar en la palabra del deudor. En el mismo sentido debe entenderse el siguiente: [573a] QUIEN PAGA DEUDA, HACE CAUDAL.

574. SI FÍO, NO COBRO; SI COBRO, NO TODO; PUES PARA NO COBRAR, MÁS VALE NO FIAR

Muchas sentencias y refranes populares hacen referencia a la mala costumbre de fiar. El saber popular considera que las deudas no se pagan o se olvidan; asegura que el dinero prestado no se recupera o, si se recupera, es tarde y mal; que los préstamos sólo conducen a enemistades y disputas. Por estas razones, el refranero aconseja seriamente no fiar: [574a] YA SE MURIÓ EL EMPRESTAR, QUE LO MATÓ EL MAL PAGAR. En muchas tabernas de España están expuestos estos refranes, pintados a mano sobre azulejos, o sobre platos decorativos o en avisos sobre cartón o papel. Hay mesoneros que coleccionan sentencias de este tipo y las exponen como método intimidatorio contra gorrones. Algunos taberneros son más expeditivos: tienen colgado un descomunal bastón en la pared; en ocasiones estos enormes garrotes llevan grabado a fuego el siguiente aviso: [574b] ÓYEME, MAJO, O PAGAS O BAJO.

575. QUIEN DINEROS HA DE COBRAR, MUCHAS VUELTAS HA DE DAR

Resalta la dificultad que tiene cobrar las deudas, los viajes que se han de dar y el tiempo que se pierde en solicitar el dinero que le deben a uno. Los morosos son personas huidizas y escurridizas, difíciles de localizar y, por tanto, conseguir que paguen es un triunfo nada desdeñable.

576. MAL PAGADOR, BUEN COBRADOR

Irónico refrán con el que se suele recriminar a la persona que insiste en que le sean devueltas las deudas, cuando él las tiene a docenas. En el carácter de ciertos individuos está el ser muy olvidadizos con las deudas propias y tener una memoria prodigiosa para las deudas ajenas; contra estas personas se dice el presente refrán.

577. ESTÁ EN VENTURA EL GANAR, Y EN CORDURA EL GUARDAR

Este refrán enseña que la obtención de ganancias depende, en muchos casos, de la suerte o de la fortuna, pero el ahorro y la prudencia en el gasto reside únicamente en nuestra sensatez. Por tanto, parece decir el refranero, cuando la diosa Fortuna nos colme de bienes más vale aprender a retenerlos y no derrocharlos estúpidamente. La prudencia dicta que la suerte puede darnos la espalda inopinadamente, y por tanto, conviene estar prevenidos.

578. CADA DÍA UN GRANO PON, Y HARÁS UN MONTÓN

Recomienda el ahorro a largo plazo. Enseña que la constancia en el ahorro contribuye a formar un caudal mediano y que, con pequeñas cantidades, se pueden lograr jugosas fortunas. También dice otro: [578a] GRANO A GRANO, HINCHA LA GALLINA EL PAPO.

579. REAL AHORRADO, REAL GANADO

Fomenta el ahorro como cualidad indispensable para la seguridad en el futuro, la felicidad y el bienestar. Otro refrán dice: [579a] UNO QUE NO GASTAS, DOS QUE AHORRAS. La significación de éste es matemáticamente incomprensible, pero es razonable: se ahorra el que se iba a gastar y el que uno se guarda; por tanto, se ahorran dos.

580. LO QUE PIENSES COMPRAR NO LO HAS DE ALABAR

Regla fundamental de comercio: nunca ha de elogiarse el producto que se desea. Los tenderos y mercaderes sagaces adivinan con facilidad nuestros intereses y si saben que ansiamos sus productos, subirán los precios desmesuradamente. Al contrario, si despreciamos los objetos que queremos, el vendedor abaratará su precio, pues su único interés es vender.

581. Al que toma y no da, el diablo se lo llevará

Maldición contra avaros y carroñeros. La codicia y la falta de caridad se unen en estos individuos, a los que la cultura popular rechaza absolutamente.

582. Quien roba a un ladrón, cien años de perdón

También se dice: [582a] Quien roba a un ladrón, tiene cien años de perdón. Este refrán sugiere que las malas acciones contra malas personas se pueden disculpar. En términos generales, se justifican los actos deshonestos sobre individuos malignos porque el pensamiento popular entiende que este tipo de actos constituyen un castigo y que, finalmente, es un acto de justicia.

583. Quien roba muchos millones, muere aclamado por todas las naciones; quien hurta un ducado, muere ahorcado

Este refrán lamenta la ausencia de justicia. En realidad, se trata de una sentencia contra los reyes y los gobernantes: el pensamiento popular ha creído siempre (y a veces con sobrados motivos) que los poderosos debían su fortuna a lo que «robaban» al pueblo. El término «robar» significa aquí beneficiarse del trabajo ajeno, cobrar impuestos abusivos o hacer de la hacienda pública una hacienda privada. Pero la Historia demuestra que, en ocasiones, los poderosos simplemente han «robado» al pueblo, en el sentido literal de la palabra. Puesto que [583a] Quien hace la ley, hace la trampa, los poderosos han abusado de sus privilegios para hacerse ricos, y esto lo ha interpretado el saber popular como un «robo». El refranero compara a estos «ladrones» con los pícaros y miserables que afanan una gallina o roban una manzana en el mercado. Sobre éstos cae todo el peso de la ley, porque el método es burdo y simple. Sin embargo, para los pueblos ambas acciones son iguales, e incluso el acto del pilluelo estaría justificado. Si las dos acciones son idénticas ¿por qué los resultados son tan distintos?

584. Robar, cosa buena si no existiera condena

Aviso contra las tentaciones. Por medio de este refrán se nos comunica que todos nuestros actos tienen sus consecuencias y que somos responsables de los delitos que podamos perpetrar. También asegura que toda mala acción tiene su pena y su condena, y que esto sería suficiente para disuadirnos de cometer un crimen.

585. Si el robar es pecado, todo el mundo está condenado

Este refrán supone que todos, en mayor o menor medida, somos ladrones y que el mundo está creado de tal modo que robar es imprescindible o inevitable. Sugiere que ciertos robos no pueden considerarse pecado pues, si todos somos ladrones todos estaríamos condenados, cosa que es absolutamente imposible. En realidad, al inventor de este refrán le cuadra muy bien otro que dice: [585a] Cree el ladrón que todos son de su condición. Este significa que las personas de mal corazón tienden a pensar que todos son como ellos, cuando, afortunadamente, también hay gente maravillosa en el mundo.

586. Sin ser ladrones, no se juntan millones

Dice este refrán que las grandes fortunas no se pueden amasar sin expoliar, sin esclavizar, sin estafar, sin timar, sin engañar y sin robar. El saber popular no comprende cómo una persona que se desloma en los campos, en los caminos y en las industrias no logra reunir sino para la supervivencia; y, en cambio, otros, trabajando menos y con más calma, acumulan dinero a espuertas. En el mismo sentido debe entenderse el siguiente: [586a] Rico y de repente, no puede ser sensatamente.

587. Seso, dinero y bondad, no siempre es verdad

Este refrán argumenta que la sensatez, la caridad y el dinero no son características que se puedan encontrar en un mismo hombre con facilidad.

588. Al pobre le faltan muchas cosas; al avaro, todas

Refrán contra la avaricia. Las personas avariciosas son naturalmente tacañas y, por no gastar, contienen sus gastos hasta límites extremos. Incluso ellos mismos viven en la miseria y del modo más lamentable: por no abrir el bolsillo comen poco, visten mal, habitan en casas deleznables, no tienen amigos, se enemistan con los parientes y, en fin, viven como pordioseros y en absoluta soledad, pues nadie soporta su egoísmo. Por tanto, todo le falta, excepto el dinero, el cual, dado su vicio, son incapaces de disfrutar.

589. PIENSA EL AVARIENTO QUE GASTA POR UNO Y GASTA POR CIENTO

Porque, con el vicio de no gastar, suele comprar cosas baratas y deleznables, que se estropean pronto y sirven para poco. El afán de ahorrar les lleva a tener que gastar dos veces y, si es verdaderamente avaro, volverá a caer en el mismo error. Él creerá que gasta poco, y así es: pero gasta muchas veces y en cosas defectuosas o malas.

590. EN LA CASA DEL MEZQUINO, CUANDO HAY PARA PAN NO HAY PARA VINO

Señala este refrán otro de los defectos del avaricioso: que nunca pueden tener la felicidad completa, porque siempre racanean y escatiman en todos los gastos. Su vicio los convierte en miserables y pordioseros, y carecen de cualquier alegría. El personaje más deleznable de todos cuantos la mente humana ha sido capaz de imaginar es el dómine Cabra, personaje creado por el genial Francisco de Quevedo (1580-1645) en su obra *El buscón* (1626). Dice el autor, entre otras muchas cosas, que este dómine Cabra hacía la sopa de la siguiente manera: introducía en la olla un trozo de tocino atado con un cordel para que el agua tomara sustancia, pero inmediatamente sacaba el tocino y lo guardaba para el día siguiente. Como esto era mucho gasto, acabó por asomar el tocino a la olla sin meterlo dentro.

591. EL CONVITE DEL TACAÑO: UNA VEZ CADA CIEN AÑOS

Se dice cuando un avaro nos da la agradable noticia de un gasto o una invitación. Se usa para describir los actos del tacaño. Dice Melchor de Santa Cruz que dos criados fueron a ver a su señor con una queja: que el mayordomo era un roñoso y que no les daba de cenar sino rábanos y queso. El caballero se enojó gravemente, fue a advertir al mayordomo y le dijo: «¿Es verdad lo que dicen estos pajes, que todas las noches les dais de cenar rábanos y queso?» «Sí, señor», contestó el mayordomo. «Pues bien, señor mayordomo, a fe mía que sois muy espléndido: de aquí en adelante os mando que una noche les deis rábanos y otra, queso.»

592. MÁS VALE MUCHO SABER QUE MUCHO TENER

Contrariamente a otros refranes (v. *supra*), éste sugiere que el verdadero valor de las personas reside en su talento, su sabiduría y su juicio. Esta sentencia propone un desprecio a los bienes materiales en favor de la inteligencia y la sensatez.

593. No es rico el que más tiene, sino el que menos quiere

Enseña las virtudes de la humildad y la conformidad. Señala que los bienes materiales no hacen rico al hombre, porque entiende el concepto de «riqueza» unido a valores morales: templanza, juicio, serenidad, etc. La persona «rica» es aquella que no necesita de la ostentación y puede prescindir de los lujos innecesarios. La persona «rica» es aquella que se basta a sí misma, la que tiene una intensa vida interior, la que no necesita el oropel del mundo. Cuentan de un filósofo griego (Diógenes) que había acabado por despreciar el mundo y su vanidad. Apenas tenía relación con las gentes y vivía en un tonel en el campo. Y era feliz. Una mañana llegaron hasta él un grupo de ciudadanos y lo encontraron tomando el sol junto a su tonel; y le dijeron: «Diógenes, ¿por qué desprecias el mundo y vienes a vivir tan miserablemente en un tonel? Nosotros somos ricos y conocemos que eres sabio. Dinos ¿qué quieres?» El filósofo contestó: «Lo único que quiero es que te apartes, porque me estás quitando el sol.»

594. Entre salud y dinero, salud quiero

Sabio refrán que opta por la salud con preferencia al oro. Según el saber popular, en la escala de prioridades debe estar en primer lugar la vida, la salud, y después el disfrute de la vida, es decir, el dinero. De nada sirve el dinero en la postración y en la degeneración del cuerpo.

595. Quien sólo fía en su dinero, es un majadero

Refrán contra las presuntas virtudes del dinero. El saber popular reconoce la utilidad del preciado metal y admite que el dinero da seguridad, alegría y placer. Pero también advierte sobre la necesidad de otros valores: la amistad, la prudencia, la sensatez, etc. El dinero puede comprar muchas cosas, pero las amistades y los cariños verdaderos ni se crean ni se aumentan con el oro. Este es el sentido del presente refrán.

596. Dinero y más dinero no hace más sabio al majadero

Señala que la riqueza no influye en la inteligencia y que la sabiduría y el conocimiento son elementos ajenos al poder del oro. Advierte que quien es estúpido lo seguirá siendo con o sin dinero, y el docto lo será con o sin bienes materiales.

597. Al leonés, ni le quites ni le des

Se dice para dar a conocer la rigidez moral de los leoneses y su orgulloso carácter. La proverbial severidad y austeridad de los leoneses impide que nadie pueda quitarles nada sin que se arrepienta de tal villanía; tampoco es aconsejable ofrecerles nada para que su orgullo no se sienta humillado. Todos los refranes que tratan de ciudades y provincias son generalistas, es decir consideran los elementos tópicos de un pueblo y los aplican extensivamente. Desde siempre, y en todos los pueblos, se ha definido a los vecinos con el fin de burlarse, de menospreciarlos o de injuriarlos. Durante el Renacimiento, por ejemplo, existían numerosos chistes de vizcaínos, y los portugueses y los castellanos se zaherían mutuamente. A principios del siglo XIX, con el auge de los artículos costumbristas, se dio en hacer una caracterización de todos los pueblos y se formaron los tópicos regionalistas tal y como los conocemos hoy. En España, esta afición por motejar a los vecinos se ha extendido de manera prodigiosa: los asturianos llaman «cazurros» a los leoneses y éstos les responden llamándolos «babayus»; los vizcaínos tienen ahora fama de fanfarrones como antes la tenían de asilvestrados; entre vizcaínos y «guiputxis» (guipuzcoanos) se tratan de burros y torpes en sus chistes. A los aragoneses, se les tiene por tozudos hasta el extremo de decirle a un tren: «Pita, pita que como no te apartes tú...»; los catalanes son tachados de tacaños; los valencianos, engañabobos; los andaluces, zalameros; etc. Los refranes que hacen alusión a ciudades y pueblos son innumerables y podría decirse que cada aldea tiene su refrán y su proverbio (elogioso o burlón). He aquí algunos de ellos: [597a] Barcelona es bona si la bolsa sona. [597b] De Madrid al cielo, y allí un agujerito para verlo. [597c] De Segovia, ni la burra ni la novia, y a poder ser, ni siquiera la mujer. [597d] Se dice de la arandina, lo mismo que lo del tordo: que tienen la cara fina y tienen el culo gordo. Y en definitiva: [597e] Cada villa, su maravilla; cada lugar, su modo de arar.

598. A rey muerto, rey puesto

Significa que las vacantes que unos dejan son ocupadas por otros. En términos generales, con este refrán se entiende la falta de delicadeza ante la expulsión de un compañero y la rapidez con que los puestos son ocupados por personas codiciosas y sin escrúpulos. También parece indicar que nadie es imprescindible y que los trabajos y los proyectos pueden ser ejecutados por otra persona si el titular es despedido o cesado. En el mismo sentido debe comprenderse [598a] El muerto al hoyo y el vivo al bollo. Este refrán, dicho en un sepelio, puede considerarse una grosería y es aconsejable utilizarlo cuando una persona cesa en su actividad y se ve sustituido por otro. Con esta expresión también se condena a quienes olvidan pronto a los parientes cercanos que han fallecido. Sin embargo, el hecho de que el muerto vaya al hoyo y el vivo al bollo tiene una referencia real: los entierros, antaño, se celebraban; y la familia del finado solía ofrecer una merienda a los que asistían al entierro, de modo que el «bollo» era la consecuencia natural de haber dado sepultura a alguien.

599. A río revuelto, ganancia de pescadores

Con este proverbio se quiere indicar la facilidad que tienen muchas personas para obtener beneficios a costa de un mal general. Habitualmente se expresa con la intención de acusar a los individuos que esperan una ocasión de desastre para aprovecharse de la situación. Previene contra disputas y reyertas que puedan beneficiar a otros.

600. La ley del embudo: para mí lo ancho y para ti lo agudo

Así se recrimina a los que siempre establecen repartos ventajosos en el trabajo, en las ganancias o en cualquier otro asunto. Significa que ellos se quedan con lo mejor y entregan a los demás lo peor o más difícil. La presunta «ley del embudo» también se utiliza para obligar a alguien a hacer determinada cosa de grado o a la fuerza.

601. El que parte y reparte se queda con la mejor parte

Se considera muy lógico este refrán, pero existe una variante contraria: [601a] El que parte y reparte se queda con la peor parte. Ambas propuestas son muy válidas y se pueden comprobar en multitud de casos. En ocasiones, la avaricia del repartidor obliga a los demás a conformarse con porciones minúsculas. En otros casos, la generosidad deja al repartidor sin nada o con muy poco. Aunque estos refranes se pueden utilizar en muchos ámbitos, lo más habitual es oírlos en la mesa, cuando se trocea un pastel o cualquier otro manjar que se reparte en raciones.

602. QUIEN NACIÓ PARA POBRE JAMÁS LLEGARÁ A SER RICO

Desesperanzador refrán en el que se sugiere que la providencia marca nuestros destinos y que está escrito si hemos de lograr fortuna o vivir como miserables. En otro sentido, debe entenderse que quien actúa derrochando el dinero y malgastando su vida, jamás logrará tener una fortuna.

603. QUIEN LO POCO DESPRECIÓ, A LO MUCHO NO LLEGÓ

Da a entender que todas las cosas, aun las más pequeñas, deben considerarse aprovechables y deben tomarse. En términos generales se afirma que todo sirve y es útil si queremos alcanzar propósitos mayores.

604. POR DINERO BAILA EL CAN; Y POR PAN, SI SE LO DAN

Señala que todas las cosas se hacen por dinero, especialmente aquellas que requieren un trabajo. También indica que la zalamería y el halago son producto del interés que se tiene en obtener una ganancia. Otras variantes de este mismo refrán son: [604a] POR PAN BAILA EL PERRO, NO POR SU DUEÑO. [604b] ¿QUIERES QUE TE SIGA EL CAN? DALE PAN. [604c] MENEA LA COLA EL CAN, NO POR TI, SINO POR EL PAN.

605. SI QUIERES QUE EL CIEGO CANTE, LA LIMOSNA POR DELANTE

Alude, como el anterior, a la necesidad de pagar por cualquier servicio. Incluso los antiguos ciegos, que cantaban exponiendo sus cartelones en las plazas y en las esquinas, solicitaban una contraprestación por su trabajo. Por tanto, aquello que parecía limosna era el salario de la diversión de quienes escuchaban las historias.

Lujuria

Se llama también lascivia, concupiscencia, sensualidad o salacidad. Se aplica, como defecto, a las personas inmoderadas en sus deseos sexuales. El refranero popular no trata el sexo de manera directa, excepto en casos raros y, generalmente, de invención moderna. Suele, por el contrario, utilizar el sarcasmo, la ironía o la chanza para referirse a las relaciones amatorias del hombre y la mujer.

En este capítulo se tratan varios temas relacionados con las turbulentas aficiones de caballeros y damas. En primer lugar, los amores, con ciertas reminiscencias poéticas y con un sentido del cortejo amoroso muy típico de la cultura folclórica. Después, el refranero ofrece las enseñanzas relativas a las oportunidades eróticas y a los celos. Siguen, a continuación, todas las referencias a la mujer y el estado del matrimonio. Finalmente, la lujuria y el sexo tratado explícitamente.

Los modos de tratar estos asuntos han sido muy distintos en las diversas épocas históricas. En la Grecia antigua y en Roma, la actividad sexual no representaba un valor moral, sino una de las muchas necesidades y placeres del hombre. Existían dioses y templos dedicados a estos menesteres y ninguna de las opciones sexuales se consideraba nociva. De modo que la homosexualidad era una costumbre y los simples ciudadanos, grandes filósofos o emperadores, solían llevar con ellos un mancebo al que proporcionaban distintos favores a cambio de complacerles en el lecho. Con la Edad Media, la moral sexual parece restringir determinados usos, pero la literatura erótica demuestra (incluidos el *Libro de buen amor* y *La Celestina*) que una cosa eran las enseñanzas del púlpito y otra bien distinta la realidad. Ni con la Contrarreforma ni con la moralidad del siglo XVIII parecen aplacarse los furores lascivos en Europa. De hecho, las novelas cortesanas (especialmente francesas) ponen de manifiesto la sensualidad de los hombres y mujeres del setecientos. En el siglo del romanticismo era muy común, según los relatos más verídicos de la época, que las damas tuvieran uno o varios amantes, y los hombres actuaran de modo similar.

Como se puede apreciar en este breve resumen, el ser humano no ha abandonado nunca este placer y, cuando le ha sido posible, lo ha gozado en extremo.

606. Frutos y amores, los primeros los mejores

Este refrán sentimental recuerda que, como las frutas tempranas, los tiernos amores de la juventud quedan impresos para siempre en el corazón de los hombres y de las mujeres. El paso del tiempo hace concebir los tiempos pasados como los mejores que se han vivido y, por tanto, los amores que se forjaron en aquellos años se consideran también los más puros e intensos. Otro refrán poético que hace referencia a estos sentimientos melancólicos es el siguiente: [606a] No hay luna como la de enero, ni amor como el primero. La memoria de los amores primeros ha sido cantada por numerosos poetas en todas las lenguas, en todos los metros y en todos los estilos. Como ejemplo, a continuación extractamos las tres primeras estrofas de *El diablo mundo*, Canto II, «A Teresa», donde José de Espronceda (1808-1842) describe los placeres y sentimientos de la edad y el amor perdidos:

¿Por qué volvéis a la memoria mía,
tristes recuerdos del placer perdido,
a aumentar la ansiedad y la agonía
de este desierto corazón herido?
¡Ay! Que de aquellas horas de alegría,
le quedó al corazón sólo un gemido,
¡y el llanto que al dolor los ojos niegan,
lágrimas son de hiel que el alma anegan!

¿Dónde volaron ¡ay! aquellas horas
de juventud, de amor y de ventura,
regaladas de músicas sonoras,
adornadas de luz y de hermosura?
Imágenes de oro bullidoras,
sus alas de carmín y nieve pura,
al sol de mi esperanza desplegando,
pasaban ¡ay! a mi alrededor cantando.

607. Amor primero, amor postrero

En el mismo sentido se puede entender este refrán: sugiere que los amores primeros son los que más firmemente se asientan en los corazones de las hombres. También indica que estos sentimientos de juventud permanecen indelebles hasta el final de nuestros días.

608. Amor que conoce olvido, no fue amor sino sarpullido

Mediante este refrán se recuerda que los verdaderos amores no se olvidan con facilidad. El refranero advierte, además, que no conviene confundir el arrebato pasional con el amor. El amor se caracteriza, al parecer, por su fidelidad, su constancia y su perseverancia.

609. Del mirar nace el amar, y del no ver el olvidar

El saber popular reconoce que el amor nace y crece con el trato, (con las miradas) y, por el contrario, esta pasión tiende a apagarse con la ausencia. La tradición amorosa española ha admitido esta verdad, pero la pasión de los amantes obligaba a mantenerse fiel en caso de distanciamiento. Si el mozo o la moza se veían precisados a partir, se juraban amor eterno y se prometían «guardar ausencias», esto es, mantenerse fieles a pesar de la distancia que los separaba.

610. Ojos que no ven, corazón que no siente

Se utiliza habitualmente para señalar que los engaños y adulterios que se ignoran, no causan daño ni quebranto. Este refrán puede usarse también como burla respecto al ausente engañado. Puesto que no es consciente del mal que se le hace, es imposible que pueda lamentarlo. Aunque el sentido más propio es el que hace referencia a las cosas del amor y la sexualidad, en ocasiones se utiliza para otros asuntos, de negocios o domésticos.

611. Doncella sin amor, rosa sin olor

Este refrán propone que las mozas han de estar enamoradas para que luzca, en todo su esplendor, su juventud y lozanía. Afirma que una joven sin amor anda mustia y triste. Del mismo modo que las rosas, para ser rosas perfectas, han de dar olor, así la joven, para ser lo que su estado requiere, debe estar prendada.

612. No hay sábado sin sol, ni mocita sin amor, ni vieja sin dolor

Expresa las características necesarias e inmutables de los sábados, las mozas y las viejas. Los sábados era antiguamente el día de la colada, cuando se lavaban y tendían los cuellos, las tocas, las gorgueras, las sábanas y, en general, lo que se llama «la ropa blanca». Era, pues, necesario que los sábados hiciera buen tiempo, para que los lienzos se secaran al aire. Estas labores las realizaban las mozas y las mujeres de la casa, en los lavaderos públicos o en las riberas. Era el espacio reservado a las conversaciones femeninas y estaba convenido socialmente que los hombres no fueran a los lavaderos. Cuando una moza no quería ver a un pretendiente, su madre le decía al joven que la niña «estaba de sábado», es decir, que estaba lavando y tendiendo. Y así como todos los sábados (o miércoles, en algunas zonas) se hacía la colada, así como las ancianas sufren los dolores propios de su edad, así las mozas tienen sus amores y sus devaneos. Otros refranes similares (aunque con comparaciones distintas) son los siguientes: [612a] No hay sábado sin sol, ni doncella sin amor; ni moneda que pase, ni puta que no se case. [612b] Ni miércoles sin sol, ni viuda sin dolor, ni muchacha sin amor.

613. Afición, ciega razón

Significa que ante la pasión amorosa no valen consejos ni razonamientos. Los filósofos y los poetas han descrito el amor como una pasión cercana a la locura y todos los amantes de la historia y de la literatura han cometido extravagancias muy señaladas: Calisto y Melibea, don Quijote y su amada Dulcinea, los famosísimos Romeo y Julieta, Desdémona y Otelo, y muchos otros. Ellos escribían versos, entablaban duelos, soportaban las más duras pruebas; ellas languidecían en los castillos, suspiraban sus quejas en los jardines y palacios, o expiraban de amor. Por estas locuras se dice también: [613a] Tener amor y tener seso ¿cómo puede ser eso? Uno de los amores reales y literarios más famosos y trágicos es el que protagonizó un trovador llamado Macías a principios del siglo XV. Este amante, enamorado de una señora casada de alta alcurnia, vio truncada su vida por los arrebatos de un amor enloquecido. Por eso se dice «ser un Macías», cuando un hombre está perdidamente enamorado. Otro refrán que hace referencia a esta naturaleza obsesiva del amante es el siguiente: [613b] Corazón apasionado no quiere ser aconsejado.

614. En queriendo la dama y el pretendiente, aunque no quiera la gente

Este refrán argumenta que los enamorados no suelen dejarse aconsejar e ignoran las opiniones de la gente que les rodea. También da a entender que los deseos de los amantes se verán cumplidos a pesar de las trabas que se interpongan en su camino, pues su amor es lo único importante para ellos y por lo único que renunciarían a todo.

615. Piensan los enamorados que tienen los otros los ojos vendados

Precisamente porque los amantes sólo se ocupan de sí mismos y del amor que uno infunde en el otro. Por esta razón cometen locuras y actúan como tortolillos, ajenos al mundo y a cuanto les rodea. Es muy notable que las madres sepan siempre cuando están sus hijos e hijas enamorados y que éstos se sorprendan cuando se descubre su amor. Las madres saben cuáles son los síntomas del enamoramiento y vigilan estos rasgos en sus jóvenes: sonrisa permanente, ojos brillantes y encandilados, excitación aguda, ternura, sensibilidad, semblante pensativo, etc.

616. Más discurre un enamorado que cien abogados

Señala que los amantes buscan cualquier estratagema para lograr su objetivo: estar con la persona amada. De modo que, como en los anteriores refranes, se sugiere que todos los obstáculos y problemas que se les presenten serán salvados a fuerza de amor e ingenio. Puesto que el deseo es una de las pasiones más vivas en el hombre, la inteligencia se ocupa de encontrar los medios para verlo satisfecho: de ahí que las ideas enrevesadas de los amantes se llamen «líos» y las comedias barrocas donde el amor era lo principal se denominen «comedias de enredo».

617. Pies que andan van donde el corazón manda

Dice el presente refrán que la pasión amorosa es quien dirige todos nuestros actos; y que la voluntad sólo tiende a ver cumplidos los deseos del corazón. En términos generales, se puede entender que cada cual actúa en conformidad con sus pasiones y sentimientos.

618. Los amantes de Teruel, tonta ella y tonto él

Don Juan Diego Martínez de Marsilla y doña Isabel de Segura son los nombres de dos jóvenes legendarios (o tal vez reales) que murieron apasionadamente enamorados en trágicas circunstancias, en torno al siglo XIII. Su patética historia ha sido narrada en numerosas ocasiones, pero la versión más conocida y famosa es la que hizo Juan Eugenio de Hartzenbusch (1806-1880): un drama en cinco actos estrenado en 1836. El romanticismo gustaba de estas historias trágicas, a veces un poco sangrientas, apasionadas, enloquecidas, terribles. Pero la segunda mitad del siglo XIX se burló de los amores trágicos y motejó a los enamorados de locos y necios. El refrán sobrescrito responde a la expresión de quien se mofa de dos amantes; cierto que los enamorados no suelen prestar atención a estas puyas envidiosas y, generalmente, es el desprecio lo único que recibe el burlador.

619. Sin amar y sin yantar, nadie puede pasar

Elogio de amor. Advierte este refrán que existen dos cosas que el hombre necesita para su subsistencia física y espiritual: el amor y el alimento. Muchos poetas han expresado esta misma idea. El Arcipreste de Hita, Juan Ruiz, escribió en el siglo XIV su *Libro de buen amor*. En él recordaba unas presuntas palabras de Aristóteles, según el cual sólo había una cosa cierta: que el hombre por dos cosas se movía, la primera «por aver su mantenencia», y la segunda «por aver ayuntamiento con fembra placentera».

620. Cuando los labios callan, los ojos hablan

Aunque este refrán puede aplicarse a innumerables circunstancias, parece que el saber popular ha recurrido al ámbito del amor para expresar la capacidad de las miradas en la comunicación de sentimientos e ideas. Así, los enamorados no suelen necesitar de mucha palabrería porque sus miradas se dicen cuanto necesitan saber. En el mismo sentido puede entenderse: [620a] Cuando los labios no pueden, los ojos se entienden. En términos generales, y para otros casos, el significado sigue siendo el mismo: los gestos y las miradas inteligentes expresan fácilmente nuestras ideas a las personas que nos conocen y a quienes conocemos.

621. En amores, cuando quieras entrarás; pero cuando quieras salir, no podrás

Enseña este refrán la complejidad de los asuntos amorosos. El amor, dice el saber popular, es un laberinto, un enredo, un lío. Sugiere actuar con prudencia en todo lo referente al amor, porque una vez que se entra en sus dominios es muy difícil salir. En otro caso, el refranero compara el amor con las zarzas. Los zarzales son enramados espesos, muy intrincados y con espinas muy agudas: esta imagen le sirve al pueblo para asemejar estas plantas al amor. [621a] QUIEN EN AMORES Y ZARZAS SE METIERE, ENTRARÁ CUANDO QUISIERE, PERO SALDRÁ CUANDO PUDIERE.

622. AMOR DE NIÑO, AGUA EN CESTILLO

Generalmente, se utiliza este refrán para señalar el capricho y la volubilidad de los rapaces, en su cariño y en sus deseos. En otras ocasiones se usa para despreciar el amor de personas poco maduras o alocadas.

623. AMOR TROMPERO: CUANTAS VEO, TANTAS QUIERO

Se llama «amor trompero» al amor engañoso o traidor. Con este refrán se recrimina a los amantes infieles, promiscuos y falsos. También supone una queja contra los cariños zalameros que se dan tanto a una persona como a otra. En este caso, la reconvención va dirigida al hombre, el cual, a lo largo de la historia, se ha distinguido por su «amor trompero», lo que le ha valido la desconfianza perpetua de las damas y señoritas. En términos generales puede significar la falta de decisión o el capricho que una persona tiene respecto a distintos intereses. [623a] CULO VEO, CULO QUIERO.

624. EL ENAMORADO Y EL PEZ, FRESCOS HAN DE SER

La «frescura» se refiere a dos cosas: la primera, a su lozanía. Y la segunda, a su descaro. Es probable que este refrán sugiera simplemente que los amantes han de ser jóvenes y sanos; pero también es muy posible que las damas deseen menos cortesía y más atrevimiento en las proposiciones. Así lo certifica el siguiente refrán: [624a] GALÁN ATREVIDO, DE LAS DAMAS PREFERIDO sugiere que cierto descaro es necesario en el cortejo y en la seducción. Ha quedado anticuada la exclamación «¡fresco!», dicha por las señoritas agasajadas con piropos o proposiciones deshonestas. Por otro lado, sólo las damas conocen los límites del atrevimiento, según su talante y condición. Dice otro refrán: [624b] A AMANTE QUE NO ES OSADO, DARLE DE LADO.

625. CAZA, GUERRA Y AMORES: POR UN PLACER, MIL DOLORES

Señala los peligros y pesares que dan estas tres aficiones. Este refrán desengañado sugiere que los placeres que se obtienen en la caza, la guerra y el amor no compensan las desgracias que proporcionan. La comparación del amor con la caza y la guerra es muy propia, y así se ha definido esta pasión en el curso de los siglos. El amor se entiende, en ocasiones, como una batalla en la cual se ha de vencer. En la relación amorosa se utilizan palabras relativas a la caza y a la guerra: se dice, por ejemplo, «conquistar» a una dama, «rendir» a una joven, se habla de «un flechazo», (Cupido llevaba un arco y flechas), «ligar», (es decir, atar), «pescar», y se dice de un amante que es un «príncipe».

626. AFORTUNADO EN EL JUEGO, DESGRACIADO EN AMORES

Cree la superstición popular que existe una relación entre el juego y el amor, de tal modo que una persona que gane en las cartas tendrá mala suerte en los asuntos de amor. Este refrán también se enuncia de manera inversa: [626a] DESGRACIADO EN EL JUEGO, AFORTUNADO EN AMORES. Y en este caso sólo se pretende consolar al mal jugador diciendo que tendrá fortuna con las damas. Otro refrán similar es: [626b] AFORTUNADO EN CARTAS, DESGRACIADO EN FALDAS.

627. QUIEN DIJO AMOR, DIJO DOLOR

Este refrán desengañado sugiere que el amor siempre causa grandes pesares y grandes tristezas. Los filósofos del siglo XVIII suelen admitir que el amor es una pasión tan viva que la ausencia del ser amado causa grandes trastornos morales y físicos. Un proverbio moderno afirma que [627a] DE AMOR NADIE SE MUERE. Sin embargo, Mariano José de Larra (1809-1837) rebatía en sus artículos de crítica teatral esta idea... y él mismo se quitó la vida ante los desengaños de su amante.

628. EL MAL DE AMOR NO LO CURA EL DOCTOR

Porque los males de amor son males espirituales, y aunque afecten al cuerpo, tienen su raíz en los sentimientos y, por tanto, no sanando la causa que los provoca, no puede mejorar el paciente. Otros refranes abundan en la misma cuestión y dan la receta para curar los males de amor: [628a] LA LLAGA DEL AMOR, SÓLO LA CURA QUIEN LA CAUSÓ. Y: [628b] LA LLAGA DEL AMOR, QUIEN LA HACE LA SANA Y QUITA EL DOLOR.

629. IRA DE ENAMORADOS, AMORES DOBLADOS

Dice este refrán que las disputas entre dos que se quieren bien repercuten de manera positiva en el posterior desarrollo de la relación. O, en términos más simples, que una riña entre enamorados verdaderos siempre acaba bien y los amantes terminan por quererse más. La conciencia popular señala que la reconciliación entre enamorados es muy agradable y muchos amantes afirman que discuten para disfrutar de la reconciliación. En el mismo sentido se expresan los siguientes refranes: [629a] Rencillas entre amantes, más amor que antes. [629b] Riñen los amantes y se quieren más que antes.

630. Fruta prohibida, la más apetecida

En términos generales, indica que todo lo vedado y todo lo prohibido ejerce una atracción irresistible en el corazón del hombre. Este refrán se utiliza habitualmente con significados amorosos o sexuales pero, de hecho, puede aplicarse a cualquier otra circunstancia. El sintagma «fruta prohibida» tiene un origen bíblico: cuando Yaveh creó al hombre y a la mujer, permitió que vivieran en el Paraíso y que gozasen de la felicidad eterna y de todo cuanto en el Edén había. Una sola condición les puso: que no tomaran fruto del Árbol del Bien y del Mal. Esta fruta era prohibida. Fuera por la curiosidad de la mujer o por los engaños del demonio, el caso es que todo acabó en desastre.

631. De la ocasión nace la tentación

También este refrán puede aplicarse en numerosas circunstancias, pero su uso más frecuente remite a amoríos y escarceos. Sugiere que cualquier acto reprobable nace de la oportunidad que se ofrece. Si no se ofrece la oportunidad, no se producirá la tentación y, consecuentemente, se evitará una mala acción. En términos más concretos: el refranero sugiere que las mozas no den facilidades a los mozos para incurrir en propuestas deshonestas. Del mismo modo, podría recomendarse que no se expusieran objetos preciosos a la vista de un ladrón. O que no se dejaran cigarrillos a la vista de un fumador empedernido que pretende curar su vicio. Un refrán similar dice: [631a] Ocasión y tentación, madre e hija son.

632. Entre santa y santo, pared de cal y canto

Esto dicen los padres de las jóvenes señoritas, pudorosas y recatadas, que han encontrado novio. El refranero popular no se fía de las buenas intenciones de los jóvenes en cuestiones de amor y sexo. Para evitar situaciones incómodas y habladurías dolorosas, lo mejor es que los novios se mantengan separados y vigilados. Los buenos propósitos se olvidan con las zalamerías y los cariños, y la tentación es muy fuerte en corazones tiernos. El saber colectivo recomienda poner algo más que aire de por medio.

633. Ni la estopa entre tizones, ni la mujer entre varones

Recomienda este refrán cuidar las apariencias y evitar malentendidos. El saber popular también aconseja separar a las mujeres de los hombres con el fin de evitar tentaciones y proposiciones deshonestas. La idea común es que la relación entre ambos sexos puede resultar conflictiva, desde el punto de vista social, si no se establecen reglas rígidas. Una mujer entre varones sólo podía ser considerada una «fresca». Las costumbres de antaño exigían una rigurosa vigilancia en estos asuntos: la torpeza (lujuria) de los hombres y el pudor (envidia) de las mujeres convenían en pensar que una mujer comunicativa era una pelandusca, un pingo, una prójima, una suripanta, un pendón, una pelleja, una maturranga o una callonca. Otro refrán que previene el contacto y las relaciones entre hombres y mujeres es este: [633a] El hombre es fuego, la mujer estopa; llega el diablo y sopla.

634. Casa con dos puertas, mala es de guardar

Este es el título de una comedia de don Pedro Calderón de la Barca (1600-1681). La obra teatral, estrenada en 1629, es de las llamadas «de capa y espada» o «de enredo», en las que la complicación amorosa y argumental es la base de la acción. El refrán sugiere la dificultad de vigilar y atender a varios asuntos distintos. Pero, como en el siguiente ejemplo, lo cierto es que el refranero entiende que la mayor dificultad es vigilar el honor de las damas: [634a] Viña y niña, melonar y habar, malos son los cuatro de guardar.

635. Cuando los curas van a peces ¿qué harán los feligreses?

Reconviene a quien tiene autoridad y debe mostrarse como ejemplo, cuando actúa desvirtuando su estado y sirve de mofa y descrédito. Se utiliza la figura del cura porque éste era la máxima representación moral en los núcleos rurales. Por tanto, si los mandatarios actúan de mala manera, ¿qué se puede esperar de los subordinados? Si los curas no se comportan honestamente, no es de extrañar que sus feligreses sean ligeros y atrevidos.

636. El amor y los celos, hermanos gemelos

Asegura este refrán que los celos son un sentimiento unido al sentimiento del amor; y que uno no puede entenderse sin el otro. Los celos se definen como la sospecha y la inquietud de que la persona amada mude su cariño y lo deposite en otra. El saber popular admite como cierto que los sentimientos posesivos del amor son la fuente de los celos. Otros refranes relativos a esta pasión son los siguientes: [636a] Donde hay celos hay amor; y donde hay viejos hay dolor. [636b] Dijo un sabio doctor que sin celos no hay amor. [636c] Celos negados, celos confirmados.

637. Marido celoso no tiene reposo

Señala los sufrimientos y los pesares del marido celoso y que los celos pueden convertirse en una verdadera obsesión. En realidad, el refrán sugiere asegurarse de la honestidad de la novia antes de contraer matrimonio, para que no se produzcan continuas sospechas respecto a la fidelidad de la esposa.

638. Del tiempo y de mujeres, lo que vieres

Con este refrán se recomienda la desconfianza en las fanfarronerías de los caballeros que alardean de conquistadores y donjuanes. Porque las relaciones amorosas son de una dificultad extrema y no conviene creer a quien presume de conquistador. Las reglas de la caballerosidad aconsejan no pregonar las relaciones amorosas y, en general, se recomienda la discreción y el recato: un caballero nunca habla de sus conquistas.

639. En sol de invierno, cojera de perro y lágrimas de mujer, no hay que creer

Refrán contra las mujeres. Afirma este refrán que las damas son engañosas en sus sentimientos y que nunca hay que confiar en ellas cuando lloran. El refranero compara el dolor de la mujer con el sol de invierno y la cojera de los canes, porque éstos son falsos y traidores. Otro refrán advierte de la necesidad de no confiar en las mujeres: [639a] Si de mujer fiaste, la erraste.

640. Cuatro caras tiene la luna, y la mujer, cuarenta y una

También con este refrán se recrimina, en general, a la mujer. Se dice que la mujer es hipócrita y falsa, zalamera, comedianta, caprichosa, astuta y maligna. El saber popular (de los hombres) previene contra la actitud de las damas y considera que su astucia obliga a los caballeros a andarse con mil ojos.

641. Faldas quitan barbas

De este modo suele expresarse la capacidad de las mujeres para llevar a cabo sus proyectos a pesar de la opinión masculina. Se dice que, habiendo mujeres de por medio, no vale que se diga una cosa u otra, porque siempre se acabará haciendo lo que ellas deseen. Así se da a entender una opinión bastante común: que los hombres dicen y las mujeres hacen, o, como sugiere otro refrán: [641a] El hombre propone y la mujer, dispone.

642. Con la mujer y el dinero, no te burles, compañero

Recomienda seriedad en los tratos con las damas. El refranero considera a la mujer un sujeto muy valioso o muy preciado. En este sentido, aconseja no mantener conversaciones sobre esposas ajenas y, en general, sobre cualquier dama. Hay que recordar que el honor de los hombres se fundaba, antiguamente, sobre la honradez y virtud de las mujeres de su casa: si se mancillaba el honor de una mujer, de palabra u obra, la disputa, el duelo y la reyerta eran seguras.

643. Por dondequiera que fueres, ten de tu parte a las mujeres

Este refrán afirma y constata que el verdadero poder del mundo lo tienen las mujeres. Si un hombre tiene a su favor al público femenino, no habrá quien le haga mal. Recomienda ser favorable a las damas para lograr, a su vez, los favores. Decía uno en un baile que las damas eran el paraíso de los ojos, el infierno de las almas, el purgatorio de las bolsas y el limbo de los pensamientos.

644. El juego, la mujer y el vino sacan al hombre de tino

Señala las tres cosas que desbaratan el juicio y la vida de los caballeros; y entre estos tres asuntos está la mujer. Se hace comparación con el juego y el vino porque como el vino gustan, porque su presencia resulta turbadora y embriagadora; y porque como en el juego se piensa que se gana y siempre se pierde. Del mismo tenor es el siguiente: [644a] Tabaco, vino y mujer, echan al hombre a perder.

645. No hay moza fea ni vieja hermosa

Tal es el pensamiento de los hombres, que buscan siempre la lozanía y la frescura de las jóvenes. El refranero alude también a la idea que las propias mujeres tienen de sí mismas: [645a] No hay moza fea que presumida no sea. Quiere decir que todas las jóvenes quieren aparentar belleza y hermosura, y que no hay ninguna que, por su gusto, se considere fea..

646. En habiendo por medio belleza, raro es el que no tropieza

Hace referencia este refrán a los disgustos y sinsabores que provocan las damas cuando se interponen en el camino de los hombres. La tradición popular suele afirmar que las mujeres desbaratan y trastocan todo, y muy especialmente a los hombres.

647. Mujer de buen palmito, cabeza de chorlito

Se considera que las mujeres hermosas no suelen ser inteligentes. Esta apreciación es común para damas y caballeros. Se interpreta que quien se cuida mucho de su aspecto físico no tiene tiempo para cultivar otras ocupaciones y, desde luego, no tendrá tiempo para trabajar. En términos generales el refranero afirma que inteligencia y hermosura no van unidas: [647a] Talento y belleza todo en una pieza, gran rareza. Por esta razón, ofende mucho a las damas que se diga de ellas que son inteligentes, pues ellas mismas suponen que no serán hermosas cuando un hombre (que sólo se ocupa de la belleza en las mujeres) ha destacado su talento.

648. No es mujer bonita lo que el hombre necesita

La consideración tradicional de que la mujer debe ocuparse de las tareas domésticas mientras el hombre gana el sustento, hace que surjan refranes como este. Sugiere que la belleza no es el principal adorno de las señoras; en cambio, parece indicar que el hombre necesita una mujer laboriosa y sensata para ocuparse de él, de los hijos y de los deberes domésticos.

649. Boca bozosa cría mujer hermosa

Este refrán hace referencia a un gusto antiguo por las mujeres que tenían «bozo», es decir, vello suave y apenas perceptible en el labio superior. Actualmente, este canon estético no está vigente y, en general, los hombres no consideran hermosa a la mujer «bozosica». Los gustos y las modas han variado los modelos estéticos a lo largo de la Historia y lo que en una época se consideraba hermoso, se toma en otra por vulgar y feo. Por ejemplo, en el siglo XIX las damas solían tomar vinagre para aclararse el rostro, de modo que la palidez fuera extrema; nunca tomaban el sol y llegaban a sangrarse para que la blancura de su piel se asemejara a la nieve. Ser morena representaba una falta de clase y de elegancia insufrible, y los caballeros tenían a las morenas por campesinas ignorantes y toscas.

650. El agua y la mujer, a nada han de oler

Consejo de elegancia e higiene. El refranero propone que la mujer debe ser limpia y no encubrir los olores corporales con afeites y aguas perfumadas. Así lo certifica también este otro refrán: [650a] La mujer que no huele a nada, la mejor perfumada. En general, la cultura popular ha desconfiado de los aderezos mujeriles por considerarlos falsos y engañosos.

651. Era novio y no vio, y a ciegas se casó

Juego de palabras con el que se recomienda prudencia y tiento a la hora de escoger esposa. Con este refrán se hace burla del joven que no es capaz de examinar las cualidades de la futura esposa y que, después de casado, se arrepiente al ver que convive con una persona distinta a la que conoció siendo novio.

652. Como a tu suegra ves, verás al cabo a tu mujer

Asegura este refrán que las características físicas y morales de la madre suelen heredarlas las hijas, y por esta razón, se previene al novio para que examine detenidamente a la suegra antes de tomar como esposa a la hija. Respecto a las suegras, es tradicional el poco afecto que los yernos y las nueras profesan a sus madres políticas, aunque este sentimiento es recíproco: [652a] Yerno, sol de invierno: sale tarde y pónese luego. [652b] Tres veces Juan se casó y con tres suegras vivió; si al infierno no fue, aquí lo pasó. [652c] Quien no tiene suegra ni cuñado, es bien casado. Dice Melchor de Santa Cruz que un marido trataba reconciliar a su esposa con su madre, porque no se soportaban. Y con este fin mandó que un pastelero hiciera una tarta con la efigie de la suegra y lo envió a su mujer. La esposa probó la tarta y acabó por decir: «Aun de azúcar, amarga.»

653. Para torear y para casarse, hay que arrimarse

Alude el consejo a las dificultades que plantea este trance para el hombre. Indica, en primer lugar, que el hecho de encontrar esposa es muy complicado y que es necesario actuar con decisión y destreza. En segundo lugar, el refranero supone que para decidirse a dar el paso hacia el altar es necesario asumir grandes riesgos. En este caso, se equipara el matrimonio a la lidia. «Arrimarse» es, en términos taurinos, exponerse a un riesgo extremo.

654. Ir a la guerra y casar, no se han de aconsejar

El refranero utiliza aquí el símil de la guerra para equipararlo al estado del matrimonio. Se consideran, ambas situaciones, muy peligrosas y, por tanto, desaconsejables o no recomendables. Estas exageraciones son muy propias del refranero y siempre remiten a la chanza y la broma.

655. Casar, que bien, que mal

Este refrán recomienda el estado del matrimonio y lo considera natural en el hombre y la mujer. Sin embargo, el refranero suele desaconsejar el casamiento. Considera, el saber popular masculino, que el estado marital es una situación de esclavitud, de humillación y de desamparo. En términos generales, el pensamiento tradicional ve el matrimonio como una pérdida de libertad: [655a] Quien dice casado, dice cazado. [655b] Te casaron, te cazaron. El refranero advierte sobre los casamientos precipitados o poco meditados y avisa que los momentos felices del noviazgo no siempre se extienden al matrimonio: [655c] Casar, casar, suena bien y sabe mal. [655d] Casar, casar, bueno es de mentar y malo de llevar. En otras ocasiones, el ingenio popular juega con las palabras y crea refranes como este: [655e] Casamiento, cansamiento y arrepentimiento en su seguimiento.

656. Si tu mujer quiere que te tires del tejado, ruega que sea bajo

Dicen que en un lugarejo de Castilla la Vieja había un hombre triste y meditabundo. Callado y abismado en sus pensamientos, se le veía ir de un lado para otro, de la era a la plaza, y del huerto a la ribera. Con nadie hablaba, y cuando lo hacía, sólo murmuraba: «Que sea bajo, que sea bajo.» Y con estas palabras se refería al refrán sobrescrito. Quiere decir que la esposa siempre logra sus propósitos y que la opinión y la voluntad del esposo cuenta poco o nada. También advierte que los deseos de la esposa han de cumplirse necesariamente y que el marido ha de conformarse con lo que venga.

657. Hombre casado, burro estropeado

Como tantos otros refranes españoles, éste declara que el hombre se convierte en un ser inútil e incapaz cuando toma esposa. Se refuerza la idea de que la esposa esclaviza al hombre, lo utiliza y, finalmente, lo destruye. Se advierte que el poder y la voluntad del hombre menguan en el estado matrimonial y sus convicciones se reducen a la nada, es decir, se vuelve un «calzonazos». Dicen otros refranes: [657a] Quien se casa, mal lo pasa. [657b] El que se casa, por todo pasa. [657c] Si ves a un hombre cargado, no preguntes si está casado.

658. Si no casta, al menos cauta

Mediante este refrán se expresa la resignación del marido ante las infidelidades de su mujer. Se sugiere que, ya que no pueden evitarse los cuernos, al menos no sea público que el marido es un cornudo. De acuerdo con las normas sociales, tan importante es la realidad como la apariencia. De modo que puede ser muy amargo para un hombre que su esposa tenga un amante, pero será aún más penoso si la situación es conocida de todo el mundo. Por esta razón, cierto emperador romano dijo que «la mujer del César no sólo debe ser honesta, además debe parecerlo». En cualquier caso, se admite que la incontinencia sexual tanto en hombres como en mujeres es imposible de dominar y que no hay modo de evitar que ciertas personas se sujeten a las costumbres sexuales comunes: [658a] Cabra que tira al monte, no hay cabrero que la guarde. Se utiliza la comparación con la cabra porque este animal tiene fama de ser muy promiscuo, y así lo asegura una canción cuartelera.

659. Mujer compuesta, quita al marido de otra puerta

Asegura este refrán que la esposa debe cuidar su aspecto físico para evitar las tentaciones del marido respecto a otras mujeres. Tradicionalmente se aseguraba que la mujer descuidaba su hermosura cuando se convertía en esposa: [659a] La novia, delgada y limpia, que gorda y sucia, ella se hará. También puede entenderse que las esposas no deben acicalarse mucho, porque invitan a otros maridos, y esto, como puede comprenderse, es el comienzo de malentendidos y disputas.

660. EL HERMANO QUIERE A LA HERMANA, EL MARIDO A LA MUJER SANA

Recuerda la principal condición que ha de tener la esposa. Se recomienda escoger una moza saludable y laboriosa, que colabore en las tareas domésticas y pueda engendrar numerosa prole. Los hijos eran una comprobación de la fortaleza y vigor de las parejas, de su cariño y de la estabilidad del matrimonio. A las mujeres que no podían tener descendencia se las nombraba con nombres humillantes. De los hombres que no procreaban se decía que «no valían». Era el caso de una mujer que había tenido dos hijos con sus amantes, pero ninguno de su marido. En cierta ocasión, esta señora dijo que su esposo era una persona amable y cordial, que sabía leer y contar, y que para ser perfecto sólo necesitaba aprender a «multiplicar».

661. EL CABALLO Y LA MUJER NO SE HAN DE CEDER

También se dice: [661a] MUJER, CABALLO Y ESCOPETA, NO SE PRESTAN. Alude a la importancia y privacidad de estas tres posesiones. La sociedad tradicional consideraba a la mujer como un objeto en propiedad, hecho que ha quedado consignado en la lengua: se dice «*mi* mujer», «*tener* esposa» o «ser la esposa *de* alguien». Por esta razón, el refranero equipara otros objetos a la moza con quien se contrae matrimonio. También se sugiere que los objetos muy queridos o que se utilizan con fines muy personales no deben cederse o prestarse.

662. DOS QUE DUERMEN EN EL MISMO COLCHÓN, SE VUELVEN DE LA MISMA OPINIÓN

Una variante de este refrán dice así: [662a] LOS QUE DUERMEN EN EL MISMO COLCHÓN, SON DE LA MISMA OPINIÓN. Significa que los intereses de los esposos vienen a ser los mismos y que, marido y mujer, suelen tener las mismas conveniencias. Mediante este refrán se aconseja no inmiscuirse en los asuntos privados de las parejas. También se recomienda no promover disputas entre esposos, porque, finalmente, ellos forman una sola opinión y caminan juntos en pos de los mismos objetivos. Las aparentes disputas entre marido y mujer se solventan más fácilmente de lo que se pueda imaginar y pretender enturbiar una relación matrimonial suele tener consecuencias desastrosas para el que interfiere en el matrimonio. Así lo confirma el siguiente refrán: [662b] CONYUGALES DESAZONES, ARRÉGLANLAS LOS COLCHONES.

663. DE UNAS BODAS NACEN OTRAS

Afirmación que se verificaba siempre en las comunidades rurales, en los pueblos y aldeas. Las bodas eran actos sociales en los que participaba la práctica totalidad de los habitantes. Eran un lugar de encuentro entre mozos y mozas que no se conocían o que vivían en aldeas vecinas. Las relaciones amorosas y los primeros escarceos surgían en estas fiestas que, en ocasiones, duraban varios días. El tradicional lanzamiento del ramo de flores de la novia supone que la moza que lo alcance se casará en el curso del año siguiente.

664. QUIEN MAL CASA, TARDE ENVIUDA

Alude a la pesadumbre del malcasado o la malcasada. Como todos los males nos parecen muy duraderos, el matrimonio desafortunado se convierte en algo eterno y nunca se ve llegar la hora de enviudar. Las esposas mal maridadas suelen decir: [664a] QUIEN MAL MARIDO TIENE, NUNCA SE LE MUERE. Hasta bien entrado el siglo XX era frecuente «arreglar» bodas, es decir, formar matrimonios de conveniencia (generalmente conveniencia económica). Y, aunque siempre han existido los matrimonios «por amor», la costumbre de casar mozos y mozas de acuerdo con los intereses materiales ha existido a lo largo de toda la Historia. En el siglo pasado, por ejemplo, en la sociedad victoriana inglesa, era impensable un desposorio en el que no se tuvieran en cuenta las necesidades económicas de las familias. Se firmaban unos documentos, llamados capitulaciones, en los que se establecían claramente las cláusulas del contrato matrimonial. A medida que se retrocede en la Historia se encuentran más ejemplos de estos enlaces «de conveniencia». En la Edad Media surgió una tradición poética popular bien curiosa: las mozas lamentaban el marido que les había tocado en suerte o se negaban a aceptar el marido que las familias le recomendaban. Se llaman las canciones de las «mal maridadas» o «malcasadas». He aquí varios ejemplos:

Desde niña me casaron
por amores que no amé:
mal casadita me llamaré.

La bella mal maridada,
de las más lindas que vi,
si habéis de tomar amores,
vida, no me dejéis a mí.

Queredme bien, caballero,
casada soy, aunque no quiero.

665. **LA VIUDA HERMOSA Y RICA, CON UN OJO LLORA Y CON EL OTRO REPICA**

Sugiere que las viudas jóvenes que heredan los bienes del marido fingen lamentar el fallecimiento de su esposo y esperan encontrar amante más conforme a su gusto que el que tuvo por obligación o por error. Las herencias de los maridos muertos eran también un atractivo reclamo para los mozos bien parecidos y escasos de fortuna: [665a] MARIDO MUERTO, SIETE EN PUERTA.

666. **MÁS TIRAN DOS TETAS QUE DOS PARES DE CARRETAS**

Alude a la atracción que las mujeres ejercen en el hombre. También sugiere que, gracias a los encantos femeninos, los hombres se esfuerzan en cumplir los deseos de las damas. Se comprende que los varones reniegan de todas sus obligaciones si existe la posibilidad de trabar amor con una mujer. El poder de sus encantos se considera irresistible. Existen muchas variantes de este refrán: he aquí unos ejemplos. [666a] MÁS TIRA UN PAR DE TETAS QUE DOS PARES DE CARRETAS. [666b] MÁS TIRAN TETAS QUE SOGAS NI CARRETAS. [666c] MÁS TIRA MOZA QUE SOGA. [666d] MÁS TIRAN NALGAS EN LECHO QUE BUEYES EN BARBECHO.

667. **TETA, LA QUE EN LA MANO QUEPA; Y TETA QUE LA MANO NO CUBRE, NO ES TETA, SINO UBRE**

El presente refrán hace referencia a las características físicas de la mujer y expresa un gusto común en el siglo XIX. Los cánones de belleza han variado con mucha frecuencia a lo largo de la Historia y no es posible definir físicamente la belleza femenina ideal. Las imágenes contribuyen de modo decisivo a imponer determinados gustos, pero tienen un carácter general, no individual. Las estatuas clásicas, (Victorias, Venus, etc.) se diferencian mucho de la imaginería medieval. En el renacimiento y el barroco se aprecian sustanciales diferencias entre la *Venus* de Botticelli y las *Gracias* de Rubens. La belleza romántica en la mujer es muy distinta a la de los alegres años veinte. En el siglo XX, la industria cinematográfica ha creado modelos tan distintos como Greta Garbo, Rita Hayworth, Marilyn Monroe, Elizabeth Taylor, Vivien Leigh, Audrey Hepburn, Brigitte Bardot, etc. Todas las actrices nombradas y muchas otras han enamorado al público por su belleza y su talento, han impuesto modas en el peinado y en el vestuario, en los gestos, en las actitudes, pero ninguno de sus rasgos físicos ha permanecido inalterable como modelo estético femenino, pues éste varía constantemente.

668. Una vez al día, es porquería; una vez a la semana, cosa sana; una vez al mes, poco es

Se refiere a la periodicidad con que se deben establecer los encuentros sexuales. Otro refrán moderno señala el sábado como el día señalado para fomentar las relaciones personales: [668a] Sábado, sabadete, camisa nueva y polvete. Hace referencia a la vieja costumbre de lavarse y cambiarse de ropa sólo los sábados. La posibilidad del descanso dominical sugería también la oportunidad de dedicar un tiempo a las relaciones íntimas.

669. Holgad, gallinas, que el gallo está en las vendimias

De este modo se describía la alegría y la fiesta que reinaba entre las mujeres de los pueblos cuando el marido no se hallaba presente. En términos generales, el refrán alude a la relajación de costumbres y la falta de trabajo cuando un superior o el dueño se encuentra ausente. También se remite a la posibilidad que tienen las damas en esta situación para hacer lo que les venga en gana, especialmente para verse con sus amigos y amantes.

670. Cada gallo canta en su gallinero, y el bueno en el suyo y en el ajeno

Este refrán sugiere que cada cual es dueño de su casa y de su labor, pero afirma que los más avispados serán también señores de las casas ajenas y de intereses ajenos. En términos amorosos, el refranero propone aquí que los encantos masculinos, la galantería y la actividad sexual pueden garantizar el éxito completo en los asuntos propios y en los extraños.

671. Haya cebo en el palomar, que palomas no faltarán

Propone que para seducir o atraer a las damas es necesario ofrecer bienes materiales. Alude al egoísmo de las señoritas que no entablan relaciones si no se les recompensa con dinero o con otros favores. En los mismos términos se expresa el siguiente refrán: [661a] Sin bolsa llena, ni rubia ni morena.

672. Rubias y morenas sacan al hombre de penas

Señala que las damas son el mejor consuelo en la desgracia. Y, muy especialmente, si las penas son de amor. Aconseja la diversión, la jarana y la fiesta para olvidar la tristeza y recomienda el trato con jóvenes señoritas.

673. Sigamos solteros, que con las casadas nos apañaremos

Preguntaba un amigo a otro si tenía intención de casarse. Y se le contestó lo siguiente: «¿Para qué? Las mujeres casadas, a los seis meses son feas para los maridos y hermosas para los demás». Tanto el refrán como la anécdota sugieren que las esposas son abandonadas por sus maridos a los pocos meses del matrimonio y que la necesidad o el gusto las empujan a buscar amantes. De modo que, no siendo contentadas por sus maridos, resultaría muy fácil y cómodo entablar amores con las casadas. En el siglo XIX francés estaba aceptado socialmente que la esposa tuviera un amante, generalmente pobre, a quien proveía de todo lo necesario y a quien invitaba a cenar a casa. Eran habituales las reuniones y las fiestas donde asistían los esposos con sus respectivos amantes, y ello no resultaba escandaloso en absoluto. Puesto que, en ocasiones, el matrimonio era un contrato mercantil que sólo afectaba a las finanzas, el amor debía buscarse en otros lugares. Este ambiente se describe de modo maravilloso en toda la narrativa francesa del siglo XIX. Dos ejemplos excepcionales son *Papá Goriot* (1835) de Honoré de Balzac (1799-1821), y *Naná* (1880) de Émile Zola (1840-1902).

A propósito de las necesidades sexuales femeninas y de la incapacidad del hombre para contentarlas, existe un gracioso proverbio que reza: [673a] Mucho verde, mucho verde, y el conejo muerto de hambre. Esto mismo decía, con otras palabras, la joven y hermosa mujer del viejo Cañizares. Era este hombre un cascarrabias rico, celoso e impotente que, por darse el gusto, tomó por esposa a la joven Lorenza. Decía esta mientras lamentaba su suerte: «¿De qué me sirve a mí todo aquesto, si en mitad de la riqueza estoy pobre, y en medio de la abundancia con hambre?» Pertenece a Miguel de Cervantes, *El viejo celoso*, entremés.

674. Por el beso empieza eso

Indica que el acto sexual comienza con las caricias y los besos. Las jóvenes suelen disculpar los besos de sus enamorados y sus madres les contestan con este refrán. Así advierten de los peligros que suponen actos precipitados e irresponsables y se recomienda la paciencia o la inteligencia.

675. **Lo que se han de comer los gusanos, que lo disfruten los cristianos**

De este modo se expresa la voluntad de divertirse y entregarse a la jarana. Se sugiere que es necesario aprovechar la juventud y la lozanía para gozar de los placeres sensuales. Este refrán prescinde de cualquier valoración moral o religiosa y aconseja disfrutar de los años juveniles antes de que las arrugas, las canas y los dolores limiten la actividad amorosa.

676. **La que de treinta no tiene novio, tiene un humor de demonio**

Este refrán constata el malísimo talante de las que se han quedado «para vestir santos». Por no tener pretendientes, por no tener quien les diga lindezas, por no tener quien las ame, por no tener quien las contente o por no tener quien las quiera para esposas, lo cierto es que el saber popular afirma que estas mujeres están hechas unas furias.

677. **La primavera, la sangre altera**

Constata una verdad científicamente comprobada: y es que la primavera revitaliza la sangre, la purifica y potencia el organismo de los hombres. El refranero, sin embargo, no se refiere a cuestiones médicas. El saber popular se remite a la experiencia práctica: los aldeanos comprueban cada año, en primavera, la explosión de vida en los campos, la actividad procreadora de los animales, el nacimiento de flores y frutos, la algarabía de los pájaros, etc. Esta frenética invasión de movimiento y alegría afecta también al hombre: se muestra vital y contento, las mozas se sonrojan con los primeros rayos de sol, comienzan las fiestas y las romerías, y todo brilla y florece en un paisaje rebosante de vida. A esto se refiere el refrán: a los amores nuevos y a los nuevos amantes.

678. **Quien de mozo no corre su caballo, lo corre de casado**

Se recrimina o reconviene la descabellada actitud de los casados o de los viejos cuando actúan como jóvenes, provocando la burla y la risa. El refranero recomienda siempre obrar conforme a la edad y conforme al estado correspondiente para evitar el ridículo y la mofa. El saber popular se ríe del viejo que persigue mozas o de la anciana que se disfraza de damisela. Otros refranes relativos a este tema son: [678a] Viejo amador, invierno con flor. [678b] A la vejez, viruelas. [678c] Quien de mozo no trota, de viejo galopa. [678d] Quien no la corre de joven, la corre de viejo.

679. CABEZA LOCA, NO QUIERE TOCA

Este refrán señala que las jóvenes no están dispuestas a someterse a graves disciplinas por gusto. Y, concretamente, que no suelen desear entrar a formar parte de un claustro de monjas.

680. EL FRAILE, MAL PARECE EN EL BAILE; Y SI ES BAILADOR, PEOR

Por su autoridad moral, no parece conveniente que los frailes anden enredados en fiestas y algarabías. A este tipo de frailongos bailones, bebedores y zampabollos se les llama «bigardos». Llamar «bigardo» a un fraile es injurioso y ofensivo. Los bigardos fueron monjes herejes de la orden de san Francisco. También se llamaban «tercerones» o frailes de vida pobre. A su cabeza estuvo un tal Pedro Juan, cuando era Papa Juan XXII, en torno al año 1314. Esta orden bigarda se formó en Francia, entre Toulouse y Narbonne. Se dice que vivían con más libertad de la que conviene en una orden religiosa. De las historias que se contaban de estos bigardos tomó algunas nuestro Juan Ruiz, el Arcipreste de Hita, para hacer burlas y veras en su *Libro de buen amor.*

IRA

Con esta palabra se denomina el enfado violento y agresivo, en el cual suele perderse el dominio de uno mismo y se cometen violencias de palabra u obra contra otras personas. En la recopilación que se ofrece a continuación, se da cuenta de los refranes en los que se recomiendan o se reprenden las agresiones. Sentimientos de cólera, furia, venganza u odio están representados en los siguientes ejemplos. En ocasiones, el refranero utiliza la violencia como escarmiento, enseñanza o previsión de males mayores.

El sentido de la furia lo aprendió el hombre de los elementos naturales, los cuales fueron vistos siempre con asombro y temor. Estos daños violentísimos de la Naturaleza se achacaron indistintamente a los dioses paganos o a los dioses de las religiones monoteístas. Antiguamente solía exclamarse «¡Ira de Dios!» para expresar el mayor enfado posible. El diluvio universal, las plagas de Egipto o los rayos y truenos al pie del Sinaí, eran efectos de la ira del cielo, mediante la cual Yaveh castigaba los pecados y liviandades del pueblo hebreo o de aquellos que le ofendían. Dicen los Salmos: «Nosotros perecemos en tu enojo, en tu furor nos consumimos, al poner tú nuestras culpas a la vista, nuestros secretos a la luz de tu presencia. Nuestros días se van todos, en tu enojo fenecemos, nuestros años son lo mismo que un suspiro».

El refranero no es tan drástico. Los palos, los golpes y algún molondrón sólo se utilizan para reconvenir o para modificar la conducta de quien ha obrado mal. Se ordenan estos refranes siguiendo la siguiente estructura: violencia gratuita, modificación de hábitos y enseñanza, odio y venganza, recelos familiares y refranes contra la ira.

681. CON RAZÓN O SIN ELLA, ¡LEÑA!

Recomienda utilizar la violencia en todos los casos y en todas las ocasiones. Parece sugerir que estas maneras expeditivas de comunicación refuerzan la autoridad y mantienen el orden. Aterrorizar y amedrentar a los inferiores o subordinados por medio de golpes se concibe, según este refrán, como un medio fantástico para asegurar la prepotencia.

682. **A la primera, perdón; a la segunda, con el bastón**

Un tanto más piadoso es el presente refrán: propone perdonar el primer error o la primera fechoría, pero aconseja ser implacables y rígidos en la segunda falta. En términos generales, el refranero no suele confiar en la recuperación moral o intelectual de las personas. De modo que cuando se comete un yerro en las relaciones sociales, se sugiere la enseñanza a palos. La reconvención o el aviso son conceptos modernos: en tiempos pasados, el único medio bueno para corregir defectos era, al parecer, el palo.

683. **El hombre es bicho malo: menos obedece a la razón que al palo**

En lo que toca a la naturaleza humana, las dos corrientes filosóficas más importantes del siglo XVIII exponían dos teorías completamente distintas: la primera aseguraba que el hombre era bueno por naturaleza, que la sociedad pervertía esos instintos bondadosos y creaba un ser agresivo y violento. Esta tendencia la encarna tradicionalmente el pensamiento de Jean Jacques Rousseau (1712-1778). La segunda teoría afirmaba que el hombre era un ser feroz, incluso para su propia especie y que, además, no había forma de reconducirlo sino en la sociedad. Esta segunda teoría se refleja en el proverbio latino [683a] *Homo homini lupus*, esto es: [683b] El hombre es un lobo para el hombre, y fue popularizada, en esa época, por Voltaire (1694-1778). Pues bien, el refrán parece haberse inclinado por la opinión de Voltaire y, además, sugiere que el hombre sólo admite un método de enseñanza: la violencia y la agresión.

684. **No hay razón como la del bastón**

Al igual que en los ejemplos anteriores, en éste se ensalzan las virtudes de la madera para corregir, instruir o educar.

685. **Si de nada sirve el palo, malo, malo**

El refrán propone ejercitar la vara para corregir los defectos de las personas. Este modelo pedagógico está hoy en desuso y habitualmente se considera que las personas pueden entender los razonamientos sin necesidad de que se les maltrate. El refrán, además, sugiere que las personas desordenadas que no se enderezan a fuerza de golpes, acaban siendo peores o no tienen solución. Las antiguas legislaciones castigaban los delitos a estacazos, a latigazos, con mutilaciones, o en la horca. Las leyes modernas heredadas del Siglo de las Luces proponen corregir y convencer, más que apalear.

686. La letra con sangre entra

Algunos autores suponen que este refrán hace alusión a la dificultad que requiere el estudio y el aprendizaje. Pero el uso habitual es bien distinto: se dice este refrán cuando se quiere enseñar a los jóvenes a fuerza de palos. También, como en los ejemplos anteriores, se usa para corregir conductas o castigar actos no consentidos. La moderna pedagogía entiende, sin embargo, que los niños y los jóvenes pueden comprender perfectamente las palabras y los razonamientos, y que no es necesario maltratar a un rapaz para que aprenda las cosas.

687. A la mujer y a la burra, ¡zurra!

En algunos lugares se completa este violento refrán del siguiente modo: [687a] A la mujer y a la burra, ¡zurra!, y si es sorda, mejor: así no oye los golpes. Y dice otro: [687b] El asno y la mujer, a palos se han de vencer. La historia de la humanidad no ha sido muy condescendiente con las mujeres. Habitualmente han sido consideradas objetos en propiedad del hombre, o sirvientas, o material sexual. Ante la general violencia con que han sido tratadas, se dice que las damas han desarrollado un especial instinto para defenderse, a fuerza de inteligencia y abnegación. Es cierto, sin embargo, que los poetas de todos los tiempos han hecho alabanza de las féminas y que han escrito poesías y novelas pensando en agradarlas. Un refrán español señala la hipocresía masculina en este campo: [687c] Cuando os pedimos, dueña os decimos; cuando os tenemos, como queremos. Porque sólo se estima a la mujer mientras no se posee, dice el refrán. El desprecio y la violencia con que han sido tratadas se resume en este lamentable proverbio chino: [687d] Cuando vuelvas a casa, pega a tu mujer; si tú no sabes por qué, ella sí. Si en el mundo occidental la mujer ha significado muy poco, en el mundo árabe y en el mundo oriental se consideraba una desgracia tener hijas. Finalmente, las religiones del mundo han llegado a la conclusión de que las mujeres tienen alma e inteligencia. En algunos países, incluso participan en ciertas actividades sociales.

688. Ave de paso, cañazo

Recomienda desconfiar de los viajeros y de los forasteros, y sugiere emplearse agresivamente con ellos. La tradición popular no favorece la presencia de extranjeros en los pueblos y las aldeas: la proverbial desconfianza castellana consideraba que los viajantes sólo pretendían aprovecharse de la ignorancia del pueblo, o engañar a las mozas, o estafar a los lugareños. Por estas razones, entre otras, se aconseja atizar al transeúnte.

689. La coz de la yegua no hace mal al potro

Mediante este poético proverbio se dice que las agresiones paternas no hacen daño a los hijos. En términos generales, significa que los daños causados por quien tiene la obligación de proteger, son necesarios e incluso resultan beneficiosos. Una conocidísima sentencia española se explica en el mismo sentido: [689a] Quien bien te quiere te hará llorar. Significa que las enseñanzas y las correcciones impuestas por los seres queridos pueden resultar muy dolorosas pero, finalmente, surten efecto y de ello se deriva un beneficio.

690. Al ingrato, con la punta del zapato

Recomienda el refranero, en esta ocasión, despreciar e ignorar a los desagradecidos. Se puede entender, además, que el saber popular aconseja severidad con las personas ingratas o traidoras.

691. Recibido el daño, tapar el caño

El «caño» es la fuente pública. Habitualmente, se trata de un manantial y, por tanto, todos los vecinos tienen derecho a beneficiarse de estas aguas. En los pueblos es común tener un pozo, pero estos pozos no siempre tienen agua potable, de modo que los lugareños se ven obligados a desplazarse hasta los caños para recoger agua en garrafas o en herradas. En fin, es necesario decir que, como todos los lugares públicos, los caños, las fuentes o los lavaderos eran lugares de reunión y tertulia. El refrán puede interpretarse de dos modos distintos: en primer lugar, significa que, una vez ejecutado el mal, es inútil poner remedio. En segundo lugar, expresa la necesidad de no mantener relaciones o seguir beneficiando a quien se ha esforzado en perjudicarnos.

692. Casa reñida, casa regida

Sugiere este refrán que la autoridad debe manifestarse siempre con el fin de evitar todo tipo de disputas y problemas. El refrán se refiere a un hogar y, en ese caso, recomienda que el dueño de la casa sea severo y rígido. Este es, según la teoría popular, el medio más eficaz para mantener una casa ordenada y dispuesta. No existe una referencia directa a los criados y sirvientes, pero es muy natural que las riñas vayan dirigidas tanto a la servidumbre como a las mujeres y niños de la casa. Como ocurre con todos los refranes, el significado puede extrapolarse a otros muchos ámbitos: los negocios, el trabajo, las relaciones personales, etc. Recomienda por tanto que quien debe ejercer la autoridad, la ejerza efectivamente.

693. El que a hierro mata, a hierro muere

Dice el evangelio de san Mateo que cuando fueron a prender a Jesucristo en el Monte de los Olivos, llamado Getsemaní, vino Judas con gran tropel de gente, con el fin de arrestar al Nazareno. Uno de los apóstoles sacó entonces una espada y enfrentándose con el criado del Sumo Sacerdote, le rebanó una oreja. Entonces Jesús alargó la mano y dijo: «Vuelve tu espada a su sitio; porque todos los que empuñan espada, a espada morirán» (*Mat.*, 26; 52). Juan, en su evangelio, señala que fue Pedro quien le cortó la oreja al criado del Sumo Sacerdote. El criado, para más señas, se llamaba Malco. Este incidente tuvo un final feliz para el pobre Malco, el desorejado, porque Jesús tocó su herida y la oreja le fue reintegrada.

Este es el origen del proverbio arriba enunciado. Significa que los daños que se hacen a otras personas, se volverán contra el agresor. Y, en definitiva, apela a la justicia divina para que los violentos reciban el mismo trato que ellos han dado a los inocentes.

694. Donde las dan, las toman

Se usa este refrán para expresar la satisfacción ante una persona que recibe el mismo daño que él ha hecho a otros. Se expresa ante casos graves, como cuando uno perjudica seriamente a otro y éste se venga perjudicándolo en los mismos términos. Pero es más habitual oír este refrán en boca del vengador de bromas o afrentas veniales. También es común ver sonreír maliciosamente a quien lo dice.

695. A secreto agravio, secreta venganza

Este es también el título de un drama de Calderón de la Barca (1600-1681). Un relato italiano le sirvió de modelo a nuestro autor para desenvolver la trágica historia de una familia envuelta en un laberinto de amor, celos, honor y venganza. El drama expresa el problema de ejecutar una venganza de honor. Puesto que el honor (de la esposa) es lo que está en juego, es también muy necesario que nadie conozca la humillante situación del esposo; y por tanto es obligado vengarse en secreto o sin darlo a conocer al pueblo. La sentencia señala también esta necesidad: las afrentas y los daños que se nos hacen con nocturnidad y alevosía, debemos vengarlos del mismo modo.

696. Quien siembra odio, recoge venganza

Este proverbio expresa las consecuencias de una actitud ofensiva hacia los demás. Las personas que se esfuerzan en injuriar o maltratar a otras, acabarán siendo víctimas de la repugnancia y la inquina de los afrentados. En este sentido puede utilizarse también: [696a] Quien siembra vientos, recoge tempestades. Ambos proverbios aluden a las resultas de un comportamiento malvado.

697. Una buena acción se olvida; una mala, nunca en la vida

Señala que, del mismo modo que el hombre se muestra olvidadizo y desagradecido con quien le beneficia, de igual manera graba en su alma los desprecios, las burlas, las maldades y las injurias que ha sufrido. Un individuo puede olvidar que se le han entregado unas monedas, pero jamás se le despintará el desprecio con que se las dieron. La venganza y el resentimiento son las consecuencias naturales de la injuria y la maldad. El refrán pone sobre aviso a los que creen que una mala acción puede olvidarse con el tiempo: [697a] Quien recibe un bien lo escribe en la arena; quien recibe un mal, lo graba en la piedra. [697b] Quien hace agravios, escríbelos en agua; quien los recibe, en el corazón los graba. Este último refrán expresa la facilidad con que excusamos o disminuimos las afrentas que hacemos a otras personas, pero advierte que el odio, el resentimiento y la venganza nos acecharán para siempre. «La venganza es un plato que se sirve frío», dicen los americanos. Y esto es porque la venganza no necesita del acaloramiento del instante, sino que se disfruta imaginando el mal que se desea hacer y se goza pensando en el daño que se quiere producir. Por eso dice un refrán español: [697c] QUIEN INJURIA QUIERE VENGAR, EL TIEMPO HA DE AGUARDAR.

698. ARRIERITOS SOMOS Y EN EL CAMINO NOS ENCONTRAREMOS

Con esta expresión proverbial se recuerda al prójimo que existe un deseo de vengarse pero, al mismo tiempo, se le indica que la venganza no corre prisa. Cuando se recibe una ofensa y se dice este proverbio, se está indicando que el tiempo hará que los dos individuos vuelvan a encontrarse, tal vez en otras circunstancias, y entonces se consumará la venganza. Quien enuncia este proverbio demuestra tener tanta paciencia como resentimiento y no pierde la esperanza de devolver el mal que se le ha hecho. Los arrieros eran las personas que trajinaban con mulas, burros o caballos. Cuando la sentencia dice «arrieritos somos», quiere expresar que todos somos iguales y que todos vamos por el mismo camino de la vida y, por lo tanto, acabaremos por toparnos el uno con el otro.

699. SE PIERDEN LOS DIENTES, NO LAS MIENTES

Significa que, aunque nos hagamos viejos, no perdemos nuestro carácter. Se suele expresar cuando una persona crece y madura y, en apariencia, cambia de modo de ser. Así se da a entender que quien era malvado antes, lo seguirá siendo aunque crezca y cambie de estado. Con este refrán se avisa contra las falsas apariencias y los falsos arrepentimientos.

700. QUIEN HACE MAL, ESPERE OTRO TAL

El pensamiento popular sugiere que los daños no quedan impunes: siempre está pendiente la posibilidad de la venganza divina o humana. Recuerda que los perjuicios sobre otras personas ni se olvidan ni se perdonan.

701. DOS GALLOS EN EL CORRAL SE LLEVAN MAL

Este refrán indica las tristes consecuencias de una autoridad mal definida o dividida. La referencia al «gallo» suele significar el dueño de una casa o el amo de un negocio; el corral, por supuesto, es el lugar o el negocio que el amo domina. De modo que una casa con dos señores se convertirá en un infierno, porque cada uno de ellos querrá hacer las cosas a su gusto y, finalmente, habrá disputa. En términos generales, el refranero aconseja una autoridad individual y segura en todos los ámbitos de la vida social.

702. Casa mal avenida, pronto es vendida

Recuerda que las disputas domésticas acaban en los juzgados y en las empresas inmobiliarias. Porque las parejas en continua riña terminan por separarse y abandonarse mutuamente dejando el hogar en el que convivieron. Puede entenderse también en relación con los socios de un negocio o con cualquier otra asociación.

En un entremés de Miguel de Cervantes titulado *El juez de los divorcios*, se presentan un hombre y una mujer. Ambos dicen querer divorciarse y estar muy descontentos del otro. Dice la mujer: «Porque no puedo sufrir sus impertinencias, ni estar contino atenta a curar todas sus enfermedades, que son sin número; y no me criaron a mí mis padres para ser hospitalera ni enfermera. Muy buen dote llevé al poder desta espuerta de huesos, que me tiene consumidos los días de mi vida; cuando entré en su poder me relumbraba la cara como un espejo, y agora la tengo con una vara de frisa encima (*arrugada y triste*). Vuesa merced, señor juez, me descase, si no quiere que me ahorque; mire, mire los surcos que tengo por este rostro, de las lágrimas que derramo cada día, por verme casada con esta anatomía.» Su esposo también estaba muy harto: «Veinte y dos años ha que vivo con ella mártir, sin haber sido jamás confesor de sus insolencias, de sus voces y de sus fantasías, y ya va para dos años que cada día me va dando vaivenes y empujones hacia la sepultura, a cuyas voces me tiene medio sordo, y a puro reñir, sin juicio.» La resolución del juicio habrá de verse leyendo la obra de Cervantes.

703. Criados, enemigos pagados

Según este refrán los criados son los enemigos naturales de los amos, y además, es necesario pagarles. De modo que el saber popular entiende que tener criados supone una doble desgracia: perder dinero para pagar a quien, de suyo, es un enemigo. Durante la Edad Media, los criados pertenecían a la casa, como los animales, los muebles u otros objetos. De modo que no era necesario pagarles un sueldo. A partir del siglo XIV, la prosperidad de las ciudades creó una oferta de criados enorme, de modo que estas personas se consideraban libres y podían servir a un amo o a otro dependiendo del sueldo y del trabajo. (La palabra «amo», sin embargo, se ha seguido utilizando en España hasta bien entrado el siglo XX, con el significado de «dueño o propietario».) El paso de una sociedad medieval rural a una sociedad urbana renacentista lo muestra a la perfección Fernando de Rojas (h. 1470-1541) en su *Tragicomedia de Calisto y Melibea,*(*La Celestina*) (1499). Sempronio, un criado desvergonzado dice ante los problemas amorosos de su amo: «¿Qué dices de sirvientes? Parece por tu razón que nos puede venir a nosotros algún daño de este negocio y quemarnos con las centellas que resultan de este fuego de Calisto. ¡Al diablo daría yo sus amores! Al primer desconcierto que vea en este negocio, no como más su pan.»

704. La gente de Malpartida, poca y mal avenida

Juega el refranero con el nombre del pueblo para dar a entender la enemistad de sus gentes y las continuas disputas en las que se enzarzan. Se utiliza este refrán para recriminar la actitud intolerante y poco pacífica de un grupo pequeño de personas. Este tipo de situación suele ser muy penoso y causa la burla de los demás, porque se entienden las disputas cuando el número de gentes es excesivo, pero se considera ridículo que pocas personas se apaleen entre sí, cuando se necesitan unas a otras.

705. Un agravio consentido, otro venido

Recomienda no perdonar ni consentir las ofensas o los daños que nos hacen, con el fin de que no se repitan. En el mismo sentido debe entenderse la variante: [705a] Agravio consentido, otro sufrido.

706. Burla con daño, no dura un año

Indica que la mofa continua y desagradable es molesta y suele terminar en llanto o en disputa; porque las bromas «pesadas» cansan, hartan y enojan, y, por tanto, acaban en enfado y riña. Otras expresiones semejantes son: [706a] Bromas, las justas. [706b] Bromitas, poquitas. [706c] Con las cosas de comer no se juega. En este último caso «las cosas de comer» son las cosas importantes o las que deben tratarse con seriedad, respeto o cuidado.

707. No te digo que te vayas, pero ahí tienes la puerta

Con esta expresión suele quejarse quien se ha visto ofendido porque le han sugerido, más o menos explícitamente, que se vaya con viento fresco. La cultura popular española considera ofensivas las despedidas destempladas o la falta de hospitalidad. También puede entenderse que se hace todo lo posible para que otra persona se marche o abandone su tarea, porque molesta o por cualquier otra razón. Dicen en Castilla que un jornalero fue despedido y que este hecho le pareció tan injusto que visitó a su amo para pedirle explicaciones. El amo le dijo que estaba harto de sus protestas: «De modo que, ya lo sabes: ahora te coges la manta al hombro y te vas por el camino a tu casa.» A lo que el enojado labrador, no sabiendo cómo molestar a su amo, contestó: «¿Esas tenemos? Pues sepa el amo que me voy con la manta a rastras y a trochamonte por las tierras.»

708. Quien amenaza a su enemigo, no las tiene todas consigo

Sugiere que la fanfarronería es una señal de cobardía y que la sensatez recomienda no amenazar a los contrarios, porque de este modo pueden prevenirse. El refranero aconseja no amenazar, sino actuar; especialmente con los verdaderos enemigos. Cuando una persona amaga y no da, es porque tiene miedo al enfrentamiento. En un libro muy viejo se cuenta la historia de un vizcaíno fanfarrón: dice que se encontró en un camino con cinco bandidos, y que éstos amenazaban con apalearlo y robarle cuanto tuviera. «Mirad lo que hacéis», dijo, «porque os echaré tan alto que más sentiréis el hambre que la caída». A pesar de su amenaza, lo apalearon y le robaron. Llegó el vizcaíno a su casa ensangrentado, molido, con las ropas rasgadas y con la boina (en vasco, «txapela») en la mano. Su hijo exclamó al verlo: «Padre, ¿qué os ha pasado? ¡Si sólo la txapela os han dejado!» A lo que el vizcaíno contestó: «¡Menudo es tu padre! ¡Como para dejarse quitar la boina!»

709. Obra de villano, tirar la piedra y esconder la mano

Se recrimina la actitud cobarde de acusar y no declararse acusador. Da a entender que una persona que acusa o reta debe dar la cara, es decir, debe comprometerse a asumir las consecuencias de sus actos o palabras. En términos generales, parece indicar que es una acción vil y rastrera la de hacer daño sin declararse autor del hecho. En el mismo sentido, se acusa de cobardía o traición a quien ejecuta este tipo de acciones.

710. Quien hace malas, barrunta largas

Advierte a los malvados de las consecuencias de sus actos. Porque quien hace el mal debe esperar otro tanto a largo plazo. La venganza llegará con el tiempo. Barruntar es «temer, prever o presentir alguna cosa».

711. BOCA DE VERDADES, CIEN ENEMISTADES

Señala que el mejor medio para lograr enemigos y para conseguir que los amigos se molesten es decirles la verdad, puesto que la verdad es, en ocasiones, muy molesta; especialmente cuando se recriminan actitudes o pensamientos. [711a] LA VERDAD DUELE, DICE UN PROVERBIO. Y por esta razón las gentes honestas tienen pocos pero buenos amigos, mientras que los zalameros tienen muchos y malos.

712. A CUENTA DE GITANOS, ROBAN MUCHOS CASTELLANOS

Sale el refranero en defensa de los gitanos. Porque sobre este pueblo nómada han caído acusaciones injuriosas durante toda la historia: han sido acusados de ladrones, de comeniños, de alquimistas y brujos, de fieros y crueles, y de todos los crímenes imaginables. Dada su condición de míseros viajeros (porque no hayan querido o porque no los hayan dejado asentarse) se les consideraba autores de todas las fechorías y desgracias. El refranero asume aquí que no todas las acciones pueden imputarse a los gitanos. En términos generales, el refrán indica que la costumbre hace recaer las acusaciones sobre la persona que tiene mala fama, aunque muchas malas obras se deban a gentes de apariencia honesta. Otro refrán semejante es: [712a] UNOS CRÍAN LA FAMA Y OTROS CARDAN LA LANA.

713. A LA FUERZA AHORCAN

Mediante esta expresión se da a conocer la queja de quien se ve obligado a hacer algo que no le gusta. También sugiere que, al hacer alguna cosa, no queda más remedio ni hay otra opción.

714. A LA VEJEZ, SE ACORTA EL DORMIR Y SE ALARGA EL GRUÑIR

Señala dos características de los ancianos: primera, que suelen perder el sueño o que necesitan menos tiempo para dormir; y segunda, que con el tiempo encuentran menos cosas a su gusto y más cosas que les molestan o enojan.

715. A CASA DE TU HERMANA, UNA VEZ A LA SEMANA; A LA DE TU SUEGRA, UNA VEZ, CUANDO SE MUERA

El análisis de la enemistad familiar es una de las características del refranero español. En este caso, recomienda no tener trato con la familia política: el problema de la casa de la hermana no es la hermana, sino el cuñado. Respecto a la suegra, es tradicional la aversión de los maridos hacia la madre de sus esposas. La costumbre dice que las suegras tienden a interferir en los asuntos de la pareja recién casada, malmetiendo y encizañándolo todo. Otro refrán señala la felicidad de la mujer que no tiene que soportar las intromisiones de su familia política: [715a] AQUELLA ES BIEN CASADA, QUE NO TIENE SUEGRA NI CUÑADA.

716. DIABLO Y SUEGRA, PALABRAS NEGRAS

Como en el caso inmediatamente anterior, se acusa a las suegras de todos los males domésticos y se recomienda alejarse de ellas como del demonio. Otros refranes relativos a estas conflictivas relaciones familiares son: [716a] MUERTE DE SUEGRA, DOLOR DE NUERA; NO POR DENTRO SINO POR FUERA. [716b] SI TU SUEGRA SE CAE AL RÍO, BÚSCALA AGUAS ARRIBA. [716c] SUEGRA QUE SE LLEVA LA MUERTE, DESGRACIA CON SUERTE. [716d] SUEGRA, NINGUNA BUENA. [716e] SUEGRA, NUERA Y YERNO, LA ANTESALA DEL INFIERNO. [716f] CUÑADAS BUENAS, EN TODO EL MUNDO DOS DOCENAS.

717. CUANDO DE MUJERES HABLES, ACUÉRDATE DE TU MADRE

Recomienda prudencia cuando la ira nos empuje a injuriar al género femenino. Los dolores y pesares que causan las damas a los hombres suelen concluir con generalizaciones injustas respecto al sexo débil: frívola, desentendida, cruel, mutable, inconstante, caprichosa, etc. son algunos de los apelativos más suaves que los hombres les dedican. El presente refrán recomienda recordar que todos los hombres son hijos de mujer y que todos los hombres estiman a su madre como modelo de virtudes; de modo que quien insulta a las mujeres, insulta a su madre en primer lugar.

718. ¿SOLTERO Y RENEGADO? ¿QUÉ HARÍAS SI CASADO?

Se asombra y extraña el refranero de ver a un soltero enojado y a disgusto. Recomienda al soltero incómodo con su estado, que observe la desgracia de los casados, su esclavitud, su apocamiento, su amargura. En esta comparación, dice el refrán, observará el soltero la suerte de la que goza.

719. LA RESPUESTA MANSA, LA IRA QUEBRANTA

Este refrán y los siguientes, muestran la cara más sosegada y pacífica del romancero ante la violencia. En el presente caso, propone hablar con dulzura y ternura a quien se halla inflamado de ira. Recomienda el sosiego y la paciencia hasta que pase la tormenta.

720. De airado a loco va muy poco

La ira es un sentimiento que trastorna el juicio y provoca acciones terribles. El refranero recomienda no dejarse llevar por la agresividad ni la violencia. Los locos de ira no son conscientes de su locura, pero cuando ésta pasa, se han de asumir las consecuencias de una conducta arrebatada y peligrosa. En el mismo sentido, otro refrán dice: [720a] Quien se enfurece, si no es loco, lo parece.

721. Debilidad es el llanto y la ira, otro tanto

La sabiduría popular aconseja no dejarse abatir ni dejarse llevar por la violencia. La prudencia, la meditación y el juicio pueden inspirar soluciones ante hechos muy dolorosos. El refranero recomienda pensar con detenimiento en nuestra situación y obrar en consecuencia, sin permitir la debilidad de los cobardes ni la locura de la ira.

722. De las disputas, poco fruto y menos fruta

Este pacífico refrán sugiere prescindir de las riñas y discusiones. En los momentos de acaloramiento no se razona con sensatez y se cometen atropellos e injusticias. Por lo tanto, nada positivo se saca de la reyerta, sino palos y magulladuras. De modo que, como aconseja el saber popular, mejor es dejar a cada cual con su razón y no enzarzarse en batallas. Se llaman «discusiones bizantinas» a las disputas inútiles, intempestivas o demasiado sutiles. Se le da este nombre porque, durante los primeros siglos del cristianismo, los eclesiásticos de Bizancio pasaban horas y horas deliberando sobre temas muy peliagudos sin obtener ningún fruto. Por ejemplo, solían discutir sobre el sexo de los ángeles y si eran hombres o mujeres. También se llama «novela bizantina» a aquella que es muy enrevesada y tiene muchas peripecias, encuentros y desencuentros.

723. Dos no riñen si uno no quiere

Juicioso proverbio que recomienda una actitud pacífica ante los individuos airados y pendencieros. También da a entender que no hay mejor modo de concluir una riña que callando y dejando hacer.

724. Ojos risueños, corazón contento

Lejos del enfado, el enojo, la venganza y la ira, este amable refrán hace notar que la tranquilidad de ánimo y la inocencia son siempre buenos argumentos para la felicidad y la convivencia. La alegría que muestran los ojos es señal del sosiego y gozo del alma.

GULA

Vicio que consiste en obrar con ansia y desmesura cuando se come o se bebe. El refranero reprende la glotonería pero señala prudentemente que la alimentación es una necesidad imperiosa. En la presente recopilación se hace examen de los refranes y proverbios relativos a las bondades de la comida; se indican a continuación las desventuras del hambre y los peligros de los banquetes excesivos y del vino, componente fundamental de los ágapes y comilonas hispanas; y finalmente, se refieren los ejemplos relacionados con alimentos concretos, sus características, sus beneficios o sus perjuicios.

Como en tantas ocasiones en las que es sugerente poner ejemplos o dar idea literaria sobre ciertos asuntos, se podría recurrir en este caso a la novela más importante en lengua castellana: *Don Quijote de la Mancha*. En cierta ocasión se acercaron a un convite el caballero andante y su escudero, Sancho. Se celebraban por entonces las famosas bodas de Camacho, el rico. Y como es costumbre en todos los lugares de España, y en todas las épocas, se hizo gran banquete. Asomado Sancho a la enramada donde se disponían los manjares, vio con asombro un asador donde giraba un novillo entero ensartado en un olmo, seis ollas como seis tinajas en las cuales cabía la cantidad de carne que una ciudad gasta en un mes; cocían y asaban carneros, liebres y gallinas, y otras tantas colgaban ya peladas esperando su turno en el fuego. Odres de buey, llamados zaques, con generosos vinos, panes blancos y quesos formaban una muralla; y calderas como las que utilizan los tintoreros se usaban para freír masas que se sacaban con palas y no con espumaderas, y luego de fritas las introducían en otra tinaja de miel... Así continúa Cervantes su relato, promoviendo el buen apetito y salvando en la literatura el hambre y la sed.

725. La mejor medicina, la cocina

El refranero español es partidario de la vida sana y de la alimentación moderada. El objetivo es no visitar al médico. Las medicinas y los potingues son indicativos de enfermedad. La salud, según la ciencia popular, se obtiene con una vida laboriosa, moderada y alegre. El presente refrán confirma estas ideas y sugiere que el mejor medio para conservar la salud es comer.

726. Panza llena y corazón contento, que todo lo demás es cuento

La felicidad se alcanza con la alimentación y la serenidad espiritual. Este refrán propone un modelo sencillo y eficaz: la subsistencia, (lo que en la cultura popular se llama «pan»), es la necesidad inmediata, imprescindible. La conciencia tranquila es la segunda característica. El saber colectivo deja aparte, en esta ocasión, consideraciones más perentorias: el dinero, la posición social, el reconocimiento, etc. La felicidad para las gentes sabias –dice el refrán– sólo consiste en poder comer y en tener el ánimo sosegado.

727. Flores contentan, pero no alimentan

Dice este refrán que los halagos, los reconocimientos, los piropos y las cortesías son hermosas y agradan a todo el mundo. Sin embargo, no se pueden comer. Por esta razón, cuando una persona necesita lo primordial, de nada sirve venirle con zalamerías: las palabras no se comen ni dan sustancia al caldo. La caridad, el trabajo, la amistad o el reconocimiento se deben verificar con dinero y alimentos, porque para asegurarnos lo magníficos y estupendos que somos ya nos basta la vanidad propia. Se cuenta que un famoso autor de novelas vivía en la miseria y se veía obligado a comer mendrugos de pan un día y chuscos de pan, otro. Sin embargo, cuando lo encontraban en la calle todos decían «buenos días, don Fulano» o «buenas tardes, don Fulano». Cansado el literato de tantas buenas palabras y tanta falta de caridad, acabó por decir a uno que le saludaba: «No me llame usted don Fulano; porque los míseros no tenemos 'don' sino 'donaire'.»

728. Llenando la barriga, la pena se mitiga

Como los anteriores, este refrán indica que las penas y las desgracias se notan menos o se olvidan antes cuando tenemos lo imprescindible para la subsistencia o cuando poseemos bienes materiales en abundancia. En el mismo sentido debe interpretarse el conocido proverbio: [728a] Las penas con pan son menos.

729. Barriga llena, a Dios alaba

Sugiere que las personas que pueden comer todos los días tienen razones suficientes para dar gracias al Señor. La malicia de este refrán consiste en que no todas las personas disponen de medios para llenarse la panza a diario, y no por eso dejan de creer en la bondad de Dios. El saber popular, por tanto, recrimina a las personas que creen que los bienes que gozan los deben a su bondad o al premio divino.

730. Ave que vuela, a la cazuela

No se debe interpretar este refrán al pie de la letra, sino en sentido metafórico. Representa que es necesario aprovechar las oportunidades que se presenten. También suele expresarse cuando un objeto no tiene dueño y puede adquirirse con poco esfuerzo. Sin embargo, en sentido culinario sí se puede comprender una variante: [730a] LO QUE PACE, CORRE O VUELA, A LA CAZUELA.

731. Quien come para vivir, se alimenta; quien vive para comer, revienta

Recomendación contra la gula. Aconseja la moderación y la sobriedad en la mesa. Es semejante al moderno dilema: «¿Trabajar para vivir o vivir para trabajar?» El refranero supone que engullir alimentos no es el principal objetivo del hombre en el mundo y, por tanto, la persona que sólo tiene sus ojos puestos en la olla limita su condición humana al punto de ser un tragaldabas o un zampón. Vivir es la condición de la vida, y alimentarse es una necesidad en la que, en ocasiones, se puede disfrutar.

732. De hambre a nadie vi morir; de mucho comer, a cien mil

Porque comer sin moderación causa graves daños en la salud. Los alimentos, dice el refranero, tienen su medida y su momento; las personas que no saben comer se ven sometidas a serias dolencias. Las indigestiones y los empachos son consecuencia de los excesos en la alimentación.

733. De grandes cenas están las sepulturas llenas

Aviso contra los excesos de las cenas y los banquetes. Expertos en festines colosales eran los romanos, especialmente cuando el Imperio comenzó su decadencia y su degradación social. Petronio nos da, en su *Satiricón*, una idea acerca de estos banquetes: «Bien, tuvimos de primer plato un cerdo coronado con una longaniza, y morcilla alrededor, y menudillos estupendamente aderezados, y desde luego acelgas y pan negro hecho en casa, que yo prefiero al blanco: da fuerza y, además, cuando hago mis necesidades no se me saltan las lágrimas. El plato siguiente fue una torta de queso fría bañada en miel caliente, mezclada con un excelente vino de España. En verdad, la torta ni la probé, pero de miel me atraqué cuanto pude. Alrededor llevaba garbanzos y altramuces, nueces peladas a discreción y una manzana por cabeza. Bueno, yo cogí dos. Nos pusieron ante nosotros un trozo de carne de oso; sin pensarlo, Escintila probó de ella y a punto estuvo de vomitar sus propias tripas; yo, en cambio, comí más de una libra, pues sabía exactamente como el jabalí. Al final, tuvimos requesón y arrope y un caracol para cada uno y un trozo de tripa e higadillos en una cazuela y huevos encapuchados y nabo y mostaza y un platillo lleno de mierda... También en un cuenco circularon olivas aliñadas, de las que algunos descarados cogieron tres puñados. El jamón nos lo ventilamos.» Cuando los romanos acababan estos festines lujosos y excéntricos, en ocasiones vomitaban para poder seguir degustando más y más platos, hasta reventar. Otros refranes similares al del encabezamiento son: [733a] De cenas y magdalenas están las sepulturas llenas. [733b] Tres cosas matan al hombre: penas, cenas y soles.

734. No le quiere mal quien quita al viejo lo que ha de cenar

Recomienda las cenas ligeras y frugales para los ancianos.

735. Bien parla Marta cuando está harta

Significa este refrán que cuando una persona está satisfecha se muestra más comunicativa y dicharachera. También se da a entender que los trabajos para lograr ciertos objetivos se olvidan pronto cuando se han conseguido. Al pie de la letra, este refrán recuerda la placidez de una buena comida y la exaltación de la alegría cuando somos felices. Una variante dice: [785a] Bien canta Marta cuando está harta.

736. Lo que no mata, engorda

En términos generales, esta sentencia expresa que los males leves no impiden llevar a cabo una tarea. Pero, habitualmente, con estas palabras nos referimos a los alimentos que están mal cocinados, o podridos, o sucios, y que nos vemos obligados a tomar por hambre o por otras circunstancias. En esos casos, consideramos que los elementos perjudiciales no son tantos ni tan graves que puedan resultarnos dañinos. También expresa la esperanza de que no nos suceda nada. Una variante: [736a] Poco veneno no mata. Significa también que un mal pequeño no puede significar un perjuicio general.

737. Contra el flato, bicarbonato

Aparte de ser una recomendación muy útil y práctica, decimos este refrán cuando otra persona se siente perjudicada por nuestros actos, pero nosotros consideramos que nuestra actuación es justa y legítima. En este sentido, es similar a: [737a] Quien se pica, ajos come. Porque nuestra intención es prescindir del daño o la indignación de personas ajenas a nuestro negocio. Expresa indiferencia ante la opinión negativa de los demás.

738. El vino demasiado ni guarda secreto ni cumple palabra

Se halla este proverbio entre las recomendaciones que don Quijote hace a Sancho cuando éste último pretende ser gobernador (Don Quijote, II, XLII). Significa que el vino en cantidades excesivas acarrea consecuencias siempre molestas e incómodas. En este caso, se recomienda la abstinencia en previsión de inoportunidades en la conversación: lo común es que los beodos hablen más de la cuenta, que sean impertinentes y poco discretos. Por lo demás, nunca hay que creer en las promesas de los aficionados al vino. Así, dice otro refrán: [738a] A quien bebe, hablar no se debe.

739. Dijo el sabio Salomón que el vino alegra el corazón

En algunos textos se afirma que este refrán tiene su origen en un salmo de Salomón, pero este hecho es improbable, dado que la mayoría de los salmos bíblicos fueron escritos por David, Asaf o los hijos de Coré; sólo dos salmos pueden atribuirse a Salomón (72 y 127) y en ninguno de ellos aparece esta referencia al vino. Algunos autores han confundido los *Salmos* y la *Sabiduría* con el *Eclesiástico*, donde aparece una referencia expresa al vino: «Alegría del corazón y regocijo del alma; eso es el vino bebido a su tiempo y medida. Amargura del alma es el vino bebido en cantidad, con excitación y con pasos en falso» (*Eclesiástico*, XXXI, 28). De modo que se supone que el libro del *Eclesiástico*, redactado, al parecer, por Jesús, hijo de Sirá, es la fuente de este refrán. En otro lugar, el texto dice así: «El vino y la música alegran el corazón; pero sobre ambas cosas está la Sabiduría» (*Eclesiástico*, XL, 20). Que el vino alegra el corazón de los hombres es cosa sabida; la inteligencia popular hace derivar esta idea de los libros sagrados para afirmar su fuerza; y si es Salomón (el sabio) quien propone beber vino, tanto mejor. El nacimiento de este refrán parece deberse únicamente al gusto del hombre por el vino, más que a complejas teorías filológicas.

740. Después de beber, cada cual da su parecer

Significa que la euforia de la bebida provoca tertulias y conversaciones donde todos opinan acerca de todo, generalmente sin fundamento y sin conocimiento. Porque el beodo no tiene reparos en decir insensateces ni en tomar en serio las insensateces de sus compañeros de mesa. Como siempre, el refranero sugiere no hacer demasiado caso a las opiniones vertidas frente a la botella de vino. Corre la especie, en boca de los españoles, que las etapas de la conversación entre borrachines son estas: primera, evaluación y crítica del estado político del país; segunda, eventos deportivos; trecera, lamentos y pesares acerca de la condición femenina; cuarta, exaltación de la amistad, y quinta, cantos regionales.

741. El primer vaso de vino abre al segundo el camino

Aviso contra los peligros del vino. Sugiere que quien comienza a beber no suele dejarlo porque no se halla en disposición de conocer su verdadero estado. Recomienda moderación y templanza en la ingestión del vino.

742. Quien bebe poco, bebe más

Dice que el vino y los licores han de beberse en pocas cantidades, porque si se toman con exceso e inmoderadamente nos causarán tan graves daños que, al cabo de poco tiempo, ni beberemos, ni comeremos, ni gozaremos otra cosa que una parcelita en un florido bosquecillo de cipreses. Por esta razón quien es prudente en el uso del alcohol podrá disfrutarlo durante muchos años y quien abusa de él no podrá disfrutarlo durante mucho tiempo.

743. Ni mesa sin vino, ni sermón sin agustino

Da a entender que existen prioritarias e imprescindibles en la vida del hombre. Y así como los sermones efectuarse a cargo de un clérigo solvente, así en la mesa no puede faltar la botella de vino. La referencia a la orden de san Agustín nace de la fama de buenos oradores que tenían, y porque esta orden cuidaba mucho la disciplina de la oratoria.

744. Fiesta sin vino no vale un comino

Recomendación para anfitriones. Se expresa así el descontento porque en una reunión falte algo imprescindible o necesario. Y, en particular, el refrán enuncia una queja ante la falta de vino en una fiesta. El vino, como es sabido, exalta los ánimos e invita a la charla animada y a la algarabía.

745. El español fino con todo bebe vino

Porque España ha sido siempre un país productor de excelentes vinos. Pero, en realidad, toda la ribera del Mediterráneo ha cultivado viñedos y, a lo largo de su historia, el vino ha sido un elemento primordial en su civilización. Los hebreos y los fenicios consideraban sagrada esta bebida y comerciaban con ella desde tiempos inmemoriales. Los griegos y los romanos solían aguar el vino, pero lo consumían en cantidades tan grandes que el agua no mitigaba sus efectos. Desde esta época son famosos los vinos de España, por la calidad de las tierras donde se crían, por la riqueza de su uva y por los métodos con que se elaboran.

746. Más vale olla que bambolla

Señala este refrán que son preferibles las cosas útiles y prácticas que la apariencia y la ostentación. En términos concretos, el saber popular prefiere la comida diaria sana y consistente que el lujo vacío de las comidas exóticas y frívolas. Una «bambolla» es una burbuja, una tripa de cerdo inflada con la que juegan los niños; una cosa de poco valor. Por extensión, significa boato, fausto u ostentación excesiva y falsa.

747. Quien no merienda, a la cena lo enmienda

Indica que siempre hay solución para los pequeños problemas; y que los inconvenientes leves se pueden solventar más adelante sin mayores perjuicios. Al pie de la letra, el refrán sugiere que uno puede pasarse perfectamente sin merendar porque a las pocas horas se cenará, y no se debe considerar una tragedia asunto tan nimio.

748. No comer por haber comido, no hay nada perdido

Significa la sentencia que una persona harta no sufre mucho si se salta una comida o come con menos apetito. En fin, si tiene la barriga llena, sería locura embucharlo más. Pero este refrán tiene un sentido más general: despreciar una cosa porque se tiene otra mejor no es grave. Otros refranes son similares: [748a] Dejar de comer, por haber comido no es enfermedad de peligro. [748b] Si no comes porque has comido, nada has perdido.

749. Más vale tirar de una chuleta que de una carreta

Afirma este refrán que es mucho más satisfactorio el acto de comerse un buen filete que el hecho de trabajar. En términos generales, propone disfrutar de las cosas buenas de la vida antes que matarse por lo que no nos da más que sufrimientos y pesares.

750. Ayunen los santos, que no tienen tripas

De este modo se expresó un hombre que, estando sentado a la mesa, recibió la visita de un clérigo. Éste le afeó la conducta, pues era tiempo de cuaresma y ayuno, y el individuo le respondió que los ayunos y las mortificaciones eran para el que las pudiera sufrir, no para quien había estado trabajando en las tierras durante todo el día. Puede entenderse que las privaciones pueden sobrellevarlas quienes están hartos o se pueden permitir tales lujos. También indica que es muy fácil aconsejar, especialmente si no se van a sufrir las consecuencias de tales consejos.

751. El muerto a la mortaja y el vivo a la hogaza

Como en [751a] El muerto al hoyo y el vivo al bollo, (ya visto en el 598a), se recomienda disfrutar de los placeres mientras haya tiempo. También aconseja ocupar sin pérdida de tiempo los lugares y puestos que otra persona ha dejado vacantes.

752. Oveja que bala, bocado que pierde

Se incita a estar atentos y dispuestos para no perder las oportunidades que se presenten. También significa que las personas que se distraen no ejecutan su trabajo con rigor. Habitualmente se expresa esta expresión proverbial en la mesa, cuando una persona habla y no come: los demás aprovechan la ocasión para acabar con todos los manjares y el parlanchín se queda sin probar bocado. Cuando éste se queja de su situación se le contesta con el refrán.

753. El comer y el rascar, todo es empezar

Señala que las personas pueden sentarse a la mesa sin mucho apetito porque la presencia de los manjares y la costumbre conseguirán que, poco a poco, sintamos deseos de comer. Otros refranes similares son: [753a] Comiendo, comiendo el apetito va viniendo. [753b] Poquito a poquito se viene el apetito.

754. Apetito agudo, no deja crudo ni menudo

Señala que [754a] A buen hambre no hay pan duro. Es decir, que cuando estamos necesitados de alimento, cualquier condumio se agradece y se toma, por muy mal cocinado que esté o por muy malo que sea. En general, sugiere que, ante una situación de extrema gravedad, nos aferramos a cualquier solución que pueda salvarnos.

755. Acuéstate sin cena y amanecerás sin deuda

Aconseja moderación y prudencia en el gasto, de acuerdo con el nivel económico de cada cual, para no verse acosado por la miseria en el día de mañana. Por otro lado, como sugiere Gonzalo Correas, el refrán reprende a quienes gastan lo que tienen y lo que no tienen por disfrutar de lujos de los que se podría prescindir.

756. Come poco y cena temprano, y llegarás a anciano

Aconseja moderación en las comidas con el fin de cuidar la salud. Dice Melchor de Santa Cruz en su *Floresta* que convidaron a uno a cenar, y le pusieron rábanos al principio. Dijo el invitado: «En mi tierra, los rábanos se ponen al final.» A lo que su anfitrión contestó: «Aquí también.»

757. El español fino, después de comer siente frío

Señala una consecuencia de la digestión. En el proceso de asimilación de alimentos el cuerpo sufre una elevación de la temperatura corporal y, por tanto, percibe un efecto contrario en la temperatura ambiental. Esto sucede si la comida es copiosa o muy abundante y, por supuesto, no sólo le ocurre a los españoles. Lo que se da a entender es que en España comemos bien siempre y, por tanto, sentimos frío tras las comidas.

758. CON MALAS COMIDAS Y PEORES CENAS, MENGUAN LAS CARNES Y CRECEN LAS PENAS

Cuenta Pablos (el protagonista de *El buscón*, de Quevedo) que después de haber estado él y su compañero en la casa de pupilos del dómine Cabra, estaban tan desmejorados por el hambre que nadie los reconocía. «Nos echaron en dos camas con mucho tiento, porque no se nos desparramasen los huesos de puro roídos de la hambre. Trajeron exploradores que nos buscasen los ojos por toda la cara, y a mí, como había sido mi trabajo mayor y la hambre imperial, que al fin me trataban como criado, en buen rato no me los hallaron. Trajeron médicos y mandaron que nos limpiasen con zorras el polvo de las bocas [...]. Mandaron los doctores que por nueve días, no hablase nadie recio en nuestro aposento porque, como estaban huecos los estómagos, sonaba en ellos el eco de cualquier palabra.»

759. EL ABAD, DE LO QUE CANTA, YANTA

Significa este refrán que cada cual logra su sustento en virtud del trabajo que realiza y que no se puede pensar en comer sin trabajar ni en trabajar para no comer. En definitiva, se elogia a quien se busca los garbanzos y se reprende a quien sin trabajar, quiere comer.

760. CUANDO LOS MÉDICOS AYUNAN, LLORAN LOS CURAS

Porque cuando los médicos ayunan es que no ganan dinero, es decir: no hay enfermos. Y cuando no hay enfermos, no hay entierros, y por eso lo lamentan los curas que ganan su sueldo con esos oficios. Fuera del sentido literal, se entiende que la falta de bienes en una persona repercute en la falta de sustento de los que dependen de él.

761. CABEZA FRÍA, PIES CALIENTES Y CULO CORRIENTE, DAN LARGA VIDA A LA GENTE

Dice este escatológico refrán que ser juicioso y cuidar la salud da los mejores resultados y se puede esperar una vida larga y próspera.

762. LO QUE ES BUENO PARA EL BAZO, ES MALO PARA EL ESPINAZO

Se expresa este refrán cuando nos encontramos en un dilema y cualquiera de las opciones que tomemos tendrá una parte beneficiosa y una parte perjudicial. En términos generales, indica que todo tiene sus «pros» y sus «contras». También se aplica a los alimentos o las medicinas, y da a entender que lo que puede ser bueno para un órgano puede ser nocivo para otro.

763. EMPEZADA LA TORTA, QUIEN LLEGA, CORTA

Porque cuando un manjar está dispuesto en la mesa y ya ha sido catado por otros, la persona que llega de nuevas se cree en el derecho de probarlo, puesto que los demás ya lo han hecho. Por extensión, significa que cuando hay un ofrecimiento, todo el mundo está dispuesto a tomar para sí lo que pueda.

764. AQUEL ES BUEN DÍA CUANDO LA SARTÉN CHILLA

Se alegra mucho el refranero cuando la sartén está en el fuego, porque es señal de que hay algo para comer. Otros refranes con similares significados son: [764a] CUANDO CHILLA LA SARTÉN, BUEN DÍA QUIERE HACER. [764b] CUANDO LA SARTÉN CHILLA, ALGO HAY EN LA VILLA. En este último caso, algunos autores proponen que se trata de expresar la justificación de una habladuría. Es decir: que si se murmura de cierta persona es porque hay algo de cierto. En este caso equivaldría al refrán: [764c] CUANDO EL RÍO SUENA, AGUA LLEVA.

765. TABERNA SIN GENTE, POCO VENDE

Se refiere a un hecho cierto y evidente, pero el refrán sugiere que allí donde no hay gente es porque el servicio no es bueno, la comida es mala, el vino está aguado, el establecimiento está sucio, etc. Y, por tanto, no conviene entrar. Se puede decir respecto a todos los negocios e, incluso, respecto a las casas particulares. Recomienda por tanto el refrán seguir las costumbres de la mayoría, porque unos pocos pueden estar equivocados pero donde hay mucho personal, buenas cosas se dan o se venden.

766. PERRO DE MUCHAS BODAS, NO COME EN NINGUNA POR COMER EN TODAS

Se burla el refranero de las personas que quieren estar en todos los lugares por ansia de tenerlo todo y saberlo todo, y, finalmente, no obtienen nada. El refrán aconseja estar donde se debe y no andar zascandileando de un lugar a otro, sin hacer nada de provecho y molestando.

767. De la mar el mero y de la tierra el cordero

Con este refrán se elogia la exquisitez de estos productos. Se viene a afirmar que el mero es lo mejor del mar y el cordero lo mejor de la tierra. El mero es un pez mediterráneo y su delicada carne es muy apreciada: en tiempos de escasez, el mero se destinaba a los niños de la casa. El cordero es, entre los productos de tierra adentro, uno de los más estimados. Aseguran que un cordero lechal asado en los hornos de leña de Aranda de Duero, junto a una jarra de vino de aquella parte, no tiene comparación con otra cosa en el mundo. [767a] De la mar el mero y de la tierra el carnero. Estos refranes se utilizan en ocasiones como variante de [767b] Al pan, pan; y al vino, vino, para dar a entender que «hay que llamar a las cosas por su nombre», es decir, que no valen mentiras ni trafullas, que es necesario ser claro y conciso. Como en [767c] El agua clara y el chocolate espeso, donde se enumeran las cualidades imprescindibles del agua y del chocolate, y se dice que los asuntos o los negocios deben ser limpios y transparentes.

768. El arroz, el pez y el pepino, nacen en agua y mueren en vino

Se expresa con este refrán el mejor modo de tomar estos productos, acompañados de vino porque facilita su digestión.

769. Lentejas, si quieres las comes y si no, las dejas

Aunque este refrán se refiere a este producto alimenticio y, muchas veces, se expresa inconscientemente cuando se ponen en los platos, lo cierto es que hace referencia a la obligatoriedad de realizar alguna acción. Cuando se ofrecen ciertas cosas con determinadas condiciones y no podemos o no debemos rechazarlas, eso son «lentejas». En ocasiones también significa que, o se toma lo que se ofrece o se queda uno sin nada. Una variante de este refrán es: [769a] Lentejas, comida de viejas, si quieres las comes y si no, las dejas.

770. Aceituna, una es oro; dos, plata; y la tercera, mata

Recomienda tener prudencia en la ingestión de este producto. También puede referirse a cualquier otro alimento o a cualquier acto en cuyo exceso se corra algún peligro grave. Otros refranes que hacen referencia a las aceitunas en este sentido son: [770a] Aceituna, una o dos, y si tomas muchas, válgate Dios. [770b] Ni bebas en laguna, ni comas más de una aceituna.

771. ALGO TENDRÁ EL AGUA CUANDO LA BENDICEN

En sentido literal, este refrán constituye una alabanza al «líquido elemento», por sus cualidades purificadoras y por ser un producto indispensable en la existencia humana. En un sentido más amplio, se utiliza comúnmente para mostrar confianza ante una persona o una cosa que recibe las alabanzas de todo el mundo, aunque nosotros no descubramos sus buenas cualidades. Con este refrán nos conformamos ante la opinión general, en la certeza de que si la gente considera buena una cosa, por algo será.

772. BUEN MELÓN, QUE LE AMARGA EL PEZÓN

Porque, al parecer, los mejores melones son los que tienen un extremo amargo. Pero esta es una comprobación poco fiable, porque los melones sólo se pueden valorar cuando se abren. Así lo certifica el siguiente refrán: [772a] EL TORO Y EL MELÓN, COMO SALEN, SON.

773. PAN CON PAN, COMIDA DE TONTOS

Con este refrán no sólo se alude al hecho absurdo de comer pan con pan, o pan con la sopa, sino a la torpeza de unir dos o más cosas de las mismas características que no añaden nada nuevo al conjunto. Dice don Francisco Rodríguez Marín en su colección de refranes castellanos que se utilizaba cuando dos mujeres bailaban juntas, cuando se supone que lo divertido es que una mujer baile con un hombre.

774. PAN, QUE SOBRE; CARNE, QUE BASTE; Y VINO, QUE FALTE

Modo de organizar un festín. Se recomienda que haya pan abundante, que el hambre se sacie con una ración prudente de carne, y, finalmente, se aconseja no servir vino en exceso: este último consejo es inmejorable para evitar disputas y disgustos. Algunos autores aseguran que son consejos dietéticos y que recomienda la alimentación con pan y carne, regados con una dosis moderada de vino.

775. NO HAY COSA MÁS SANA QUE COMER EN AYUNAS UNA MANZANA

Elogia los beneficios de la ingestión de esta fruta con el estómago vacío. Se atribuyen a las manzanas cualidades purificadoras e higiénicas en la dentadura y en las entrañas.

776. **Quien cena carne asada, tiene su fosa preparada**

Porque hay pocas cosas tan indigestas como un asado a la hora de cenar. Un asturiano con fama de gran comedor pasó Pajares en su viaje a Madrid y se detuvo en cierto pueblo al olor de un asado que preparaban en la taberna. Pidió un cuarto de cordero para cenar, y como no quedó satisfecho, pidió otro cuarto. Se dice que lo llevaron a la Corte con una congestión de moribundo y que decía: «¡Como los tontos, rapaz, como los tontos!»

ENVIDIA

Vicio y pecado de las personas que se reconcomen ante los bienes o la felicidad ajena. Dicen los moralistas que este es el único vicio que no es placentero y el único pecado que no hace mal a los demás, sino a las personas que lo ejecutan. Porque es notable conocer que los envidiosos se dan una vida malísima cuando piensan en las alegrías ajenas. La peor cualidad de este estado de ánimo consiste en que no se desea, propiamente, lo que gozan los demás, sino que el principal objetivo del envidioso es que otras personas no disfruten. Por esta razón, la envidia es una podredumbre del alma, nacida de la mezquindad.

España no sale muy favorecida en este apartado. Los ensayistas llamados *regeneracionistas* (encabezados por Joaquín Costa) de principios del siglo xx, aseguraban que uno de los peores vicios de los hispanos era la envidia. Añadían a este defecto la pereza y la apatía. También el movimiento literario e ideológico del 98 (Unamuno, Maeztu, Azorín y otros) sugería que la envidia era una característica esencial en los españoles. Se supone que estos defectos impedían el progreso de la nación y que era necesaria la revitalización del país por medio de la educación y del orden político. Miguel de Unamuno (1864-1936) hacía esta reflexión en torno al pecado de la envidia: «La envidia es mil veces más terrible que el hambre, porque es hambre espiritual.» Y el poeta Antonio Machado (1875-1939) afirmaba: «De lo que llaman los hombres virtud, justicia y bondad, una mitad es envidia, y la otra no es caridad.»

777. Juntáronse delantales y no quedó vecina sin señales

Refiere la conducta de las mujeres cuando se reúnen. Suele acontecer que se habla de una persona que no está presente, y se aprovecha para exagerar sus defectos y faltas, aumentarle los vicios y, sobre todo, inventar todo tipo de argumentos ofensivos. Este oficio es el oficio de los maldicientes o del criticones. Su tarea consiste en «murmurar», «despellejar», «echar pestes», «poner como un trapo», o «meterse» con alguien.

España, que tiene una larga tradición en este terreno, ha acuñado términos y expresiones muy divertidas para designar estos juicios desfavorables hacia una persona que no se halla presente. Por ejemplo, en el Siglo de Oro se decía «hacer un traje» a alguien cuando se examinaba su conducta, su aspecto físico o su moralidad y no salía muy bien parado. Otras expresiones son: «poner como hoja de perejil», o lo que es lo mismo, «poner verde». «Poner como chupa de dómine», que tiene el mismo significado que «poner a caldo» o «poner como un trapo». Finalmente, se dice también «poner de vuelta y media», «poner como no digan las dueñas» o «poner de oro y azul». Todas estas expresiones se resumen en una palabra muy castiza: «chismorrear».

778. La cabra de la vecina más leche da que la mía

O bien: [778a] La gallina de mi vecina, más huevos pone que la mía. Ambos refranes se expresan ante la actitud envidiosa de una persona que desea tener lo que poseen los demás. El comportamiento caprichoso de quienes sólo ansían las posesiones de los demás se juzga duramente en el romancero. Estos refranes también sugieren que el hombre siempre considera que los bienes ajenos son mejores y más atractivos que los propios. Por eso se dice: [778b] Nada es tan bueno como lo ajeno.

779. Más vale envidiado que compadecido

Sugiere este refrán que la envidia sólo es mala y dañina para la persona que la sufre, no para la persona objeto de la envidia. Cuando se envidia a un individuo, se supone que tiene algo digno de ser estimado y deseado, y por tanto, se considera que la persona envidiada está en mejor situación que los demás. La admiración y la envidia surgen con la visión de lo que se aprecia o se desea, de modo que el refranero aconseja tener y poseer para no sufrir por lo que otros tienen y poseen. Un proverbio español dice: [779a] Más vale tener que desear. Y su variante: [779b] Mejor tener que desear.

780. La fortuna de la fea, la bonita la desea

Se refiere a la tradicional creencia según la cual las mujeres hermosas reciben todos los halagos, pero los hombres terminan casándose con las que no son tan agraciadas. Esta idea nace de una teoría popular: que las mujeres hermosas son presumidas, caprichosas y perezosas, porque siempre se han visto agasajadas por todo el mundo; mientras, las damas comunes han ocupado su tiempo en cultivar su inteligencia, son equilibradas y laboriosas. La creencia común también sugiere que las señoritas más bellas son frívolas y, por tanto, infieles, en tanto que el amor de una mujer «del montón» es siempre un amor seguro. En términos generales, el refrán sugiere la envidia de quien tiene capacidad para lograr algún bien y no lo logra, mientras otras personas, a fuerza de trabajo, consiguen sus objetivos.

781. DA DIOS PAÑUELO A QUIEN NO TIENE MOCOS

Se queja este refrán de la injusticia divina al otorgar bienes a quien no puede o no sabe disfrutarlos. En el mismo sentido, el refrán envidia la suerte de las personas que consiguen algo sin merecerlo. Otros ejemplos similares son: [781a] DA DIOS ALMENDRAS A QUIEN NO TIENE MUELAS. [781b] DA DIOS SOMBRERO A QUIEN NO TIENE CABEZA. [781c] DA DIOS BRAGAS A QUIEN NO TIENE CALZAS. [781d] DA DIOS NUECES A QUIEN NO TIENE DIENTES.

782. POR LO QUE UNO TIRA, OTRO SUSPIRA

Este refrán sugiere que la suerte y la fortuna están mal repartidas. Porque lo que a uno le sobra, a otros le falta. En términos generales, se afirma que los hombres desean y envidian lo que no tienen y anhelan aquello de lo que carecen. Se confirma la insatisfacción de los hombres con su propio estado: todos miramos como magnífica la situación ajena y nos sentimos desgraciados con la propia. En definitiva, el refranero indica que el hombre siempre encuentra algún motivo para envidiar a otros hombres.

783. DESDE LOS TIEMPOS DE ADÁN, UNOS CALIENTAN EL HORNO Y OTROS SE COMEN EL PAN

De este modo lamenta el refranero la injusticia en el orden del mundo. La referencia a los tiempos de Adán significa, naturalmente, «desde siempre». El refrán se queja del orden establecido, según el cual hay unas personas que gozan de los bienes sin trabajar y otras trabajan y no gozan de tales placeres. El saber popular sugiere que en todos los tiempos y todas las naciones ha habido quien disfruta de la vida a costa del trabajo y del sudor de otros. Una variante es: [783a] DESDE LOS TIEMPOS DE ADÁN, UNOS RECOGEN EL TRIGO Y OTROS SE COMEN EL PAN.

784. Estando el hombre ocioso, se metió a chismoso

Porque las personas desocupadas disponen de mucho tiempo y no hay cosa que más atraiga la atención de los hombres perezosos que las vidas ajenas; porque la apatía y la holgazanería no fomenta la vida activa e intensa, y sus existencias se colman de aburrimiento y languidez: en este caso no hay mejor divertimento que observar las idas y venidas de los demás. El chismoso es un juez implacable: todo lo juzga, de todo opina, de todo habla. Como el chismoso es por naturaleza holgazán y nunca se ocupa de estudiar, sus juicios suelen ser insensateces y sus palabras siempre resultan ofensivas o perjudiciales. Finalmente, al chismoso se le acaba conociendo pronto y terminan por no tener relación con nadie.

785. Quien no castiga al murmurador, causa le da para ser peor

El refranero aconseja reprender a los criticones y chismosos. El saber popular considera a estas gentes como individuos nocivos y peligrosos, causa de malentendidos y disputas. Los «sacafaltas» provocan enfrentamientos entre familiares y amigos, se entremeten en las vidas ajenas y finalmente acaban por turbar la paz de la comunidad. No en vano, la palabra «chisme» tiene su origen en la palabra «cisma», que significa división y enfrentamiento.

786. Para malas lenguas, buenas son tijeras

Recomienda no tener trato con murmuradores y envidiosos. Y, en otro sentido, aconseja pagar con la misma moneda: cuando un criticón siente los efectos de las habladurías se enoja tanto que tarda en volver su vicio. El chismoso no conoce el proverbio judío que dice: [786a] ¿Ves la paja en el ojo ajeno y no ves la viga en el tuyo? Significa que todos tenemos faltas, pero suele ser el más vicioso el que se mete a censurar a los demás.

787. El golpe de la sartén, siempre tizna y no hace bien

Expresa este refrán las consecuencias de la murmuración. Porque la crítica injusta y gratuita es siempre injuriosa y provoca daños morales irreparables. El chismorreo empaña la historia de las personas y no hay modo de salvar después la reputación. En el mismo sentido se dice: [787a] El golpe de la sartén, aunque no duele, tizna.

788. DE LOS MÍOS DÉJAME DECIR, PERO NO ME HAGAS OÍR

Este refrán reclama el derecho de criticar a los familiares, con la condición de que sólo pueda hacerlo un pariente. Porque un individuo puede hablar mal de un allegado, pero no consiente que un extraño se entremeta en asuntos que no le incumben. Este refrán nace de la conciencia de familia o clan. De modo que las disputas y las reyertas familiares se soportan en virtud de los lazos de sangre que les unen, pero la familia formará un ejercito contra aquel que quiera menoscabar su integridad o que pretenda ofender a algún pariente.

789. CORAZÓN HERIDO, A PREGONERO SE METE

Recuerda este refrán que los enemigos son los principales gestores de nuestra infamia. Porque los enemigos pretenden empañar nuestra reputación y difamarnos. Entre nuestros peores adversarios están aquellos a quienes hemos ofendido o despreciado, éstos son los más peligrosos y no dudarán en publicar nuestras faltas y nuestros vicios.

790. VA LA PALABRA DE BOCA EN BOCA, COMO EL PAJARILLO DE HOJA EN HOJA

Da a entender que las opiniones y los juicios se extienden inmediatamente y que no hay forma de detener una injuria o un chisme. Por tanto, el refranero recomienda prudencia en nuestras palabras y sensatez en nuestras valoraciones, en especial, si pueden ofender o menoscabar la fama de otras personas.

791. QUIEN MAL DICE, PEOR OYE

Asegura este refrán que las personas murmuradoras y chismosas se encontrarán con la horma de su zapato, porque alguien habrá que se ocupe de murmurar y chismorrear sobre ellas. A este tipo de gentes se les llama también «zoilos», en recuerdo de un personaje griego llamado Zoilo, filósofo sofista y crítico implacable. Este Zoilo era tan presumido y jactancioso que se atrevió a criticar a Homero, a Platón y a Sócrates, cuyos valores iban más allá del pobre ingenio del crítico. Este hecho confirma que los que tienen como oficio el denostar a los demás acaban siendo despreciados: hoy nadie recuerda a Zoilo mientras que Homero, Platón y Sócrates son considerados entre los hombres más sabios de la historia de la Humanidad. Si Zoilo viviera, le tocaría contemplar cómo su nombre significa «crítico presumido, y maligno censurador o murmurador de obras ajenas».

792. Quien mal piensa, mal tenga

Indica que la envidia y los deseos de mala fortuna para los demás son uno de los actos más repugnantes y viles que se puedan cometer. El refranero maldice a quienes desean el mal ajeno, o a aquellos que hablan mal de otras personas. En términos semejantes se debe entender el siguiente: [792a] Quien desea el mal a su vecino, el suyo le viene de camino.

793. Quien de otros habla mal, a otros de ti lo hará

Recomienda no tener tratos con criticones y murmuradores; porque estas gentes son incorregibles y no respetan ni amistad ni parentesco. El refranero asegura que estos individuos no dudarán en ponernos de vuelta y media, en cuanto doblen la esquina. El saber popular los considera falsos amigos, traidores, difamadores e hipócritas; su trato, por consiguiente, no es recomendable.

794. Quien escucha, su mal oye

Aconseja no escuchar las conversaciones ajenas y en las que no debemos participar. Escuchar a escondidas, por ejemplo, suele tener consecuencias funestas, porque es muy probable que se hable mal de nosotros o bien oigamos lo que nos desagrada.

795. Hablando del rey de Roma, por la puerta asoma

Se expresa este refrán cuando aparece una persona ausente de la que se estaba hablando. Aunque habitualmente se dice en voz baja, porque se le estaba poniendo de vuelta y media, también puede utilizarse en sentido positivo: se utiliza cuando se espera a alguien o se pregunta por él y, en ese momento, llega. Variantes peyorativas: [795a] Hablando del ruin de Roma, por la puerta asoma. [795b] Nombrando al ruin de Roma, por la puerta asoma.

796. Cuando el río suena, agua lleva

Este conocidísimo refrán es el refrán de la murmuración. Lo expresan los chismosos para dar a entender que las habladurías de la gente seguramente tienen una causa cierta, incluso aunque no se tengan pruebas concluyentes. De este modo se expresa la convicción de que los rumores siempre tienen algo de verdad. Más explícito es el siguiente refrán: [796a] Lo que se dice por doquier, o es o lo quiere ser.

797. Cuando el río no hace ruido, o no lleva agua, o va muy crecido

Este refrán también es propio de chismosos. Se refiere a la conducta de las personas: si no hay nada criticable es porque, o bien tienen una vida insulsa y poco atractiva, o bien tienen muchos vicios y faltas que saben encubrir. También puede expresarse respecto a otros asuntos, como negocios o relaciones personales.

798. Piensa mal y acertarás

Recomienda desconfiar de las actitudes y comportamientos de otras personas. Asimismo sugiere que la mayoría de los actos de los hombres tienen una razón deshonesta. Y, en términos generales, el refrán afirma que el hombre se mueve siempre por intereses bastardos, que no hay acción humana irreprochable. Generalmente, este refrán se expresa cuando no se comprenden las razones o las causas de un hecho, y en ese caso, se aconseja suponer un motivo ruin. En contra de este refrán se puede argumentar que: [798a] Piensa el ladrón que todos son de su condición. Es decir, que las personas deshonestas y ruines suelen pensar que todo el género humano es como ellos.

799. Sufriré hija golosa y albendera, pero no ventanera

Decía el anónimo autor de este refrán que la peor cosa que le puede suceder a un padre es tener una hija cotilla y chismosa. Por extensión, se puede entender que no hay persona más despreciable que aquella que se ocupa de los asuntos ajenos. Porque quien pierde el tiempo en olisquear las vidas ajenas no se interesa por la propia, y, por tanto, será holgazana y perezosa. Las albenderas eran mujeres que se dedicaban a tejer.

800. A cada puerta, su dueña

Se entiende que cada casa es motivo de habladurías por parte de las demás, porque las dueñas (amas de llaves o criadas de mayor rango en las casas principales) tenían fama de chismosas y murmuradoras. Por otro lado, el refrán puede sugerir que cada dueña debe estar en su lugar y no andar corriendo las calles o visitando a otras comadres. En general, el refranero recomienda que cada cual se esté en el sitio que le corresponda sin inmiscuirse en asuntos ajenos.

801. **VECINA, BOCINA**

Este refrán aconseja prudencia en el trato con los vecinos; porque los hay muy aficionados a pregonarlo todo aprovechando la confianza que se deposita en ellos. Por extensión, recomienda guardar los asuntos personales e íntimos para los familiares y verdaderos amigos. Los vecinos son conocidos con los que es obligatorio convivir, pero no han de ser necesariamente amigos.

802. **POR MALAS VECINDADES SE PIERDEN HEREDADES**

Aviso contra vecinos que se convierten en enemigos. Dice el refranero que no hay cosa más lamentable que tener un enemigo y que éste sea tu vecino. Porque las disputas serán continuas y los quebrantos, muchos. La envidia y la murmuración son los peores consejeros en la vecindad.

803. **NINGUNO OYE SU RONQUIDO, PERO SÍ EL DE SU VECINO**

Afirma que siempre estamos dispuestos a considerar los defectos ajenos, pero somos incapaces de darnos cuenta de los propios. Del mismo modo, nos irritan las molestias que nos causan los demás, pero no nos detenemos en las incomodidades que nosotros provocamos.

804. **SECRETO DE DOS, SÁBELO DIOS; SECRETO DE TRES, TODA RES**

Aconseja prudencia en la comunicación de cuestiones importantes. El refranero afirma que es posible guardar un secreto entre dos personas, pero es inconcebible pensar que un grupo mayor pueda ser discreto. En general, si se desea mantener oculta una cosa, no es recomendable participarla a muchas personas: [804a] SECRETO DE TRES, VOCINGLERO ES.

805. **¿QUIEN ES TU ENEMIGO? EL DE TU OFICIO**

Este refrán contradice la creencia común en el apoyo mutuo entre profesionales del mismo sector. El saber popular sugiere que la envidia o la avaricia pueden dar lugar a enfrentamientos continuos entre gentes del mismo gremio. El sastre envidia y odia al sastre vecino que le quita la clientela; el frutero siente lo mismo por su competidor; el mercader lamenta que otro instale su puesto en la misma plaza; y así en todos los oficios.

806. VISITAR Y OLER, UNA MISMA COSA SUELE SER

El refranero reniega, en general, de las visitas: las considera inoportunas, molestas y costosas. En este caso, el refrán señala que el principal motivo de las visitas es averiguar el estado de las cosas en un hogar. Los visitantes examinan el mobiliario y la decoración, examinan la organización doméstica, prueban la comida y calibran las relaciones íntimas de los dueños. Para evitar que todo el mundo conozca si tenemos bien amueblada la casa, si llevamos bien nuestros asuntos, si la cocinera es buena o si estimamos a nuestra esposa, lo mejor es excusarnos de recibir visitas. Otro refrán dice: [806a] A TU CASA NO VENGA QUIEN OJOS TENGA. Y: [806b] ENSALADA Y VISITA, POQUITA.

807. ANDE YO CALIENTE, RÍASE LA GENTE

Con este refrán se da a entender la poca importancia que se da a los comentarios o habladurías de la gente, en especial, cuando se tiene una buena posición o se realizan trabajos que a uno le interesan. Recomienda actuar conforme a las ideas personales sin tener en cuenta la opinión ajena. Este refrán fue popularizado por el escritor español Luis de Góngora (1560-1627) en una letrilla que decía así:

Ándeme yo caliente
y ríase la gente.

Traten otros del gobierno
del mundo y sus monarquías,
mientras gobiernan mis días
mantequillas y pan tierno,
y las mañanas de invierno
naranjada y aguardiente,
y ríase la gente.

Coma en dorada vajilla
el príncipe mil cuidados,
como píldora dorados;
que yo en mi pobre mesilla
quiero más una morcilla
que en el asador reviente,
y ríase la gente.

808. Quien se pica, ajos come

Como en el caso anterior, el refranero se desentiende aquí de las consecuencias perjudiciales que para otros pueda tener nuestro propio bienestar. Se aconseja actuar firmemente de acuerdo con nuestras convicciones sin tener en cuenta la opinión o las quejas de los demás.

809. Cada uno habla en la feria según le va en ella

También en esta ocasión el refranero sugiere no tener en cuenta las opiniones de la gente respecto a un negocio o a otro asunto. Porque cada individuo valora de modo distinto cualquier hecho y su criterio se basa en los beneficios que ha obtenido o las pérdidas; también, la opinión de las personas se fundan en la alegría o los pesares que les han causado. De modo que el saber popular desconfía de valoraciones poco objetivas. Una variante de este refrán es: [809a] Cada uno cuenta la feria según le fue en ella.

PEREZA

La sabiduría popular se manifiesta, sobre todo, en la necesidad de lograr un estado social, físico y moral, que permita una vida agradable y feliz. Porque el conocimiento práctico va encaminado a la utilidad real de los consejos. El refranero, por tanto, no dedica sus esfuerzos a elaborar complejos sistemas ideológicos y filosóficos. El objetivo es proporcionar una doctrina sencilla, basada en la experiencia, en el conocimiento de los usos y costumbres, y en una aguda comprensión de la naturaleza humana. El refranero es un repertorio de máximas que tienden a la normalidad y a la estabilización.

Por estas razones, las ideas respecto al trabajo se configuran como uno de los elementos esenciales de la cultura popular. Desde la maldición divina presente en el *Génesis* («ganarás el pan con el sudor de tu frente»), el trabajo se presenta como una actividad primordial. El hombre ha llegado a considerar el trabajo como uno de sus fundamentos vitales, aunque, en realidad, la maldición del Paraíso se mostraba, precisamente, como un castigo. La ejemplificación bíblica sugiere que el hombre hubiera podido vivir felizmente en el Paraíso sin necesidad de buscar alimento: y este buscar alimento es la razón de la existencia del trabajo, y el origen de la labor humana.

A partir de aquí, el pensamiento popular recomienda el trabajo como medio para evitar la miseria y la pobreza. Enseña que la actividad es el único modo de hallar el sustento, enumera los males de la ociosidad y la pereza; y, finalmente, describe los beneficios y pesares que ofrece el trabajo.

810. PEREZA NUNCA LEVANTA CABEZA

El refranero utiliza un juego de ingenio para indicar que los holgazanes jamás alcanzarán ningún objetivo. Efectivamente, los perezosos no suelen levantarse, y permanecen amodorrados, y no son más que poltrones y badulaques. Por otro lado, el refrán utiliza la expresión «levantar cabeza» para dar a entender que estas personas no prosperarán nunca. «Levantar cabeza» significa, precisamente, «medrar, salir de la pobreza».

811. Pereza no es pobreza, pero por ahí se empieza

Sugiere que la holgazanería es el primer paso para llevar una vida desgraciada y llena de miserias. Porque el pobre puede lograr fortuna con su esfuerzo, pero el perezoso lo perderá todo y todo lo echará a perder. En el mismo sentido se expresa el siguiente refrán: [811a] Viaja la pereza con tal lentitud, que la alcanza la pobreza con gran prontitud.

812. No dejes para mañana lo que puedas hacer hoy

Aconseja ser diligentes y activos en nuestros trabajos o en nuestras labores cotidianas. Se expresa, en general, cuando una persona, por dejadez y pereza, pretende aplazar una tarea. En este caso, se le recomienda que no retrase sus deberes y obligaciones, porque tal vez sea imposible hacerlo en el futuro. Otros refranes con un significado similar son: [812a] Quien todo lo deja para mañana, nunca hará nada. [812b] El que echa por la calle de Después llega a la plaza de Nunca.

813. Unos por otros, la casa sin barrer

Se expresa cuando un grupo de personas que debían realizar una tarea no se han puesto de acuerdo, o han creído que otro lo haría, o se han desentendido del trabajo. Se reprende a estas personas negligentes que pretenden traspasar sus obligaciones a otros. Cuando varios se inhiben de un trabajo que a todos les corresponde, se enuncia este refrán como recriminación. Actualmente se utiliza la palabra «escaquearse» para expresar esta negligencia en el trabajo, pero son más castizas las expresiones «escurrir el bulto» o «hacerse el longuis».

814. La pereza nunca hizo nobleza

Alude a la falta de prosperidad que sufren los holgazanes. Utiliza la palabra «nobleza» en dos sentidos posibles: indica que la pereza no puede ser el origen de las riquezas y el bienestar; y, por otra parte, señala que la vagancia es señal de cobardía y vileza.

815. La primera ley del cristiano: levantarse temprano

El refranero establece un paralelismo entre la actitud vital y la actitud religiosa: sugiere que una vida laboriosa está en consonancia con una vida moral adecuada. Por el contrario, los holgazanes serían malos cristianos. Así, el hombre honrado se levanta pronto para trabajar, y el vago permanece en la cama hasta el *angelus*. La importancia del cristianismo en la vieja Castilla ha creado refranes de este tipo, donde el «cristiano» significa «hombre de bien», «hombre honrado» o simplemente se refiere a «un hombre cualquiera». Otras expresiones se han formado con la identidad cristiano=hombre de bien: por ejemplo, cuando un hombre es muy pesado o molesto, se dice que «no hay cristiano que lo aguante»; cuando una persona habla otro idioma o no lo entendemos, se dice que «no habla en cristiano», también se dice que «no hay cristiano que lo entienda».

816. Si quieres buena fama, no te dé el sol en la cama

Dice este refrán que la reputación sufre menoscabo cuando las gentes empiezan a saber que estamos durmiendo hasta bien entrada la mañana. Las convenciones sociales aconsejan levantarse temprano y, además, se considera necesario que la comunidad lo sepa. Por otro lado, el refrán se remite también a la idea según la cual quien no se levanta temprano, no trabaja, y, por tanto, no podrá tener bienes de fortuna ni hacerse un puesto en la sociedad. En el mismo sentido debe entenderse el siguiente: [816a] Ninguno ganó fama dándole las doce en la cama.

817. Si cuando duermo me canso ¿qué será cuando ando?

Con este refrán se reconviene y se reprende a los holgazanes que se levantan ya cansados y sólo se mueven para ir de la cama a la mesa y de la mesa a la cama. En sentido general, se afea la conducta de todos los vagos.

818. Al perezoso y al pobre, la cama se los come

Porque la holgazanería conduce a la pobreza. Recomienda por tanto a los vagos y a los míseros que se pongan en movimiento y que actúen para ganarse la vida. Cuando se dice que «la cama come», se da a entender que estar inactivos durante todo el día no evita que se tengan otras necesidades: comida, ropa, etc., y por tanto la pereza se «come» el dinero y los bienes.

819. Zorro dormilón no caza gallinas

Como en los refranes anteriores, se sugiere que la inactividad no da de comer ni produce ingresos. Por tanto, el hombre vago acabará mísero y pidiendo por Dios algún alimento.

820. Al que madruga Dios le ayuda

Este refrán es uno de los más populares del compendio de sabiduría tradicional castellana. También se dice: [820a] A quien madruga, Dios le ayuda. En términos generales, estos ejemplos indican que la actividad y la laboriosidad procuran la felicidad y la fortuna. No significa que Dios ayude a quien madruga, sino que el trabajo es el mejor medio para lograr la prosperidad. Con este refrán se recrimina a quien suele levantarse tarde o es perezoso en el comienzo de su labor diaria. En ocasiones, estos refranes se completan y se modifican con fines jocosos: [820b] Al que madruga, Dios le ayuda: uno que madrugó, un duro se encontró (aunque más madrugó el que lo perdió). En sentido contrario, y burlándose de quien madruga exageradamente, otro refrán afirma: [820c] No por mucho madrugar amanece más temprano.

821. A más dormir, menos vivir

Sugiere, de modo muy filosófico, que el sueño excesivo nos priva de disfrutar de la vida y sus placeres. Por otro lado, indica que la vida holgazana nos abocará a la miseria y a una vida corta y llena de privaciones. Otros refranes se expresan en el mismo sentido: [821a] Quien más duerme, menos vive. [821b] Quien mucho duerme, media vida pierde.

822. Quien se levanta tarde ni oye misa ni come carne

Como los anteriores, este refrán propone que la pereza supone una falta de sentimiento cristiano y, por supuesto, acarrea la miseria y la pobreza. También lo afirma el siguiente: [822a] Quien quiera prosperar, empiece por madrugar.

823. Quien mucho duerme, poco aprende

La pereza empuja a los hombres al hambre y a la ignorancia. Porque nada puede saber quien deja pasar la vida entre las sábanas y los colchones. Para dormir mucho basta con no levantarse, pero para saber es necesario esforzarse y pasar muchas noches en vela. Recomienda el sacrificio en los estudiantes y, en general, en todos los hombres que quieran aprender algo en la vida. [823a] MADRUGA Y VERÁS, BUSCA Y HALLARÁS.

824. QUIEN PIERDE LA MAÑANA, MALOGRA LA JORNADA

La tendencia del refranero a situar en la mañana el momento más activo del día tiene como origen la conducta habitual de los hombres del campo. Suelen decir los labradores que es bueno o necesario «levantarse con las gallinas», porque estos animales se desperezan con la luz del sol y duermen sólo las horas en las que no hay claridad. Del mismo modo, cuando no existía luz eléctrica o cuando la iluminación nocturna resultaba muy cara, los campesinos se acostaban pronto y se levantaban con el alba, con el fin de aprovechar la luz solar. Puesto que las labores del campo no pueden realizarse de noche, el refranero aconseja incorporarse a las tareas diarias con el amanecer. Un refrán asegura: [824a] LA BUENA JORNADA EMPIEZA DE MAÑANA. Y otro muestra la ridiculez de hacer las cosas a destiempo: [824b] AZADÓN DE NOCHE Y CANDIL DE DÍA, TONTERÍA.

825. EL PASTOR DORMIDO Y EL GANADO EN EL TRIGO

La imagen supone que el pastor ha obrado con negligencia, que no se ha ocupado de sus animales y éstos han entrado en los trigales, perjudicando otros intereses o los suyos propios. Mediante este refrán se da a entender que cuando un hombre es perezoso y vago, esta actitud menoscaba sus bienes y acabará por perderlos. Señala cuántas desgracias ocasiona la negligencia y la dejadez.

826. NO DORMIR POR HABER DORMIDO, NO ES MAL TEMIDO

Como en otros refranes de estructura similar, como ([826a] NO COMER POR HABER COMIDO...), se afirma que los pequeños inconvenientes no deben tenerse como peligros graves y, por supuesto, no se deben argumentar como excusas ante el trabajo. En este caso, se reconviene a quien se muestra quejoso porque tiene sueño o dice que ha dormido poco. Se sugiere trabajar primero y dormir después.

827. ENFERMEDAD QUE NO ESTORBA PARA DORMIR O COMER, POCO ES DE TEMER

Este refrán comenta con ironía las excusas que se dan para no trabajar. Sugiere que hay hombres dispuestos a inventar cualquier argumento con tal de evitar ocuparse en algo. Por otro lado, indica que los males leves no nos deben impedir esforzarnos en las labores cotidianas. Dice Melchor de Santa Cruz que un hombre decía encontrarse muy enfermo y que sus dolencias le impedían ir a trabajar. El médico le preguntó si comía bien, y se le contestó que sí. Le preguntó si dormía bien, y también se le contestó afirmativamente. Entonces dijo el médico: «Pues yo os daré con que se os quite todo eso.»

828. Las mañanitas de abril son muy dulces de dormir

Alude a la influencia del clima en la pereza. Porque con las temperaturas más templadas y los primeros soles primaverales, apetece más permanecer en la cama. En algunos casos se completa con una coletilla muy holgazana: [828a] Las mañanitas de abril son muy dulces de dormir, y las de mayo, y las de todo el año.

829. Ocioso, vicioso

Señala que la desocupación constante es una fuente de desarreglos físicos y morales. La persona, dice el refrán, que está holgazaneando continuamente degenera en un ser abyecto, inútil y miserable. El saber popular estima el trabajo en cuanto valor individual, pero también supone que la labor contribuye al establecimiento y la normalización de una sociedad ordenada. Otro refrán hace referencia a degeneración moral del vago: [829a] A quien trabaja, sólo un demonio le tienta; a quien no trabaja, cincuenta.

830. Si quieres ser dichoso, nunca estés ocioso

O bien la variante: [830a] Si quieres ser dichoso, no estés ocioso. Hace referencia a las consecuencias de una vida cómoda y viciosa. Las resultas de una conducta holgazana siempre son la pobreza y la miseria.

831. A buenos ocios, malos negocios

Del mismo modo que los refranes anteriores, éste enseña que los negocios no son compatibles con una vida disipada y con una conducta despreocupada. Los negocios requieren diligencia, atención y responsabilidad, mientras que la holgazanería sólo busca languidez, despreocupación y dejadez.

832. Dueña que mucho mira, poco hila

Mediante este ejemplo, el refrán sugiere que en el trabajo hay que mostrar una conducta diligente y dispuesta. Se entiende que las distracciones y la pereza redundan en un trabajo mal hecho o contribuyen a que el trabajo, simplemente, no llegue a realizarse. En los mismos términos se debe entender la variante: [832a] Mujer que mucho mira, poco hila. Otro refrán advierte también de las consecuencias de una actitud perezosa: [832b] Poco se gana a hilar, pero menos a mirar. El refranero ataca aquí a las personas que dedican su tiempo de labor a parlotear y a chismorrear, sin dedicarse a lo que tienen entre manos.

833. Mano sobre mano, como mujer de escribano

Con este refrán se reprende a la persona que no hace nada. Se sobreentiende que la crítica se centra en las personas que esperan las ganancias de otra persona y que son incapaces de mover un dedo para colaborar o para hacer algo de provecho. Los escribanos eran empleados públicos que levantaban acta sobre distintos acontecimientos sociales o políticos. Los escribanos no tenían muy buena fama. En los textos del Siglo de Oro los encontramos descritos como astutos, avarientos, halagadores, ruines y asociados a los poderosos. Aunque su oficio consistía en dar fe de los hechos, al parecer, no dudaban en decir o escribir cosas distintas en virtud del interés personal. En abril de 1525 el emperador Carlos V visitó por primera vez Toledo. Era costumbre que los grandes personajes hicieran allí un juramento, en la Puerta Vieja de Bisagra o Visagra. En esta ocasión hízole el juramento de fidelidad el escribano mayor de las cuentas. El escribano, que suponía por adelantado que el Emperador no iba a encontrarlo todo a su gusto en Toledo, dijo, tras la jura del emperador: «Si Vuestra Majestad así lo hiciere, Dios le ayude; y, si no, Él le encamine a que lo haga.» Otra muestra de la condición avarienta de los escribanos se encontró en un despacho de Lisboa. Este escribano trabajaba en una inclusa, o casa de huérfanos. En su escritorio tenía escrito con grandes letras de oro lo siguiente: «Antes que des, escribe; antes que firmes, recibe.» Esta fórmula era una variación de un antiguo refrán: [833a] Escribe antes que des y recibe antes que escribas. Significaba que era recomendable anotar previamente todas las entregas de dinero y recibir el dinero siempre antes de firmar. Una última anécdota de escribanos es la que se refiere a uno muy malcasado. Andaba un alcalde decidiendo si sería mejor ahorcar o descuartizar a un criminal muy peligroso. El escribano dijo: «Señor, casémosle.»

834. El que está en la aceña muele, y no el que va y viene

Dice que los entretenidos y andariegos nunca logran nada positivo. Recomienda ocuparse del trabajo con responsabilidad y tesón, sin dejarse llevar por cuestiones ajenas o por la pereza. El hombre que permanece en su lugar de trabajo halla provecho y satisfacción a su esfuerzo, el que va de un lado para otro, ni trabaja ni deja trabajar ni consigue nada con sus andanzas. Las aceñas son molinos. No aprovechan la fuerza del viento, como los molinos de la Mancha, sino el impulso de las aguas en los ríos y en los arroyos.

835. El ruin buey, holgando se descuerna

Señala que los vagos tienden a lamentarse o a quejarse al menor esfuerzo. Incluso cuando están descansando y sin hacer nada positivo, los holgazanes se encuentran doloridos y malparados.
Un honorable padre de familia con varias hijas realizaba una sencilla prueba a sus futuros yernos para saber si eran trabajadores o no: les decía que se sentaran en un sillón muy cómodo y, tras unos instantes, les pedía que se levantaran. Si el mozo decía «aaay» cuando se sentaba y «eeea» cuando se levantaba, el buen padre lo echaba de su casa con cajas destempladas. Si tanto se quejaba en tan poco trabajo, ¡qué sería cuando tuviera que labrar las tierras, o segar, o andar con las vacas!

836. Puta sentada no gana nada

Como en otros refranes, se indica aquí la necesidad de actuar y trabajar para lograr un beneficio. Cierto que se ha buscado en esta ocasión un oficio peculiar, pero se da a entender que incluso los más desgraciados y tristes necesitan esforzarse para buscar el sustento. Otro refrán similar propone lo siguiente: [836a] Gente parada no gana nada. Y: [836b] Con las manos en el seno nunca se hizo nada bueno. [836c] Quien huelga, no medra.

837. Tiempo desperdiciado, nunca recobrado

Recomienda aprovechar bien el tiempo; aconseja no detenerse en cuestiones insustanciales o vanas: el tiempo es un bien absoluto, sucede siempre; el problema consiste en utilizarlo bien o utilizarlo mal. En cualquier caso, el tiempo no aprovechado, es tiempo perdido. Así lo certifican varios refranes más: [837a] TIEMPO IDO, NUNCA MÁS VENIDO. [837b] TIEMPO PASADO, JAMÁS TORNADO. [837c] TIEMPO PERDIDO, PARA SIEMPRE ES IDO. [837d] QUIEN TIEMPO TOMA, TIEMPO LE SOBRA. Séneca (siglo I d. C.) solía decir a sus amigos que el hombre dispone de mucho tiempo, pero que la gran parte de la Humanidad desperdicia el tiempo que tiene en los vicios, las ocupaciones inútiles y en ejercicios vanos. El filósofo cordobés repite una sentencia poética: «Pequeña es la parte de la vida que vivimos»; es decir: el tiempo que dedicamos a las cosas verdaderamente importantes es muy poco. Por esta razón decían los filósofos griegos que [837e] EL TIEMPO ES ORO.

838. MIENTRAS DESCANSAS, TRILLA LAS GRANZAS

Con este refrán se reprende a quien dice estar muy cansado para hacer nada. En términos generales, se da a entender que, incluso en el descanso, se pueden realizar trabajos útiles. El refrán sugiere la imagen de trillar las granzas. Las granzas son los restos de paja larga, espigas y grano que quedan después de haber aventado el trigo. Trillar es un oficio bastante cómodo, porque suele hacerlo un burro o una mula que tira del trillo sobre un colchón de mies. Sólo es necesario vigilar que el burro dé vueltas y estar atento para que no se coma lo que trilla.

839. CUANDO EL DIABLO NO TIENE QUÉ HACER, MATA MOSCAS CON EL RABO

Indica que los ociosos suelen dedicarse a hacer maldades. Este refrán se utiliza cuando una persona desocupada comienza a planear actos molestos, o perjudiciales, o inútiles. Otras versiones de este mismo refrán dicen: [839a] CUANDO EL DIABLO NO TIENE QUÉ HACER, CON EL RABO MATA MOSCAS. [839b] CUANDO EL DIABLO NO TIENE QUÉ HACER, COGE LA ESCOBA Y SE PONE A BARRER.

840. REGALOS, REGALOS, ¡A CUÁNTOS HICISTEIS MALOS!

Lamenta el refranero las excesivas atenciones que reciben los niños. Porque un niño que no está acostumbrado a esforzarse por lo que desea y un niño al que se le conceden todos sus caprichos, será un holgazán y un irresponsable: creerá siempre que todos los placeres del mundo deben ser para él. En definitiva, el saber popular recomienda luchar para conseguir los objetivos.

841. **CUANDO LA ZORRA ANDA A LA CAZA DE GRILLOS, MAL DÍA PARA ELLA Y PEOR PARA SUS HIJOS**

Dice este refrán que el hombre debe ocuparse en sus intereses reales y no dejarse llevar por fantasías o quimeras. Los asuntos vanos, nada dan y roban mucho tiempo. Recomienda trabajar por el bien propio y el de la familia. Otro refrán similar dice: [841a] ANDAR A LA CAZA DE GRILLOS NO ES DE HOMBRES SINO DE NIÑOS.

842. **LA ARAÑA NACIÓ PARA HILAR, Y EL HOMBRE PARA TRABAJAR**

Elogio del trabajo. También supone que el destino natural del hombre es el trabajo. Así como cada planta y cada animal tiene una función en el mundo, la ocupación del hombre es trabajar y buscarse el sustento. Desde los filósofos griegos, se entendía que todos los seres del Universo estaban ordenados en una escala o cadena, de modo que los minerales eran los peldaños inferiores y Dios era el punto último. A lo largo de la escala se organizaban las plantas, los animales inferiores, los superiores, el hombre, los ángeles, etc. Cada ser tenía un lugar y una función. Esta organización se denomina *La gran escala del Ser.* De esta idea actualmente sólo quedan algunos restos en el lenguaje: por ejemplo, decimos de una especie desconocida que es el «eslabón perdido»; y de este modo recuperamos la estructura del Universo como cadena infinita.

843. **QUIEN SUDA, A SU SALUD AYUDA**

Recomienda el trabajo y el esfuerzo como medios para mantener en forma el cuerpo y el espíritu. Se puede considerar una verdad científica el hecho de la transpiración como una actividad fisiológica beneficiosa pero, además, el saber popular sugiere que ese sudor sea el resultado del trabajo. Y el trabajo es el único medio de lograr los bienes necesarios para la subsistencia. El *Génesis* explica el origen de esta necesidad de trabajar y hace referencia explícita al sudor del hombre. Cuando Adán y Eva fueron expulsados del Paraíso, dijo Dios: «Con el sudor de tu rostro comerás el pan» (*Gén.*, 3; 19). Habitualmente oímos: «Ganarás el pan con el sudor de tu frente.» Otro refrán similar es: [843a] NO HAY PAN SIN AFÁN.

844. **QUIEN QUIERA SER RICO, TRABAJE DESDE CHICO**

Señala que la único medio de lograr la prosperidad reside en el esfuerzo y el trabajo a lo largo de toda una vida.

845. QUIEN HUYE DEL TRABAJO, HUYE DEL DESCANSO

Porque el trabajo proporciona los medios para vivir y para descansar, pero la persona que sólo pretende holgazanear siempre tendrá preocupaciones y sobresaltos: andará buscando por los caminos el sustento, le acecharán los acreedores y será repudiado por el común.

846. DONDE HAY GANA, HAY MAÑA

Sugiere que la voluntad de trabajar es ya un anticipo de lograr los objetivos. Porque quien desea hacer una cosa se las ingenia para dar fin a su labor, y acaba lográndolo. Con este refrán se reconviene a las personas que no quieren hacer nada y se excusan diciendo que no saben. A éstos se les dice que la voluntad fuerza el ingenio, y la pereza sólo cría desidia y miseria.

847. EL QUE HACE UN CESTO HACE CIENTO

Con este refrán se reprende a la persona que pretende hacernos creer que, en un trabajo repetitivo, sólo puede realizar una unidad. También se expresa cuando anunciamos la satisfacción de saber hacer algo y la creencia de que podemos hacerlo muchas veces más. En general, se supone que la persona que aprende, puede realizar su trabajo en adelante.

848. OFICIO BUENO O MALO, DA DE COMER A SU AMO

Sobre las bondades de saber hacer alguna cosa en la vida. Dice el refranero que la persona que ha aprendido a realizar algún trabajo puede lograr vivir de él. En cambio, el hombre que no quiere aprender nada y no quiere trabajar en nada, ni comerá ni disfrutará de la vida. Otros refranes similares son: [848a] QUIEN HA OFICIO, HA BENEFICIO. [848b] QUIEN BUEN OFICIO SABE, DE LA DESPENSA TIENE LA LLAVE.

849. QUIEN CON AMOR TRABAJA, AL OTRO LLEVA VENTAJA

Porque trabajar con alegría y afición supone trabajar más y mejor, y por tanto, supone ganar más. El presente refrán reprende a los trabajadores que todo lo hacen con desgana, protestando y de mal talante. Otro refrán refuerza la idea según la cual el trabajo que gusta se realiza pronto y bien, mientras que el trabajo penoso y desagradable, se hace tarde y mal: [849a] TAREA QUE AGRADA PRONTO ESTÁ ACABADA.

850. Hasta el lavar los cestos, todo es vendimia

Indica que un negocio, un trabajo o cualquier otro asunto no está concluido hasta que no se logran los objetivos o no se le da fin por completo. Advierte sobre los peligros de confiarse en la consecución de unos logros cuando el trabajo está mediado. Sugiere firmeza y tesón para acabar una labor en su totalidad. Del mismo modo: [850a] Hasta el rabo todo es toro. Con este refrán se da una idea de los perjuicios que pueden surgir cuando nos relajamos en la realización de una tarea. La imagen taurina representa los peligros en un «pase»: hasta que el toro no ha salido de la suerte, el torero no debe confiarse.

851. No hay mejor lotería que el trabajo y la economía

Con este refrán se reprende a quienes confían en la suerte y en la fortuna para lograr ganancias. El saber popular conoce que por un afortunado en el azar, hay millones que no lo son; por tanto se aconseja confiar más en nuestro propio esfuerzo, en nuestra inteligencia y en nuestras manos y dejarnos de quimeras y fantasías. Los únicos bienes que lograremos, dice el refrán, los obtendremos con el trabajo y el ahorro. Otros refranes dicen: [851a] No hay mejor lotería que trabajar noche y día. [851b] No hay mejor lotería que trabajar cada día.

852. Quien siembra, recoge

O bien: [852a] De lo que se siembra se coge. Se refieren estos refranes a la necesidad de aplicarnos en la realización de nuestros trabajos. También indica que las personas que se esfuerzan en su labor, obtienen sus frutos. La paciencia y la humildad son recursos imprescindibles en las tareas cotidianas: los hombres que trabajan logran, antes o después, lo que desean. El refranero utiliza la comparación de la siembra: precisamente porque cuando el labrador prepara la tierra, no está buscando el fruto inmediato; debe esperar a que las espigas crezcan y den grano. Son siete u ocho meses de espera, pero los resultados llegan al fin. [852b] Quien no siembra, no cosecha.

853. Una ley vino de Roma: que el que no trabaje, no coma

Es muy dudoso que ningún concilio vaticano expresara exactamente esta idea. El refranero se refiere al pasaje del *Génesis* donde Dios maldice a Adán y le comunica que comerá el pan que se gane con el sudor de su frente, es decir: trabajando. Lo mismo señala esta variante: [853a] Ha venido de Roma que el que no trabaje, no coma.

854. Si el que no trabaja no comiera, barato el trigo estuviera

El presente refrán lamenta que los anteriores no se cumplan. El saber popular es consciente de la injusticia social que supone el hecho de que haya personas que, sin trabajar, se vean favorecidos por la fortuna, por la fama o por el linaje. Éstos comen sin ganárselo, piensa el refranero; mientras el humilde trabajador se desloma para subsistir, el rico y el holgazán logran su sustento como por arte «de birli birloque». Otros refranes reivindicativos son: [854a] Quien más hace, menos merece. [854b] Quien más trabaja, menos gana. En ambos se da a entender que la sociedad no recompensa ni reconoce a las personas trabajadoras y humildes. Se vitupera también al grupo social que se dedica a favorecer a los halagadores, holgazanes, inútiles y buscavidas.

855. Lo que se gana con afanes lo heredan los holgazanes

Se queja el refranero de la ingratitud de los hijos y parientes. Porque, supone el refranero, hay hombres de bien que pasan sus días trabajando como burros para ofrecer comodidad y bienestar a los miembros de la familia, y, al cabo, éstos lo derrochan y malgastan como si aquellos bienes hubiesen caído del cielo o no costara nada ganarlos. El refrán propone mirar por uno mismo sin tener en cuenta el futuro de los demás: dice una castiza sentencia: [855a] El que venga detrás, que arree. Y quiere decir que cada cual debe ocuparse de lo suyo y esforzarse en lograr lo que desee.

856. Al hacer, temblar; al comer, sudar

Con este refrán se reprende a las personas que se muestran remisos y torpes a la hora del trabajo, y muy dispuestos cuando se ponen los platos en la mesa. Va dirigido a los perezosos y vagos que se esfuerzan sólo cuando deben alcanzar el queso y el filete. Hubo en Castilla la Vieja un mozo que decía ser tonto. Cuando los segadores le proponían algún trabajo, el mozo se iba renqueando y protestando, y se hacía el desentendido. Decía que estaba muy malo y que se iba a acostar debajo de una encina. Cuando los segadores hacían el descanso de la comida y extendían los manteles, el mozo se levantaba de un brinco, se colocaba el sombrero de paja y venía cantando con garbo: «¡Marciaaal, tú eres el más grandeeee!»

857. ARAMOS, DIJO LA MOSCA AL BUEY

El refranero reconviene la actitud de las personas que permanecen pasivas ante el trabajo de los demás y sugieren que la tarea se ha hecho a medias. El refranero señala las actitudes más comunes o más frecuentes. Es considerable, al parecer, el número de hombres que obran de este modo. En España es muy habitual ver corrillos de gente en torno a uno o dos obreros que están trabajando. También es muy común escuchar recomendaciones o consejos de quienes sólo miran.

858. QUIEN MÁS HABLA, MENOS HACE

Dice que las personas habladoras suelen trabajar poco y distraerse en su conversación. En términos más irónicos, sugiere este refrán que las personas que fanfarronean de hacer muchas cosas son las que menos hacen. Del mismo modo puede entenderse el siguiente refrán: [858a] A MUCHO HABLAR, POCO OBRAR.

859. DEL DICHO AL HECHO HAY UN TRECHO

Con este refrán se reconviene a quien se vanagloria de actos que aún no se han llevado a cabo. Supone la dificultad en realizar cualquier acción. Cuando expresamos el presente refrán queremos dar a entender nuestra desconfianza ante los fanfarrones y valentones. Lo decimos porque no creemos que lo puedan lograr, porque no estamos seguros de su capacidad, de su laboriosidad o de su valentía. Otras variantes son: [859a] DEL DICHO AL HECHO VA UN TRECHO. [859b] DEL DICHO AL HECHO HAY MUCHO TRECHO. Existen más refranes que expresan, del mismo modo, la diferencia que existe entre hablar y el actuar. Porque no siempre quien más habla, más hace: [859c] DEL DECIR AL OBRAR, MIL PASOS HAY QUE DAR. [859d] DEL PENSAR AL HACER HAY CIEN LEGUAS QUE CORRER.

860. UNA QUE HICE Y TRES QUE PENSÉ HACER, TRES QUE ME APUNTÉ

Se critica a las personas que trabajan poco y que cuentan como trabajo hecho lo que aún no han empezado. Mediante este refrán reconvenimos a la gente que se ufana de logros que no han llevado a cabo.

861. QUIEN MENOS TRABAJA, MÁS SE UFANA

Lamenta este refrán la necedad de quien se vanagloria o se enorgullece de trabajos torpes y breves. En contraposición con las gentes honradas y humildes que realizan su labor calladamente, existen individuos que hacen una pequeña tarea y lo pregonan.

862. Mientras lo piensa el cuerdo, lo hace el necio

Recomienda decisión y diligencia en el trabajo. El refranero sugiere que la cobardía o la lentitud pueden echar a perder la labor. Se aconseja, por tanto, cierta ligereza en las obras. En el mismo sentido se explica el siguiente: [862a] Mientras el sabio piensa, hace el necio su hacienda.

863. Quien no empieza, no acaba

Como en los ejemplos anteriores, se reclama la necesidad de ser activo y diligente en las tareas: asimismo, el presente refrán recuerda que los trabajos que no se comienzan siempre quedan por hacer. Otro refrán sugiere que dar principio a una labor es ya tenerla muy avanzada, especialmente para aquellas personas a las que les cuesta mucho ponerse en acción: [863a] Obra empezada, medio acabada.

864. Quien no anuncia cada día, no vende su mercancía

Aconseja el trabajo diario, el tesón y la perseverancia para conseguir nuestros objetivos. El refrán utiliza la imagen del mercader que llegaba con sus mercancías a las plazas de los pueblos y avisaba a los vecinos con el fin de buscar clientes para sus productos.

865. El mozo por no saber y el viejo por no poder, dejan las cosas perder

Se recrimina a varias personas que han dejado sin realizar una tarea y dan excusas absurdas o insignificantes. Las excusas más habituales son «no sabía» y «no podía»; de modo que el refranero reprende a estos hombres que, simplemente, «no querían».

866. Antes la obligación que la devoción

Enseña que los deberes son prioritarios: el trabajo, las responsabilidades y los negocios se consideran principales en la vida del hombre. Los placeres, la diversión y el goce han de mantenerse en un segundo plano. El conocimiento práctico del refranero aconseja la dedicación plena a las tareas que nos proporcionan los bienes materiales imprescindibles: sólo teniendo cubiertas estas necesidades podremos disfrutar del ocio y del tiempo del placer.

867. Quien emprende muchas cosas, acaba pocas

Con este refrán se da a entender que la dispersión en las tareas supone un grave inconveniente. Se recomienda, por tanto, hacer pocas cosas para poder llevarlas a cabo. Otro refrán similar define a las personas inquietas y frívolas como gentes poco laboriosas: [867a] Culo de mal asiento, no acaba cosa alguna y emprende ciento.

868. Dos porque empiece y diez porque lo deje

De este modo nos expresamos cuando un holgazán está trabajando. Alude a los grandes esfuerzos que hay que hacer para que se disponga a empezar una tarea y, después señala el desastre que está llevando a cabo. Suele acontecer que los vagos tardan mucho en iniciar un trabajo, y como no están acostumbrados a tamaños esfuerzos, la labor se hace eterna y, finalmente, la obra resulta tan mala que mejor hubiera sido que no hubiera empezado nunca.

869. No estorbar es casi ayudar

Severo refrán con el que se contesta a quien está empeñado en ayudar y no hace sino rondar a nuestro lado pidiendo tareas e incomodándonos en nuestro trabajo.

870. Gato con guantes no caza ratones

Aconseja disponerse técnicamente para llevar a cabo una tarea. También se expresa cuando observamos que una persona no está utilizando el método adecuado para dar fin a su trabajo. En términos generales, el refrán se utiliza para reprender a quien no pone los medios necesarios a la hora de lograr algo. En otras ocasiones, se hace referencia explícita a los guantes: las madres suelen reconvenir dulcemente a los niños con este refrán cuando los chiquillos con manoplas o guantes pretenden coger alguna cosa o efectuar alguna acción complicada y la tarea se hace imposible al tener tales prendas en sus manos.

871. Tarde y mal, dos veces mal

El refranero recomienda la diligencia y la precisión en todas las tareas.

Como hecho principal se requiere hacer los trabajos bien; la segunda disposición es hacerlos pronto. Si se realizan tarde y mal, el daño y el perjuicio es doblc. Por esta razón, otro refrán reza: [871a] PRONTO Y BIEN, RARA VEZ JUNTOS SE VEN.

872. MÁS TRABAJO ES ENMENDAR QUE VOLVER A EMPEZAR

Sugiere este refrán que las correcciones y los chaperones resultan, en ocasiones, contraproducentes. Aconseja realizar un trabajo sin enmiendas ni parches, porque la reparación resulta muchas veces más incómoda y menos efectiva. La pérdida de tiempo y de esfuerzo no compensan los escasos resultados que va ofrecer una obra remendada. Las chapuzas sólo dan trabajo y rara vez son útiles.

873. EL MOZO PEREZOSO, POR NO DAR UN PASO, DA OCHO

Porque el holgazán sólo trabaja en buscar los medios para trabajar menos. El refranero sugiere que la mayoría de los trabajos han de llevarse a cabo con un método probado por la experiencia; pero el vago sólo piensa en cómo evitar el esfuerzo y siempre acaba equivocándose. Por esta razón, cuando quería hacer menos, se ve obligado a hacer más. En términos generales, se utiliza para señalar que los trabajos mal hechos necesitan rehacerse, y por tanto, se emplea más tiempo y más esfuerzo. Así lo aseguran también otros refranes: [873a] NO HAY ATAJO SIN TRABAJO. [873b] POR DONDE EL HOMBRE PIENSA ATAJAR, SUELE MÁS RODEAR.

874. A DINEROS DADOS, BRAZOS QUEBRADOS

Recomendación para gentes que tengan asalariados o trabajadores. El refranero supone que el trabajo debe pagarse cuando la obra esté concluida, y nunca antes, porque cuando el obrero ha cobrado no pone ningún interés en su tarea y puede abandonarla en cualquier momento. Otros refranes similares son: [874a] MOZO PAGADO, EL BRAZO QUEBRADO. [875b] JORNAL ADELANTADO, BRAZOS QUEBRADOS.

875. NO HAY PEOR SABER QUE EL NO QUERER

Expresa una queja contra los hombres que dicen no saber realizar un trabajo, cuando, en realidad, lo único que pretenden es desentenderse de él. El refranero asegura que la voluntad es la primera condición para llevar a cabo una tarea. Cuando existe voluntad, todo se logra: si no es por conocimientos será por maña, pero todo se consigue al fin. Otros refranes similares son: [875a] No hay mayor dificultad que la poca voluntad. [875b] Más hace el querer que el poder. [875c] Querer y poder hermanos vienen a ser.

876. Boquerón que se duerme, se lo lleva la corriente

Este refrán recomienda actividad y diligencia en todo lo que se emprende. También aconseja obrar con oportunidad y no desperdiciar las ocasiones que se presentan. Los negocios y los oficios requieren presteza y agilidad, y aquellos que no obran con rapidez se ven apartados: no participarán de las ganancias ni de los beneficios. La sabiduría popular recomienda siempre decisión y oportunidad, así, la lengua española ha formado varias expresiones para designar la necesidad de obrar con prontitud y eficacia: «estar vivo», «andarse listo», «estar a la que salta», «no perder ripio» y otras.

877. Ocasión desaprovechada, necedad probada

Recomienda no dejar pasar las oportunidades que se presenten, en cualquier ámbito de la actividad social. Actualmente suele utilizarse la expresión «estar en el sitio justo, en el momento justo», para señalar que las ocasiones también se buscan, y cuando aparecen, es necesario no dejarlas escapar. También el refranero popular sabe que las oportunidades sólo pasan una vez en la vida y que hay que nandarse con cien ojoso para descubrirla y no desaprovecharla: [877a] Ocasión perdida no vuelve en la vida. [877b] Ocasión que pasó, pájaro que voló. [877c] Ocasión y vergüenza tienen ida y no tienen vuelta.

878. Para el cobarde, o no hay suerte, o llega tarde

Dice este refrán que el negligente o el necio no sabe distinguir cuándo tiene la oportunidad de prosperar. El ruin sólo lamenta su estado y se complace en compadecerse de su mala ventura, generalmente porque está donde no debe y no hace lo que debe.

879. El día que no escobé vino quien no pensé

Con este refrán se hace una lamentación de la mala fortuna en alguna circunstancia determinada. En general, se comprende que la falta de previsión o la negligencia en algún asunto ha perjudicado toda una labor o toda una reputación. Del mismo modo: [879a] PARA UN DÍA QUE ME ARREMANGUÉ, EL CULO SE ME VIO. El refranero advierte con estos ejemplos de la necesidad de estar siempre dispuestos y preparados, de no dejarnos llevar por el exceso de confianza y de perseverar en nuestras labores. Asimismo indican las desgracias que acarrean los descuidos y los errores.

880. AL QUE NO ESTÁ ACOSTUMBRADO A BRAGAS, LAS COSTURAS LE HACEN LLAGAS

Señala que la falta de hábito produce graves inconvenientes. Habitualmente, este refrán se expresa cuando una persona perezosa o poco diestra se ve obligada a hacer algo que le resulta penoso, y por ello, se queja y se lamenta. Los demás suelen burlarse de ella expresando con ironía el presente refrán.

881. EL TRABAJAR ES VIRTUD, Y EL NO TRABAJAR, SALUD

Chancero refrán con el que los algunos holgazanes suelen describir los inconvenientes del trabajo. Se afirma que el esfuerzo produce graves lesiones en el cuerpo y que puede considerarse una especie de penitencia. Sólo por esta razón el trabajo es virtud. [881a] PARA QUE EL TRABAJO SEA SANO, EMPIEZA TARDE Y ACABA TEMPRANO. Como en el caso anterior, un vago redomado debió ser el inspirador de esta sentencia popular. Apela también a la salud física para evitar los esfuerzos y los sudores.

882. ARCO QUE MUCHO BREGA, O ÉL O LA CUERDA

Recomienda el trabajo moderado y, en términos generales, aconseja el uso prudente de todas las cosas, incluido el cuerpo humano.

883. CRÍA FAMA Y ÉCHATE A DORMIR

O bien la variante: [883a] COGE FAMA Y ÉCHATE A DORMIR. De dos modos pueden entenderse estos refranes y de dos maneras distintas se expresan. En primer lugar, hace referencia a la posibilidad de prosperar y obtener beneficios por el simple hecho de haber logrado una reputación. Más usual es la interpretación según la cual una mala fama hace que ya no se pueda lograr nada, por mucho empeño que se ponga. Ahora bien, en su significado original, este refrán era una advertencia: sugería que sólo con la fama no se podía vivir toda la vida; advertía, además, que si una persona se descuida y lo confía todo a su reputación, puede verse en apuros. Algunas variantes fijan con más exactitud el significado concreto de estas expresiones: [883b] Cría buena fama y échate a dormir; críala mala, y échate a morir.

Soberbia

Con esta palabra, la lengua castellana expresa varios conceptos similares pero distintos: en primer lugar, hace referencia al vicio mediante el cual una persona desea la preferencia sobre cualquier otro, por orgullo o vanidad. En este caso, supone la superación de la envidia y una pasión incontenible por hacerse notar: llamamos a estos individuos «figurones». Por otro lado, la soberbia se muestra como el envanecimiento propio: llamamos soberbio a un individuo que considera que sus capacidades físicas, intelectuales o sociales, son superiores a las del resto de los hombres. Estos son los «pagados de sí mismos», los que creen que nadie hay mejor que ellos en el mundo. La soberbia se expresa de una tercera manera: cuando se ostenta una magnificencia exagerada e inadecuada. Los soberbios, los fanfarrones, los fieros, los vanidosos y arrogantes, suelen mostrarse adornados de una parafernalia superior a sus necesidades; en ocasiones, también esta pompa y suntuosidad es superior a sus méritos o a su valor. Por último, la soberbia es la acción ofensiva, en palabra u obra, respecto a otras personas, a las cuales el soberbio cree inferiores y trata con menosprecio.

Este vicio es considerado en el refranero como ridículo y la burla se hace extensiva a todos los individuos que se creen más de lo que en realidad son.

En este apartado, se ordenan los refranes conforme a la siguiente estructura: en primer lugar, se enumeran las sentencias aplicables a vanidosos, soberbios y fanfarrones. A continuación, el refranero hace mención extensa de la ridiculez del falso valor. Se completa esta sección con los ejemplos dedicados a las falsedades y mentiras; y, finalmente, a los necios ignorantes de su verdadera condición.

884. Dime de qué presumes y te diré de qué careces

Con este refrán se manifiesta el descontento ante una persona que fanfarronea de lo que tiene o se vanagloria de lo que es. Se da a entender que los hombres tienen una tendencia a exagerar sus virtudes y capacidades, especialmente cuando éstas son vulgares. La presunción y la soberbia son reprendidas de modo continuo en el refranero popular. Otro ejemplo similar es: [884a] SI QUIERES QUE TE DIGA DE QUÉ CARECES, DIME DE LO QUE BLASONAS. Se dice que el sabio Demóstenes era muy vanidoso, a pesar de ser el mejor orador de la Grecia clásica. Si paseando por la calle se encontraba a dos mozas y una de ellas le guiñaba el ojo a la otra como diciendo: «Mira, ahí va Demóstenes», entonces el viejo filósofo cambiaba su camino y las seguía, para oír y vanagloriarse de lo que decían. Un comentador romano dijo varios siglos después: «Demóstenes, que era tan diestro en convencer a los demás, era incapaz de corregirse a sí mismo.»

885. PRESUMIR Y NO VALER ES MASCAR SIN COMER

Señala la necedad que resulta de envanecerse de algo cuando no se poseen cualidades ni aptitudes. Dice el refrán que este comportamiento es ridículo: nada se gana con la presunción, sino el desprecio de los demás; y ningún beneficio puede obtenerse de las palabras vanas. El saber práctico popular advierte que sólo se puede lograr algo positivo de nuestros actos, no de nuestras palabras.

886. QUIEN MENOS VALE, MÁS PRESUME

Afirmación contundente y general. Supone el refrán que las personas inútiles e incapaces tienden a vanagloriarse de lo que, de hecho, ni poseen ni pueden poseer. La idea según la cual los más necios son los más presuntuosos, nace de la teoría contrapuesta: los sabios son humildes.

887. SI LO QUE QUIERES PARECER FUERAS, ¡CUÁNTO MÁS VALIERAS!

Con este refrán se reprenden la vanidad y las falsas apariencias. Porque el refranero sabe que muchos hombres se pintan a sí mismos con tan bellos colores que parecen otros. Estas gentes vanidosas se aman mucho a sí mismas y creen, de buena fe, que son como creen ser. Por desgracia para ellos, quienes los observamos conocemos bien sus límites y sus defectos. Fernando de Rojas, el autor de *La Celestina*, ya demostró en su inmortal novela que los hombres somos la mezcla de lo que otras personas dicen de nosotros y de lo que nosotros decimos de nosotros mismos.

888. **De este agua no beberé**

Se acompaña generalmente del consejo [888a] No digas: de este agua no beberé. Se reprende la fanfarronería respecto al futuro. El futuro se entiende como un tiempo impredecible, y por tanto no se pueden conocer las circunstancias en las que nos podemos ver a lo largo de los años, como tampoco sabemos qué actos nos veremos obligados a llevar a cabo.

889. **No hay terciopelo que no se arrastre por el suelo**

Dice que la presunción tiene sus contrapartidas y sus miserias. El refrán afirma que los poderosos («el terciopelo») han tenido que plegarse a muchas condiciones y han tenido que humillarse muchas veces para llegar a lo que han llegado. La honestidad y la dignidad no permite a algunos hombres el envilecimiento; pero habrá siempre personas que se arrastren para lograr la fama y la vanidad. De otro lado, el refrán sugiere que el poder está, en ocasiones, lleno de suciedad moral.

890. **Cuanto más tu saber alabes, menos sabes**

Porque el sabio sabe cuánto le falta por aprender, pero el necio cree saberlo todo ya. La historia del pensamiento y de la filosofía muestra bien a las claras que los torpes se han envanecido siempre de su sabiduría, mientras los verdaderos sabios han mostrado humildad.

891. **De dineros y de bondad, la mitad de la mitad**

Este refrán aconseja desconfiar de quien presume de ser bueno o de tener mucho dinero. El saber popular recela de las personas que dicen poseer bienes tan escasos. El hombre pretende ser rico y parecer bueno: como ambas cosas son difíciles de lograr, el refranero recomienda prudencia con los individuos que se envanecen de una y otra cosa.

892. **Perro que muchas liebres levanta, pocas mata**

Debe entenderse este refrán como un reproche a las personas que se ocupan en muchos asuntos sin dar fin a ninguno. Por otro lado, sugiere que los hombres o mujeres que presumen de hacer muchas cosas, es probable que no consigan pocas. En algunas ocasiones este refrán hace referencia al afán conquistador de los mozos: se envalentonan en los cafés y en las tabernas de haber seducido a muchas damas, cuando, en realidad, su fantasía le hace desvariar.

893. A veces, mucho ruido y pocas nueces

Este refrán suele reducirse a [893a] Mucho ruido y pocas nueces; con él se reconvienen los actos exagerados, escandalosos o bulliciosos para lograr objetivos mínimos o para no lograr nada. También expresa la fanfarronería o el trabajo falso, las promesas vanas, la palabrería, etc. En términos generales, se debe entender como un reproche a la falsedad o a la alaraca. Un proverbio inglés dice: «*Much ado about nothing*», es decir, «Mucho ruido para nada.» Su significado es idéntico al refrán español. Es también el título de una obra de William Shakespeare estrenada en el año de 1600.

894. A chico santo, gran vigilia

Como en el caso anterior, este refrán se reprenden las actitudes exageradas y desorbitadas a la hora de llevar a cabo una tarea fácil. En términos generales, se recomiendan gestos adecuados a las circunstancias. Los escritores de todos los siglos han convenido en llamar a esta actitud «el parto de los montes»: el anuncio de grandes portentos y, al fin, una consecuencia nimia y vulgar. Félix María Samaniego (1745-1801), el famoso fabulista riojano, escribió un pequeño poema que trataba, precisamente, de esta cuestión. En la glosa se quejaba de los escritores que utilizan palabras pomposas y grandilocuentes para, al fin, no decir nada.

El parto de los montes

Con varios ademanes horrorosos
los montes de parir dieron señales;
consintieron los hombres temerosos
ver nacer los abortos más fatales.
Después que con bramidos espantosos
infundieron pavor a los mortales,
estos montes, que al mundo estremecieron,
un ratoncillo fue lo que parieron.

895. En casa del herrero, cuchillo de palo

De este modo expresamos el disgusto ante el inconveniente de no tener a mano un objeto que, se supone, deberíamos tener por nuestro oficio o nuestra situación. En términos más generales se aplica a cualquier persona que carece de algo cuando, por su profesión o estado, es evidente que no debería faltarle. También se utiliza para señalar la desidia o la negligencia de estas personas. Por otro lado, el refrán se usa irónicamente para mostrar una carencia en hombres que han presumido de tener mucho. [895a] En casa del herrero, badil de madero.

896. Nadie es más engreído que un tonto bien vestido

Dice que los necios tienden a ser vanidosos, en especial si se les da la posibilidad de envanecerse. Y puesto que los tontos suelen ocuparse en tonterías, es muy común que un tonto bien vestido sea un zafio de tomo y lomo. El refrán señala, en general, que no se debe potenciar la vanidad del necio, para no hacerlo más necio. La vanidad se puede dividir en dos secciones: la vanidad intelectual (la de las personas que creen saber mucho y dicen saber mucho) y la vanidad exterior (personas satisfechas de su apariencia). A ambos tipos de individuos les conviene un dicho popular moderno: «Están encantados de haberse conocido a sí mismos.»

897. Vanidad y pobreza, todo en una pieza

Indica que la vanidad y la miseria suelen coincidir en una misma persona. Además, sugiere que quien se ocupa sólo de sí mismo, de pregonar sus cualidades, de fanfarronear de sus bienes, de mirarse y remirarse en el espejo, etc., no pueden dedicarse a labores más productivas. Por tanto, la presunción acabará en la casa de beneficencia. La ocupación en asuntos frívolos deviene en miseria. Samuel Richardson (1689-1761), autor de *Clara Harlowe* (1748) y de *Pamela Andrews* (1740), solía reprender en sus novelas a las mujeres que dedicaban mucho tiempo a su imagen personal porque, «la mujer que pierde su tiempo en parecer hermosa, no lo tiene para parecer inteligente».

898. La gloria vana, florece y no grana

Afirma el refranero que la fama pasajera no proporciona beneficios ciertos. La fama pasajera se esfuma del mismo modo que llegó; es una gloria fugaz y vacía porque no se sustenta en nada y, por tanto, nada quedará de ella.

899. Con hombre vano, ni en invierno ni en verano

Recomienda huir de las personas vanidosas y frívolas, de aquellas que se ocupan en nimiedades y zarandajas. La lengua castellana tiene muchos y jugosos términos para señalar a este tipo de personas: se dice, por ejemplo, que una persona es una «creída» cuando se tiene por hermosa o sabia o rica; también se le llama fantoche, o frívolo, o fatuo. Antaño se decía que una mujer arrogante y engreída tenía «la cabeza llena de aire» o «de viento».

900. Quien tiene buen anillo todo lo señala con el dedillo

Señala los «tufos de petulancia» de la persona que intenta mostrar públicamente los bienes que posee, aunque sean ridículos o pobres. El vanidoso, dice el refrán, enseña cuanto tiene con el fin de pavonearse y engrandecerse a los ojos de los demás.

901. Aprendiz de mucho, maestro de nada

Indica este refrán que las personas que se ocupan en muchos asuntos o que pretenden conocer muchos asuntos acaban por no ocuparse de nada y por no saber nada. En términos generales, se reprende a quien quiere realizar múltiples actividades sin conocer ninguna en profundidad. También se reconviene a los que se jactan de conocer temas variados y diversos en la creencia de que lo saben todo. Como siempre, el refranero recomienda centrarse en cuestiones concretas y no dispersarse. El que se esfuerza en saber una cosa, termina por saberla; el que quiere saberlo todo, al fin lo ignora todo. Una variante de este refrán es: [901a] Oficial de mucho, maestro de nada.

902. Quien escucha es discreto; quien se escucha, necio

Porque suele suceder que las personas que dialogan no se escuchan mutuamente, sino que cada una se escucha a sí misma: estos individuos se complacen en su sabiduría y en su buen hablar, se gustan mientras hablan, creen que dicen verdades ciertas e ingeniosas. El saber popular afea estas conductas vanidosas y presuntuosas. Recomienda escuchar y aprender.

903. Hijo no tenemos y nombre le ponemos

El refranero se burla de las personas que hacen proyectos reales sobre fundamentos ficticios. Con este refrán se da a entender también que los fines no se logran sin poner los medios adecuados, y que imaginar los sucesos futuros basándonos en la fantasía es una necedad.

904. EL OSO Y EL HOMBRE: QUE ASOMBREN

Sugiere que el hombre debe comportarse y actuar de modo que cause espanto o estupefacción. El refrán hace referencia a dos aspectos fundamentales: el físico y el intelectual. La sabiduría popular da este consejo con la intención de que otras personas pongan sus ojos en el hombre, condición necesaria para prosperar. Por tanto, recomienda causar impresión de cualquier modo. Otro refrán recuerda que la modestia y la humildad nunca lograron medrar: [904a] FRAY MODESTO NUNCA LLEGÓ A PRIOR. Respecto a la belleza física del varón, un refrán sugiere que toda su belleza consistirá en la semejanza que tenga con un plantígrado: [904b] EL HOMBRE Y EL OSO, CUANTO MÁS FEO, MÁS HERMOSO. Aunque «sobre gustos no hay nada escrito», es probable que este refrán sea sólo un consuelo para los feos, o bien que haga referencia exclusiva a la belleza de la fuerza: cuanto más fuerte, más hermoso.

905. LA CANA, ENGAÑA; EL DIENTE, MIENTE; LA ARRUGA, NO DEJA DUDA

Respecto a la edad de las personas, el refranero sugiere calcularla de acuerdo con las arrugas, porque las canas pueden teñirse y los dientes ocultarse. En la actualidad, este método tampoco es fiable.

906. EL QUE EN SÍ CONFÍA YERRA CADA DÍA

Recomienda no actuar con soberbia y presunción. Porque la confianza excesiva en uno mismo puede conducir a errores y porque todos necesitamos ayuda y consejo en determinadas situaciones. Dice el refrán que los hombres que actúan con arrogancia, sin prestar atención a las sugerencias y los apoyos de otras personas cometerán fallos graves; y todo lo deberán a su prepotencia.

907. NO SÉ QUÉ ME HAGA: SI PONERME A SERVIR O BUSCAR CRIADA

Se refiere a una indecisión absurda, o a otras situaciones en las que cualquier resolución puede resultar peligrosa o dañina. También se utiliza irónicamente ante quien alardea y se vanagloria de tener muchas posesiones cuando, en realidad, nada tiene. En este mismo sentido, los primeros periodistas del siglo XIX suelen contar que la moda de visitar París en aquellos años estaba muy extendida, y que muchos hombres se jactaban de conocer muy bien la capital de Francia. Le preguntaron a uno cuántas veces había visitado aquella ciudad y contestó: «Una o ninguna.»

908. **Quien sube más arriba de lo que podía, cae más bajo de lo que creía**

Recomienda prudencia y tiento en las conductas que supongan grandes beneficios. También debe entenderse que es muy peligroso prosperar con rapidez y llegar a situaciones que no se puedan controlar. El refrán aconseja no dejarse llevar por el brillo del lujo en las altas esferas, porque es común que los grandes no quieran advenedizos ni entrometidos.

909. **Quien de ajeno se viste, en la calle lo desnudan**

Aconseja no atribuirse méritos ajenos, ni presumir de lo que no se posee, ni alardear de cualidades que no se tienen. El refranero explica qué fácil es desenmascarar a las personas que mienten y se apropian de lo que no les pertenece con el fin de aprovecharse de los trabajos ajenos. En el siglo XVII, el teatro era muy popular. Los dramaturgos escribían innumerables obras de teatro porque en los corrales se representaban piezas nuevas continuamente y existía gran demanda de comedias. Un avispado pensó que escribiendo de puño y letra las obras de teatro podría venderlas y de este modo lograría ganarse la vida. Para ello se ejercitó con voluntad y se dice que era capaz de aprenderse de memoria representaciones enteras, asistiendo sólo dos o tres veces a la función. Este hombre, a quien se conocía con el apodo de *El Memorilla*, suscitó una gran polémica en su tiempo, por robar y aprovecharse del ingenio de otros. No está descartado que anduviera en pleitos o que recibiera alguna paliza. Otras variantes son: [909a] Al que de ajeno se viste, en la calle lo desnudan. [909b] Quien de lo ajeno se viste, en concejo lo desnudan.

910. **Tanto vale el hombre cuanto más vale su nombre**

Lamenta el refranero la importancia de la fama, la reputación o la nobleza en la sociedad. El saber popular tiende a valorar al individuo en virtud de sus actos y no en virtud de su linaje. El refrán enseña que, en ocasiones, la prosperidad nace con los apellidos o con el escudo de la casa, y que es muy complicado medrar en este mundo sólo con la honestidad, el saber o el trabajo.

911. **No hay cosa tan bien repartida como el talento: cada cual con el suyo está contento**

Porque la vanidad humana no admite la incapacidad propia, o la ignorancia o la torpeza. Todos los hombres están dispuestos a asegurar su inteligencia. Y, en general, ningún hombre acepta de buen gusto ser un vicioso, un necio o un holgazán. Así dice el siguiente refrán: [911a]No hay tonto, por tonto que sea, que tonto se crea. Sin embargo, resulta curioso cómo nadie es capaz de acusar a su propia debilidad la falta de prosperidad: la vanidad del hombre asegura que la desgracia es la consecuencia de la mala suerte, no de su torpeza: [911b] Ninguno de su suerte está contento, y todos lo están de su talento.

912. Aunque la mona se vista de seda, mona se queda

Señala que es inútil encubrir los defectos o los vicios porque, al cabo, por una razón u otra, se desvelará la verdad, y el ridículo será mayor. Se aplica también a las personas que se elevan en la posición social pero son incapaces de adecuarse a las circunstancias y sus gestos y actitudes delatan un origen villano o humilde. La referencia al mono es muy propia, porque el mono imita al hombre en muchas ocasiones, pero no deja de ser mono.

913. Dijo la sartén al cazo: quita allá, que me tiznas

Refleja la soberbia y la necedad de quien, teniendo muchos defectos, no quiere tratos ni relación con otra persona y la acusa de cometer errores o de tener vicios. Con este refrán se reprende a aquellos individuos viles que nos critican por tener algunos fallos, y se da a entender que los soberbios y los vanidosos suelen ver los defectos ajenos, pero son incapaces de ver los propios. Una variante de este refrán es el siguiente: [913a] Dijo la sartén a la caldera: ¡Quítate allá, culinegra!

914. Consejos vendo; y para mí no tengo

Recrimina la actitud de las personas que ofrecen recomendaciones gratuitas sin llevarlas a la práctica ellas mismas. Por extensión, el refrán enseña qué fácil es dar consejos y qué difícil dar ejemplo. Se reprende, en general, a los que tienden a entrometerse en las vidas ajenas diciendo lo que se debe o no se debe hacer; en especial, cuando ellos mismos debían corregir su propia vida o sus propias actitudes.

915. Boticario sin botica, nada significa

Alude a la necedad de vanagloriarse por lo que no se tiene o por lo que no se puede tener. También da a entender la necesidad de ejercer y actuar conforme al estado del que se presume y recomienda no dejarse llevar por la fantasía y la imaginación.

916. Valiente por el diente

Contra los fanfarrones. Se llaman de esta manera a los hombres que alardean de lo que no son, y, en particular, se dice de los que siendo cobardes y medrosos aseguran ser valientes. Se expresa este refrán cuando un individuo promete hacer tal o cual cosa arriesgada y nadie le cree. Uno de éstos entró en una taberna sangrando por la boca y dijo: «¡Voto a tal! ¡Juro que quien me rompió estos dientes que me faltan, cayó rendido a mis pies!» Y cuando le preguntaron quién había sido el agresor, el fanfarrón respondió: «un guijarro».

917. Perro ladrador, poco mordedor

Con este conocidísimo refrán se expresa la burla ante quienes hablan mucho y hacen poco. Se da a entender que los hombres que prometen, juran y perjuran, desafían y vengan en la taberna y en el café, suelen acobardarse y amedrentarse ante verdaderas situaciones de peligro. En general, el refranero asegura que los bravucones sólo muestran su valor cuando hablan, no cuando actúan. En el mismo sentido debe entenderse la variante: [917a] Gato maullador, poco cazador.

918. De pico, mata la burra al borrico

Como es el caso de los refranes anteriores, sugiere que cualquiera es capaz de llevar a cabo las hazañas más portentosas si no va más allá de las palabras.

919. No es tan fiero el león como lo pintan

Esta sentencia alude a personas cuya apariencia o fama indica agresividad o temor, aunque, en realidad, su aspecto no se corresponde con las intenciones o los pensamientos. También se aplica a determinados asuntos en teoría espinosos o difíciles, pero en la práctica más sencillos y dóciles. En ocasiones, se expresa para disminuir el temor que produce una persona o un negocio, e incluso para animar a enfrentarse a ellos con decisión y coraje.

920. **AHORA HERVÍA Y YA ES AGUA FRÍA**

Con este refrán se expresa el acaloramiento o la furia que se aplaca con facilidad. El refranero se burla un tanto de las personas que se irritan con desmesura y, al cabo, todo se les pasa y no le conceden mayor importancia al asunto que, un momento antes, les sacó de sus casillas.

921. **NO HAY VIEJO QUE NO HAYA SIDO VALIENTE, NI FORASTERO QUE SEA MALA GENTE**

Se expresa ante las personas que fantasean sobre experiencias pasadas o lejanas en la convicción de que no pueden ser rebatidas ni comprobadas. El refrán alude a los ancianos que cuentan sus imaginarias batallas de juventud, allí donde fueron protagonistas y héroes. Por otro lado, el forastero puede mentir a sus anchas sobre sus virtudes o su historia, pues nadie puede demostrar lo contrario.

922. **VALIENTE DE BOCA, LIGERO DE PIES**

Como otros refranes ya transcritos, éste propone que los bravucones y fanfarrones sólo muestran su valor al amor de la lumbre, con una taza de caldo en las manos o con la pipa encendida. El refrán asegura que los individuos que se envanecen de su valor suelen ser cobardes y medrosos. En parecido sentido puede entenderse el siguiente refrán: [922a] QUIEN MATA A UN LEÓN AUSENTE, DEL RATÓN PRESENTE SE ESPANTA.

923. **CON AYUDA DE MI VECINO MATÓ MI PADRE UN COCHINO**

Se utiliza este refrán en distintos sentidos. El primero, hace referencia a la fanfarronería; el segundo, a la necesidad de colaboración; y el tercero, a la irresponsabilidad. En los dos primeros casos, el saber popular reniega de quienes dicen hacerlo todo por sí mismos sin ayuda de nadie. En el último caso alude al desentendimiento de una persona que ha realizado un acto reprensible. Como en [923a] ENTRE TODOS LA MATARON Y ELLA SOLA SE MURIÓ.

924. **TANTO DECÍS, QUE CREO QUE MENTÍS**

Contra mentirosos y fanfarrones. Se usa este refrán para reprender a una persona muy habladora y que exagera todos los asuntos que toca. Se dice de los mentirosos habituales, que acaban por creerse sus propias trafullas, y que, en ocasiones, no son capaces de distinguir lo que fue verdad de lo imaginado. Un aforismo de cierto autor oriental señalaba que las mentiras eran perdonables, pero era intolerable engañarse a uno mismo. El famoso actor británico Roger Moore, que tantas veces interpretó al Agente 007, James Bond, odiaba las entrevistas: «Sí, señor, no me gustan las entrevistas: siempre tengo dificultades para recordar las mentiras que conté en las anteriores», decía.

925. Una mentira, de ciento tira

Se dice porque la manipulación de la verdad obliga a imaginar otras muchas falsedades, de modo que todo se convierte finalmente en un absurdo y en un cúmulo de trafullas. En el mismo sentido dice otro refrán: [925a] De una mentira nacen ciento. Una mentira es también una «bola» o una «trola». Otras palabras del castellano para designar la falsedad son: engañifa, falordia, embuste o patraña.

926. Antes se pilla al mentiroso que al cojo

Y también: [926a] Al que miente se le coge en la calle de enfrente. Ambos refranes señalan que la falsedad siempre acaba por descubrirse y que una mentira nunca puede ocultarse para siempre. En cierta ocasión, un comendador se lamentaba de la gran cantidad de menesterosos y pobres que había en su ciudad. Cada día se apiñaban en la puerta de su palacio docenas de tullidos y cojos en busca de limosna. «Somos cojos y lisiados», decían, «no podemos ganarnos el pan. Por amor de Dios, concédanos alguna limosna». El comendador hizo que todos los pordioseros pasaran al patio del palacio y, cuando se encontraban todos juntos, soltó una vaquilla. Los verdaderos tullidos se agazaparon en los soportales del patio, pero la mayoría soltaron sus muletas y huyeron despavoridos y corriendo como alma que lleva el diablo. De este modo pudo saber el comendador que en su villa había más holgazanes que cojos.

927. Quien mucho habla, mucho miente; porque el mucho hablar y el mentir son parientes

Con este refrán se da a entender que la palabrería excesiva e inmoderada conduce a la mentira y a la falsedad. El refranero también sugiere que el mucho hablar provoca errores o compromisos indeseables. También puede ofender y desvelar secretos. [927a] Quien en mucho hablar se empeña, a menudo se despeña.

928. SAN CERCANO NO HACE MILAGROS; SAN LEJARES, POR DECENAS Y CENTENARES

Se dice porque los viajeros suelen contar aventuras increíbles, fantásticas o imaginadas. Y, puesto que han sucedido en lugares remotos, es imposible la comprobación. Sucede, por tanto, que los hechos más prodigiosos siempre ocurren lejos de nuestras casas y fuera de nuestra vida cotidiana. El refranero español recomienda no creer «a pies juntillas» a ciertos viajeros que afirman haber realizado hazañas o que aseguran haber visto maravillas sin cuento. [928a] QUIEN A LEJANAS TIERRAS VA, SI NO MENTÍA, MENTIRÁ. [928b] DE LUENGAS VÍAS, LUENGAS MENTIRAS. Con el descubrimiento de América en 1492, muchos aventureros emprendieron la gran travesía hacia el Nuevo Mundo en busca de fortuna. Las noticias que llegaban a Castilla eran asombrosas: montañas de oro, ríos de plata, esmeraldas y rubíes, etc. La leyenda de El Dorado nace precisamente de esta falsa idea según la cual existía un lugar donde el oro se podía coger a manos llenas. En la actual Bolivia, el explorador español Juan de Villarroel, mediado el siglo XVI, fundó una ciudad cerca de ciertas minas de plata. A la llamada de la riqueza llegaron muchos aventureros, de modo que la ciudad llegó a tener cerca de 200.000 habitantes. De este lugar se decían en Europa grandes maravillas por su riqueza y el lujo con que se vivía en aquella plaza. Su nombre era, y es, Potosí, y de ahí el dicho español «valer un potosí», cuando algo se estima en mucho, tiene mucho valor o es muy caro.

929. POR LA BOCA MUERE EL PEZ

Con este proverbio se da a entender que la palabra es, en ocasiones, fuente de error, origen de muchos conflictos y causa de nuestros propios males. En términos generales, se utiliza cuando una persona demuestra su verdadera personalidad al hablar; o cuando, por descuido, se confiesa autor de una mala acción o de un hecho que deseaba ocultar. Se recomienda, como siempre, vigilar la lengua.

930. SIEMPRE HA DE HABLAR UN LISIADO A LA PUERTA DE UN JOROBADO

En general, el presente refrán recomienda no lamentarse de los problemas propios en casa de quien es aún más desgraciado. La autocompasión es un modo de soberbia y vanidad, y el refranero aconseja prudencia en la narración de las penas que nos afligen. Por otro lado, se puede entender el refrán como una reprimenda a quienes critican los defectos de otros, cuando ellos mismos tienen graves vicios.

931. Sabios conocí: sabios para otros y necios para sí

De este modo se reprende a quienes se envanecen de su sabiduría pero no se aplican su propia teoría; y, especialmente, se recrimina a las personas aficionadas a dar consejos y a ordenar las vidas ajenas. El refrán sentencia que hay que desconfiar de los hombres y mujeres que pretenden corregirnos sin corregirse ellos mismos. Significa tanto como [931a] Consejos vendo y para mí no tengo.

932. Salamanca no hace milagros: el que va jumento, jumento vuelve

Se refiere, naturalmente, a la Universidad de Salamanca, la cual, desde su fundación a principios del siglo XIII (1218), ha mantenido su prestigio como institución generadora de cultura y sabiduría. La Universidad de Salamanca es el fruto del interés eclesiástico romano en impulsar los conocimientos y desterrar la ignorancia que invadía la Europa medieval. (Con todo, el título de la primera universidad de Castilla debe concederse al Estudio General de Palencia, establecido en el año 1210). Un aforismo latino señala, como el refrán, que *Quod natura non dat, Salmantica non praestat*; es decir: [932a] Lo que la naturaleza no da, Salamanca no lo concede. Estos refranes y proverbios señalan que la sabiduría sólo la alcanza quien se esfuerza y tiene capacidad para alcanzarla. En parecido sentido debe entenderse el siguiente: [932b] Quien es necio en su villa, es necio en Castilla. Porque Castilla no agudiza el ingenio sino a quien está predispuesto a aprender: el tonto nunca aprenderá nada, ni en Salamanca ni en Alcalá.

933. Quien tonto va a la guerra, tonto vuelve de ella

Como el refrán anterior, éste indica que las personas rudas y faltas de entendimiento no logran aprender nada, aunque la escuela sea magnífica. Se habla de la guerra porque la milicia ha sido considerada tradicionalmente como escuela de pillos, allí donde un hombre tímido y pacato aprende a desenvolverse en la vida.

934. Saber mucho y decir tonterías, lo vemos todos los días

Con este refrán se reprende a las personas que se envanecen de tener muchos conocimientos y no hacen sino proferir disparates y necedades. El refranero argumenta que son los sabihondos y los «listillos» los que más se envanecen de su saber; y tanto se precian, que no se percatan de estar diciendo sandeces y majaderías. También puede aplicarse a personas verdaderamente sabias, pero que no están exentas de cometer errores o de incurrir en simplezas.

935. NECIO LETRADO, NECIO DOBLADO

Dice este refrán que un título académico no otorga la inteligencia ni la sabiduría; y que, a los tontos, la toga y el birrete los convierte en soberbios y vanidosos. aunque no en inteligentes, y por tanto, se portan como majaderos completos. Otro refrán sugiere que un pánfilo con título no es más que un pánfilo mejor vestido: [935a] IGNORANTE GRADUADO, ASNO ALBARDADO. La sabiduría popular reniega de las personas que se muestran altaneros por tener un título académico o por haber pasado por la universidad. [935b] CON CAPA DE LETRADO, ANDA MUCHO BURRO DISFRAZADO. Se cuenta en Salamanca que, en cierta ocasión, don Miguel de Unamuno estaba leyendo una conferencia literaria en la Universidad. En un momento de su discurso, el profesor tuvo que decir el nombre de William Shakespeare, y lo pronunció a la manera española: es decir, pronunciando todas las letras. Los alumnos y profesores explotaron en grandes carcajadas y risas, porque don Miguel no había dicho */uiliam shekspir/*, tal y como se esperaba de un erudito. Ante tanta burla y tanta mofa, el profesor prosiguió su conferencia en inglés. Desgraciadamente, la mayoría de los asistentes no pudieron comprender nada, porque sólo conocían de este idioma el nombre del autor del *Hamlet*.

936. LA CARRERA DEL TONTO SE APRENDE PRONTO

Señala que el aprendizaje del necio se reduce a pocos asuntos y, de modo irónico, se señala que los tontos no se esfuerzan demasiado para serlo. Sin embargo, no está probado que para ser tonto se requiera poco esfuerzo. En primer lugar, está demostrado que es necesario ser un adoquín, un adobe y un arado de vertedera. En segundo lugar, es fundamental convertirse en un cebollino, un melón, un alcornoque y un moniato. Después conviene parecerse a ciertos animales: ser un burro, un asno, un rocín, un pavo, un bruto y un bestia. No se negará que para ser un pazguato es necesario ser muchas cosas, muchas plantas y muchos animales. Y todo, para convertirse en un pansinsal y un sansirolé.

937. CADA DÍA DICE UNA NECEDAD EL DISCRETO, Y CADA MINUTO EL NECIO

Sugiere el refranero que nadie está libre de decir tonterías y que es propio del ser humano cometer errores y decir disparates. La diferencia entre los sabios y los simples consiste en la frecuencia: los inteligentes hablan menos y se equivocan menos; los tontos no callan y, por tanto, no dejan de decir majaderías a cada instante. Los medios de comunicación modernos (la radio y la televisión, sobre todo) necesitan completar muchas horas de programación, de modo que constantemente se cometen errores, inoportunidades y, si el que habla no es muy avispado, se producen situaciones lastimosas: una de las más divertidas anécdotas ocurría cuando una famosa presentadora de televisión pidió al poeta don Rafael Alberti lo siguiente: «Por favor, don Rafael, recite un soneto, aunque sea pequeñito.»

938. A los borricos, alfalfa

Recomienda no prestar atención a los necios y a los que se empecinan en sus errores. En términos generales, señala la necesidad de no esforzarse en la educación de quien no quiere aprender. Debe entenderse también que no vale la pena otorgar beneficios a quien no los sabe apreciar, como en el dicho «dar margaritas a los cerdos» o su variante «dar perlas a los cerdos».

939. No yerra tanto el que yerra como el que en errar se empeña

Contra los necios empecinados y testarudos. El refranero sugiere que todos estamos sujetos a equivocaciones; pero resulta inadmisible reincidir y obstinarse en los errores. Dos sentencias clásicas indicaban: [939a] Errar es humano; y [939b] De sabios es rectificar. Recomienda tener en cuenta la opinión ajena y los consejos de las personas prudentes; asimismo, se considera necesario tener la capacidad de reconocer los fallos y corregirlos. El saber popular entiende que las personas obstinadas pecan de soberbia y simpleza: [939c] Hombre porfiado, necio consumado. [939d] Al terco dale dos higas, pero no le contradigas. En este caso, aconseja no perder el tiempo en corregirlo.

940. Quien alaba al tonto la tontería, lo hace más tonto todavía

Dice que la necedad debe ser corregida y reprendida, con el fin de evitar que el tonto proclame su tontería durante toda su vida. En general, se recomienda no halagar a los simples, ni dar como buenos sus juicios y opiniones.

941. PARA LOS TONTOS, LOS LIBROS SON ESTORBOS

Alude al poco fruto que los necios obtienen de los libros; sobre todo, porque aunque los tengan en sus casas nada les aprovechan. El refrán señala también, con ironía, que el tonto sólo halla en los libros más argumentos para su estulticia, pues no los sabe leer y los comprende mal.

Breve colección de refranes antiguos y olvidados

La literatura ha recogido la expresión popular de los refranes. Se insertan en los diálogos, se utilizan como sentencias o sirven para dar un aspecto más popular al contenido del texto. En algunos casos, estos antiquísimos refranes siguen vivos, aunque modificados; en otras ocasiones, son ejemplos perdidos en el saber común, han sido olvidados y apenas queda rastro de su expresión. Los filólogos han estudiado muy detenidamente las primeras muestras de la literatura castellana y han observado que los refranes son una manifestación inmediata de la lengua: es la forma popular de la sabiduría y, por tanto, su formación es paralela a la formación del idioma, a las relaciones sociales que se establecen y a las circunstancias históricas, geográficas o culturales en las que se desarrolla. A continuación se hace un brevísimo inventario de algunos de los refranes más antiguos en castellano, en los que se podrá observar la evolución de ciertas expresiones y las modificaciones que han sufrido. También se recuperan aquí varios refranes cuya memoria se ha borrado.

942. Remendar bien non sabe todo alfayate nuevo

El «alfayate» es el sastre. Significa que el aprendiz debe tener paciencia para dominar su oficio. También alude a que los novatos en algún asunto pueden cometer errores.

943. Al tiempo se encoje mejor la yerva malva

Refrán de insegura significación. Alude, probablemente, al hecho de que la malva gira siguiendo la luz solar. Podría significar que es necesario esperar el tiempo propicio para ejecutar una acción.

944. **Quien no tiene miel en la orça, tenga la en la boca**

Indica que las personas con pocos recursos deben acudir a la zalamería o al halago.

945. **Uno coyda el bayo e otro el que lo ensilla**

Lamenta que unos hagan el trabajo (cuidar el caballo) y otros disfruten la ganancia.

946. **Lo bien ganado, se pierde; y lo malo, ello y su dueño**

Un golpe de mala suerte puede hacer pobre al rico; pero al ladrón, le hará pobre y privado de libertad.

947. **Piedra movediza non la cubre moho**

Refrán contra la pereza: indica que todos los males se curan con acción y actividad. Y, en todo caso, el peligro se solventa huyendo.

948. **Corderilla mega mama a su madre y a la ajena**

Los mansos y los pacíficos hallan provecho; los airados, los locos y los necios sólo logran perjuicios y daños.

949. **La necesidad hace maestros**

Refrán que ensalaza la capacidad humana de crecerse ante las dificultades.

950. **Si la locura fuesse dolores, en toda casa havría bozes**

Sugiere que la mayoría de los hombres se comportan como locos, atolondrados o necios; y lamenta la poca sensatez del ser humano.

951. **Perdido es quien tras perdido anda**

Indica que cada uno es como las compañías que frecuenta.

952. **Por arte empreño el conexo a la vaca**

Significa que, a pesar de las dificultades, todo se logra con paciencia y maña.

953. **A tuerto o a derecho, aiude Dios a los nuestros**

Suplica la ayuda de Dios, sea ésta merecida o no.

954. **Del baço adoleçe quando el fígado es sano**

Con este refrán se reprende a los que ven inconvenientes en todas las cosas. También se utilizaba para advertir que el daño y el provecho andan repartidos.

955. **Entre col y col, lechuga; así plantan los hortelanos**

Intercalando buenas y malas cosechas, como los hortelanos, así todos damos y recibimos bondades y maldades entremezcladas.

956. **Arrimarse al sano, es discreción**

Consejo que sugiere que la compañía de gente sana –espiritualmente– nos otorga algo de su sensatez, haciendo buena la sentencia que dice: «Todo se pega menos la hermosura.»

957. **La sangre nueva, poco calor ha menester para hervir**

Dice que los jóvenes se enardecen con prontitud. Hace referencia a la tendencia a irritarse, pero con mayor frecuencia se utilizaba para señalar impulsos eróticos o sexuales.

958. **A quien dices tu secreto, das tu libertad y estás sujeto**

Como en el refranero moderno, se señalaba la necesidad de guardar los asuntos privados y no comunicarlos a otras personas.

959. **Estremo es creer a todos y yerro no creer a ninguno**

Conmina este refrán a evitar extremismos, sea cual sea la naturaleza de éstos. Ni por exceso ni por defecto.

960. **Denos Dios días y vito, y parte en el paraíso**

Ruego de esperanza y de beneficios de la providencia. El «vito» es una corrupción *de diei victus*, fórmula eclesiástica en la que se aludía a la moderación en las costumbres alimenticias. En términos generales, este refrán señalaba el conformismo: días y alimento, aunque sea escaso, y un lugar en el Cielo.

961. **La llaga del amor, quien la hace la sana y quita el dolor**

Siempre se ha dicho que el amor puede ser doloroso… ¡pero es tan agradable! El refrán es una versión romántica del «sarna con gusto, no pica».

962. **Mal me quieren mis comadres porque digo las verdades; bien me quieren mis vecinas porque digo las mentiras**

Sobre el chismorreo, el refrán advierte que las verdades ofenden y que a las personas sinceras las rehuyen hasta sus más allegados.

963. **Va el río del todo buelto e ally es la ganancia de los pescadores**

Versión arcaica del conocido «a río revuelto, ganacia de pescadores». Siempre habrá quien se beneficie del mal de otros.

964. **En salvo está el que repica**

Alude a una costumbre de los pueblos marineros o de ciertos pueblos de montaña. Cuando se prevé tormenta o mal tiempo, el alguacil o el sacristán hace sonar la campana de la iglesia, para poner sobre aviso a los pescadores en la mar, o a los pastores en la montaña. De este modo se les recomienda que se pongan a cubierto y en lugar seguro o que regresen a la aldea. Este refrán se utilizaba para recriminar a quien presume de consejero, no teniendo él a ningún problema.

965. **Tomar las calças de Villadiego, vale huir más que de paso**

Porque cuando es necesario huir, más vale hacerlo rápido y pronto. Dicen los eruditos que Villadiego es un lugar muy llano y que se corre muy bien por sus campos.

966. **Ojos hay que de lagañas se agradan**

Significa que hay personas que se encuentran felices con algún mal o con alguna desgracia. Equivale a decir que un daño deseado y querido, es menos daño o no se tiene como tal. Dicen los andaluces: [966a] HAY GENTE 'PA TÓ'.

967. **Ruyn sea quien por ruyn se tiene e lo dize en concejo**

Quien en la intimidad confiesa algún defecto, no lo hace por modestia o humildad: ¡es que tiene tal defecto!

968. **Pan y vino andan camino, que no mozo ardido**

Además del sentido del refrán conocido, se reprende la precipitación juvenil.

969. **Al hombre osado, la fortuna le da la mano**

Alaba el coraje y la valentía, frente a las acciones tímidas y pacatas.

970. **El que las sabe las atañe; el que no, sílbalas y vase**

Una variante más antigua decía: [970a] Qui la sabe, la tanya. Sólo debería hablar sobre un tema quien lo domine.

971. **A bestia cargada, el sobornal la mata**

Dice que un leve peso o un daño mínimo puede hacer mucho daño a quien está plagado de desgracias.

972. **Pobre muere quien en palacio vejeze**

Sugiere que las personas que dedican su vida a servir a los demás nunca prosperan.

973. **Los tontos, huyendo de un peligro dan en otro**

Recrimina el refrán la insensatez, que nunca es positiva, y la precipitación del insensato que supone su ruina.

974. **Más vale con mal asno contender que la leña a cuestas traer**

recomienda no rechazar ninguna ayuda, por insuficiente que parezca.

975. **Murió el omne, mas non murió el su nombre**

Antiquísimo proverbio que recomienda tener la fama póstuma y el recuerdo de los que nos sobrevivan.

976. **A quien te la faz, fazla**

Recomienda la venganza. Cuando una persona nos haga daño o nos cause algún perjuicio, es recomendable, según el refranero, devolvérsela. Otra versión decía: [976a] A quien te la fai, faila.

977. **Cuando te dieren la cochinilla, acorre con la soguilla**

O bien: [977a] Cuando te dan la cabriella, acorre con la soguiella. Recomienda estar atento ante las oportunidades y las ocasiones de prosperar. En general, recomienda no despreciar lo que se ofrece de balde.

978. **Mal ajeno no pone consuelo**

Significa que las desgracias ajenas no alivian las penas propias.

979. **Nunca más el perro al molino**

Se dice del escarmentado. Un cuento tradicional hablaba de un perro que fue a olisquear en un molino y fue molido... ¡a palos!

980. **Quien quiere a Beltrán, quiere a su can**

Porque todo lo que pertenece a la persona querida o estimada, resulta también atractivo.

981. **En una hora no se ganó Çamora**

Una invitación a la paciencia para obtener grandes logros.

982. **A cada cabo hay tres leguas de quebranto**

Desesperanzado refrán. Sugiere que la vida del hombre está sembrada de peligros y penas.

983. **Más presto se van los corderos que los carneros**

Cada quien puede entenderlo a su conveniencia: la juventud es más ágil y rápida, o la inexperiencia es más asustadiza y atolondrada.

984. **Mucha especulación nunca carece de buen fruto**

Recomienda la reflexión y la meditación. Prudencia en el obrar.

985. **¿A dó irá el buey que no are, pues arar sabe?**

Enseña que las personas que saben un oficio o tienen predisposición para algún trabajo, acaban obteniendo fruto de sus habilidades. Sin embargo, un irónico refrán con la misma estructura sugería que los que no se emplean en su trabajo acaban en la ruina: [985a] ¿A DÓ IRÁ EL BUEY QUE NO ARE? A LA CARNICERÍA.

986. **EN ACHAQUE TRAMA ¿VISTE ACÁ A NUESTRA AMA?**

Se decía cuando se sorprendía a alguien en falta; también se utilizaba cuando una persona no estaba en el lugar que le correspondía, o estaba cometiendo un hurto, o cualquier acto deshonroso.

987. **BULLA MONEDA Y DURE EL PLEYTO LO QUE DURARE**

Refrán propio de leguleyos y abogados, los cuales obtienen más beneficios cuanto más se alargan las disputas judiciales. En términos generales, significa que un mal se soporta cómodamente cuando no hay penuria económica.

988. **ESCARBA LA GALLINA Y HALLA SU PEPITA**

Refrán con doble sentido: juega el refranero con la doble significación de «pepita»: equivale, por un lado, al grano del que se alimentan estas aves. Pero la pepita es también una enfermedad propia de las gallinas, que las hace enflaquecer y morir. El refrán significa que quien busca un mal, acaba encontrándolo; o que, por buscar un bien, se da en una desgracia.

989. **EL PERRO EN BARBECHO LADRA SIN PROVECHO**

Se refiere a la inutilidad de ciertos trabajos. Las tierras de barbecho son tierras que descansan de la labor o del pasto. Por tanto no hay ganado en ellas.

990. **CUITA FAZE VIEJA TROTAR**

Los problemas consiguen que las viejas corran. Es porque los inconvenientes y desgracias de la vida mueven al hombre a la acción, con el fin de solventar las incomodidades.

991. **COMMO EL VERDADERO NON AY TAN MAL TREBEJO**

No hay peor broma que la que se hace con mala intención, con intención torcida. Significa que las maldades con aspecto de broma son las más nocivas y dañosas.

992. **Non deve omne aventurar lo çierto por lo dubdoso**

Sugiere que el hombre debe asegurar lo que posee y no arriesgarlo por bienes mayores improbables, porque éstos pueden malograrse.

Índice Alfabético

Se señala entre corchetes [ ] el número en el orden del texto. Los refranes cuya referencia es un número y una letra minúscula son explicativos, asociados o variantes de los refranes principales.

A

Ande yo caliente, ríase la gente. [807]

Ante la duda, la lengua muda. [24]

Ante la duda, la más peluda. [24b], [537]

Ante la duda, la más tetuda. [24a], [537a]

Antes con buenos a hurtar que con malos a orar. [437]

Antes de casar, ten casas en que morar, tierras en que labrar y viñas en que podar. [94]

Antes la obligación que la devoción. [866]

Antes se pilla al mentiroso que al cojo. [926]

Año bisiesto, año siniestro. [146]

Año de nieves, año de bienes. [184]

Año nuevo, vida nueva. [212]

Año que empieza helando, mucho pan viene anunciando. [179]

Años y desengaños hacen a los hombres huraños. [69a]

Apetito agudo, no deja crudo ni menudo. [754]

Aprendiz de mucho, maestro de nada. [901]

Aquel es buen día cuando la sartén chilla. [764]

Aquella es bien casada, que no tiene suegra ni cuñada. [715a]

Aquellos polvos traen estos lodos. [413]

Aramos, dijo la mosca al buey. [857]

Arco que mucho brega, o él o la cuerda. [882]

Arrieritos somos y en el camino nos encontraremos. [476b], [968]

Arrimarse al sano es discreción. [956]

Asno callado, por sabio es contado. [464]

Atender y entender, para aprender. [455]

Aunque la mona se vista de seda, mona se queda. [912]

Ave de paso, cañazo. [688]

Ave que vuela, a la cazuela. [730]

Ayunen los santos, que no tienen tripas. [750]

Azadón de noche y candil de día, tontería. [824b]

B

Barcelona es bona si la bolsa sona. [597a]

Barriga llena, a Dios alaba. [729]

Bien canta Marta, cuando esá harta. [735a]

Bien está lo que bien acaba. [440]

Bien o mal, junta caudal. [499a]

Bien parla Marta cuando está harta. [735]

Bien predica quien bien vive. [389]

Bien se sabe atrever quien no tiene nada que perder. [341]

Bien te quiero, bien te quiero, mas no te doy mi dinero. [528]

Boca bozosa cría mujer hermosa. [649]

Boca de verdades, cien enemistades. [791]

Bondad y hermosura, poco dura. [274]

Boquerón que se duerme, se lo lleva la corriente. [876]

Boticario sin botica, nada significa. [915]

Brasa trae en el seno la que cría hijo ajeno. [58]

Bromas, las justas. [706a]

Bromitas, poquitas. [706b]

Buen enero, mal febrero. [181]

Buen melón, que le amarga el pezón. [772]

Buena es la nieve que en su tiempo viene. [179a]

Buena ventura, poco dura. [143a]

Buenas palabras no hacen buen caldo. [231]

Buenas son mangas, después de Pascua. [285]

Buenas y malas artes, en todas partes. [275]

Bueno es aconsejar, mejor remediar. [228]

Bulla moneda y dure el pleyto lo que durare. [987]

Burla con daño, no dura un año. [706]

Burro grande, ande o no ande. [536a]

C

Caballo grande, ande o no ande. [536]

Cabeza fría, pies calientes y culo corriente, dan larga vida a la gente. [761]

Cabeza loca, no quiere toca. [679]

Cabra que tira al monte, no hay cabrero que la guarde. [658a]

Cada año trae su daño y cada día su acedía. [147]

Con ayuda de mi vecino mató mi padre un cochino. [923]

Con buen sueño hasta en un leño. [313b]

Con buen vino se anda el camino. [305a]

Con capa de letrado, anda mucho burro disfrazado. [935b]

Con chica brasa se enciende la casa. [466]

Con el hombre siempre callado, mucho cuidado. [17]

Con hombre vano, ni en invierno ni en verano. [899]

Con la mujer y el dinero, no te burles, compañero. [642]

Con las cosas de comer no se juega. [706c]

Con las manos en el seno nunca se hizo nada bueno. [836b]

Con malas comidas y peores cenas, menguan las carnes y crecen las penas. [758]

Con mujer barbuda y hombre desbarbado, cuidado. [51]

Con padrenuestros no se sale del atolladero. [429b]

Con pan y vino se anda el camino. [305]

Con quien paces, no con quien naces. [486a]

Con quien tengas trato, no hagas contrato. [512a]

Con razón o sin ella, ¡leña! [681]

Con salud y dinero, hago lo que quiero. [493]

Con sólo rocíos no crecen los ríos. [233a]

Con tanto decir amén, la misa no sale bien. [233]

Con tener buen vecino, se casa pronto la hija y se vende bien el vino. [529]

Con un mucho y dos poquitos se hacen los hombres ricos. [607c]

Con viento se limpia el trigo, y los vicios con castigo. [415]

Consejos sin ejemplo, letras sin aval. [234]

Consejos vendo y para mí no tengo. [931a]

Consejos vendo; y para mí no tengo. [914]

Contra el flato, bicarbonato. [737]

Contra el vicio de pedir, la virtud de no dar. [554]

Conyugales desazones, arréglanlas los colchones. [662b]

Corazón apasionado no quiere ser aconsejado. [613b]

Corazón codicioso no tiene reposo. [542]

Corazón herido, a pregonero se mete. [789]

Corderilla mega mama a su madre y a la ajena. [948]

Corta cardos en abril y de cada uno saldrán mil. [200]

Cortesía y bien hablar, cien puertas abrirán. [463]

Cosa que me he encontrado, Dios me la ha dado. [442]

Cosa que no se venda, nadie la siembra. [571]

Cree el ladrón que todos son de su condición. [585a]

Cría buena fama y échate a dormir; críala mala, y échate a morir. [883b]

Cría cuervos y te sacarán los ojos. [262a]

Cría fama y échate a dormir. [883]

Criados, enemigos pagados. [703]

Cual el año, tal el jarro. [177]

Cual más cual menos todos por qué callar tenemos. [450c]

Cualquier tiempo pasado fue mejor. [167a]

Cuando a Roma fueres, haz lo que vieres. [7b]

Cuando a un enfermo dos médicos van, toca a muerto el sacristán. [569]

Cuando chilla la sartén, buen día quiere hacer. [764a]

Cuando de cara te dé el viento, anda con tiento. [309]

Cuando de mujeres hables, acuérdate de tu madre. [717]

Cuando Dios da la llaga, da la medicina. [428]

Cuando Dios no quiere, los santos no pueden. [439]

Cuando Dios quiere, en sereno llueve. [438]

Cuando el diablo no tiene qué hacer, coge la escoba y se pone a barrer. [839b]

Cuando el diablo no tiene qué hacer, con el rabo mata moscas. [839a]

Cuando el diablo no tiene qué hacer, mata moscas con el rabo. [839]

d

De enero a enero el dinero es del banquero. [614a]

De este agua no beberé. [888]

De esto que no cuesta, llenaremos la cesta. [535]

De fuera vendrá que bueno te hará. [165a]

De fuera vendrá quien de casa nos echará. [165]

De grandes cenas están las sepulturas llenas. [363a]

De grandes cenas están las sepulturas llenas. [733]

De haber dicho «sí» muchas veces me arrepentí; de haber dicho «no» nadie se arrepintió. [41]

De hambre a nadie vi morir; de mucho comer, a cien mil. [732]

De hombre que nunca ríe, nadie fíe. [50]

De hoy en cien años, todos calvos. [163a]

De ilusión también se vive. [160b]

De la mar el mero y de la tierra el carnero. [767a]

De la mar el mero y de la tierra el cordero. [767]

De la ocasión nace la tentación. [631]

De la risa al duelo, un pelo. [407]

De las disputas, poco fruto y menos fruta. [722]

De lo que el niño se duele, el viejo se muere. [388]

De lo que se siembra se coge. [852a]

De los hombres es errar y de los burros, rebuznar. [458c]

De los míos déjame decir, pero no me hagas oír. [788]

De luengas vías, luengas mentiras. [928b]

De Madrid al cielo, y allí un agujerito para verlo. [597b]

De mostrador adentro, ni amistad ni parentesco. [512]

De perdidos, al río. [350]

De pico, mata la burra al borrico. [918]

De quien se ausenta nadie echa cuenta. [270]

De rico a pobre pasé y sin amigos me quedé. [264]

De sabios es rectificar. [939b]

De sastre a sastre, tiras de balde. [298]

De Segovia, ni la burra ni la novia, y a poder ser, ni siquiera la mujer. [597c]

De todo un poco y de nada mucho, es regla de hombre ducho. [352]

De tus hijos sólo esperes lo que con tus padres hicieres. [262]

De una mentira nacen ciento. [925a]

De unas bodas nacen otras. [713]

Debilidad es el llanto y la ira, otro tanto. [721]

Dedo encogido no rebaña plato. [344]

Déjame entrar, que yo me haré un lugar. [334]

Dejar de comer, por haber comido no es enfermedad de peligro. [748a]

Del agua mansa me libre Dios, que de la brava me guardo yo. [79a]

Del baço adoleçe quando el fígado es sano. [954]

Del decir al obrar, mil pasos hay que dar. [859c]

Del dicho al hecho hay mucho trecho. [859b]

Del dicho al hecho hay un trecho. [859]

Del dicho al hecho va un trecho. [859a]

Del mirar nace el amar, y del no ver el olvidar. [609]

Del pensar al hacer hay cien leguas que correr. [859d]

Del tiempo y de mujeres, lo que vieres. [638]

Del viejo, el consejo. [72]

Denos Dios días y vito, y parte en el paraíso. [960]

Dentro de cien años, todos calvos. [163b]

Derramar vino, buen destino; derramar sal, mala señal. [174]

Desde chiquito se ha de criar el árbol derechito. [414]

Desde los tiempos de Adán, unos calientan el horno y otros se comen el pan. [783]

Desde los tiempos de Adán, unos recogen el trigo y otros se comen el pan. [783a]

Desgraciado en el juego, afortunado en amores. [626a]

E

El asno y la mujer, a palos se han de vencer. [687b]

El buen cirujano, corta por lo sano. [316a]

El buey pace donde yace. [436b]

El burro delante para que el amo no se espante. [92a]

El burro delante para que no se espante. [92]

El caballo y la mujer no se han de ceder. [661]

El comer y el rascar, todo es empezar. [753]

El convite del tacaño: una vez cada cien años. [591]

El dar y el tener seso es menester. [241]

El descuidado va por lumbre, el cuidadoso él se la cubre. [77]

El día que no escobé vino quien no pensé. [879]

El día que te casas, o te curas o te matas. [336a]

El dinero para contarlo, y las llaves, para guardarlo. [549]

El enamorado y el pez, frescos han de ser. [624]

El escarmentado bien conoce el vado. [65b]

El escarmentado busca el puente y deja el vado. [65]

El español fino con todo bebe vino. [745]

El español fino, despues de comer siente frío. [757]

El espejo y la buena amistad dicen siempre la verdad. [327]

El fraile, mal parece en el baile; y si es bailador, peor. [680]

El gato escaldado, del agua fría escapa. [64]

El golpe de la sartén, aunque no duele, tizna. [787a]

El golpe de la sartén, siempre tizna y no hace bien. [787]

El hermano quiere a la hermana, el marido a la mujer sana. [660]

El hombre es bicho malo: menos obedece a la razón que al palo. [683]

El hombre es el único animal que tropieza dos veces en la misma piedra. [65a], [485b]

El hombre es fuego, la mujer estopa; llega el diablo y sopla. [633a]

El hombre es un lobo para el hombre. [8b], [683b]

El hombre propone y Dios dispone. [434]

El hombre propone y la mujer dispone. [434a], [641a]

El hombre propone, Dios dispone y la mujer descompone. [434b]

El hombre y el oso, cuanto más feo, más hermoso. [904b]

El huésped y el pece a los tres días hiede. [271b]

El juego, la mujer y el vino sacan al hombre de tino. [644]

El ladrón en la horca y el santo en el altar, para bien estar. [5]

El mal de amor no lo cura el doctor. [628]

El melón y el casamiento han de ser acertamiento. [173a]

El melón y el casar, todo es acertar. [173b]

El melón y la mujer, malos son de conocer. [173c]

El mozo perezoso, por no dar un paso, da ocho. [873]

El mozo por no saber y el viejo por no poder, dejan las cosas perder. [865]

El mucho hablar es dañoso, y el mucho callar, provechoso. [16]

El mucho reír en nada suele concluir. [409]

El muerto a la mortaja y el vivo a la hogaza. [751]

El muerto al hoyo y el vivo al bollo. [598a], [751a]

El mundo promete y no da; y si algo te da, te costará. [232]

El mundo tiene eso: poca carne y mucho hueso. [311]

El necio es atrevido, el sabio comedido. [405]

El niño regalado, siempre está enojado. [404]

El oso y el hombre: que asombren. [904]

El pastor dormido y el ganado en el trigo. [825]

El perro en barbecho ladra sin provecho.

[989]

El perro y el niño, donde vean cariño. [278]

F

G

La codicia rompe el saco. [541a]

La corriente silenciosa es la más peligrosa. [79c]

La coz de la yegua no hace mal al potro. [689]

La desgracia a la puerta vela, y a la primera ocasión, se cuela. [152]

La dicha que tarda con gusto se aguarda. [126]

La dicha que tarda con más gusto se aguarda. [126a]

La fortuna de la fea, la bonita la desea. [780]

La fortuna es una veleta: nunca está quieta. [143b]

La gallina de mi vecina, más huevos pone que la mía. [778a]

La gente de buen vivir, al anochecer, a dormir. [372a]

La gente de Malpartida, poca y mal avenida. [704]

La gente que bien lo pasa, al anochecer, en casa. [372]

La gloria de quien la gana y el dinero de quien lo agarra. [539]

La gloria vana, florece y no grana. [898]

La letra con sangre entra. [686]

La ley del embudo: para mí lo ancho y para ti lo agudo. [600]

La llaga del amor, quien la hace la sana y quita el dolor. [628b], [961]

La mala noticia llega volando, y la buena, cojeando. [158a]

La mala noticia viene como saeta, la buena, como carreta. [158]

La mancha de mora con otra verde se quita. [318]

La mano cuerda no hace todo lo que dice la lengua. [25]

La manzana maduró, pero el «pero» no. [258]

La mejor medicina, la cocina. [725]

La mesa de san Francisco, donde comen cuatro comen cinco. [224a]

La muerte es siempre traidora: no dice el día ni la hora. [448]

La muerte y el sueño igualan al grande con el pequeño. [447]

La mujer que no huele a nada, la mejor perfumada. [650a]

La necesidad hace maestros. [949]

La novia, delgada y limpia, que gorda y sucia, ella se hará. [659a]

La palabra y la piedra suelta, no tienen vuelta. [26]

La pereza nunca hizo nobleza. [814]

La primavera, la sangre altera. [677]

La primera ley del cristiano: levantarse temprano. [815]

La prisa no es buena consejera. [87a]

La que de treinta no tiene novio, tiene un humor de demonio. [676]

La respuesta mansa, la ira quebranta. [719]

La ropa sucia en casa se lava. [20a]

La sangre nueva, poco calor ha menester para hervir. [957]

La tierra en que te vaya bien, por tu patria ten. [486c]

La venganza es una bebida que ha de tomarse despacio. [475a]

La ventura de la barca: la mocedad, trabajada; y la vejez, quemada. [406]

La verdad duele, dice un proverbio. [711a]

La visita, cortita, dice un escueto refrán. [271c]

La viuda hermosa y rica, con un ojo llora y con el otro repica. [665]

Las apariencias engañan. [112a], [239a], [379a]

Las cosas claras y el chocolate, espeso. [328a]

Las cosas de palacio, van despacio. [88]

Las cuentas, claras, y el chocolate, espeso. [328]

Las desgracias nunca vienen solas. [151a], [156a]

Las mañanitas de abril son muy dulces de dormir. [828]

Las mañanitas de abril son muy dulces de dormir, y las de mayo, y las de todo el año. [828a]

Las paredes, orejas y ojos tienen. [75]

Las penas con pan son menos. [509a], [728a]

Lengua sabia a nadie agravia. [33]

Lentejas, comida de viejas, si quieres las comes y si no, las dejas. [769a]

M

N

No hay mayor mal que el de cada cual. [297a]

No hay mejor andar que en su casa estar. [104]

No hay mejor desprecio que no hacer aprecio. [457]

No hay mejor doctrina que la de la hormiga. [96a]

No hay mejor espejo que el amigo viejo. [280]

No hay mejor lotería que el trabajo y la economía. [851]

No hay mejor lotería que trabajar cada día. [851b]

No hay mejor lotería que trabajar noche y día. [851a]

No hay moza fea ni vieja hermosa. [645]

No hay moza fea que presumida no sea. [645a]

No hay ninguno tan pobre que la muerte no le sobre. [170]

No hay nublado que dure un año. [132]

No hay peor saber que el no querer. [875]

No hay quien no piense vivir un instante más. [448a]

No hay razón como la del bastón. [684]

No hay rico necio ni pobre discreto. [508]

No hay río que no tenga vado, ni plazo que no llegue al cabo. [141]

No hay sábado sin sol, ni doncella sin amor; ni moneda que pase, ni puta que no se case. [612a]

No hay sábado sin sol, ni mocita sin amor, ni vieja sin dolor. [612]

No hay terciopelo que no se arrastre por el suelo. [889]

No hay tonto, por tonto que sea, que tonto se crea. [911a]

No hay vicio sin suplicio. [417]

No hay vida como la del pobre, teniendo pan que le sobre. [171]

No hay viejo que no haya sido valiente, ni forastero que sea mala gente. [921]

No le quiere mal quien quita al viejo lo que ha de cenar. [734]

No lo quiero, no lo quiero, mas échamelo en el capelo. [544]

No ofende quien quiere, sino quien puede. [471]

No pidas lo que negaste, ni niegues lo que pediste. [243]

No por mucho madrugar amanece más temprano. [820c]

No quiero, no quiero, pero échamelo en el sombrero. [544a]

No se ganó Zamora en una hora. [301]

No sé qué me haga: si ponerme a servir o buscar criada. [907]

No se queje de engaño quien por la muestra compró el paño. [117]

No siempre es buen tino seguir el corto camino. [84a]

No son iguales todos los días: los más traen penas, los menos, alegrías. [148]

No te digo que te vayas, pero ahí tienes la puerta. [707]

No te fíes de ligero de quien se dice compañero. [52]

No te quemes la boca por comer pronto la sopa. [63]

No yerra tanto el que yerra como el que en errar se empeña. [939]

Nombrando al ruin de Roma, por la puerta asoma. [845b]

Non deve omne aventurar lo çierto por lo dubdoso. [992]

Nosotros somos buenos. Nosotros, ni más ni menos. [484]

Nunca es tarde si la dicha es buena. [120]

Nunca he ido donde nada se me ha perdido. [101b]

Nunca llueve a gusto de todos. [138]

Nunca más el perro al molino. [979]

O

Obra de villano, tirar la piedra y esconder la mano. [709]

Obra empezada, medio acabada. [863a]

Obra hecha, maestro al pozo. [267a]

Obras son amores, que no buenas razones. [878a]

Ocasión desaprovechada, necedad probada. [877]

Ocasión perdida no vuelve en la vida. [877a]

P

Piensa el ladrón que todos son de su condición. [798a]

Piensa mal y acertarás. [798]

Piensan los enamorados que tienen los otros los ojos vendados. [615]

Pies que andan van donde el corazón manda. [617]

Placer bueno no cuesta dinero. [359]

Placer bueno no cuesta dinero; placer malo, siempre es caro. [359a]

Plata es el buen hablar; oro el buen callar. [12b]

Pobre muere quien en palacio vejeze. [972]

Pobre porfiado, saca bocado. [255b]

Poca ciencia y mucha paciencia. [473]

Poco baño, poco daño. [378]

Poco prosperó quien más veces dijo «sí» que «no». [41a]

Poco se gana a hilar, pero menos a mirar. [832b]

Poco veneno no mata. [736a]

Poderoso caballero es don Dinero. [492]

Ponte en lo peor y acertarás de tres veces, dos. [154]

Poquito a poquito se viene el apetito. [753b]

Por arte empreño el conexo a la vaca. [952]

Por callar a nadie vi ahorcar. [13]

Por decirse verdades se pierden las amistades. [327a]

Por delante amagar y por detrás roer, no es amistad ni buen querer. [299a]

Por dinero baila el can; y por pan, si se lo dan. [604]

Por donde el hombre piensa atajar, suele más rodear. [873b]

Por dondequiera que fueres, ten de tu parte a las mujeres. [643]

Por el beso empieza eso. [674]

Por el interés te quiero Andrés. [526]

Por el interés, lo más feo hermoso es. [524c]

Por la boca muere el pez. [929]

Por la traza y por el traje se conoce al personaje. [379]

Por las obras y no por el vestido es el hombre conocido. [239]

Por lo que uno tira, otro suspira. [782]

Por malas vecindades se pierden heredades. [802]

Por miedo de gorriones no se deja de sembrar cañamones. [325]

Por pan baila el perro, no por su dueño. [604a]

Por preguntar, nada se pierde. [342]

Por probar, nada se pierde. [342a]

Por san Blas la cigüeña verás, y si no la vieres, año de nieves. [185]

Por san Blas, la cigüeña verás; y si no la ves, mala señal es. [185a]

Por san Blas, una hora menos y otra más. [186]

Por san Matías igualan las noches con los días. [204]

Por tu corazón juzgarás el ajeno, en lo malo y en lo bueno. [276]

Por uno voy, dos vengáis y si venís tres no os caigáis. [559]

Presumir y no valer es mascar sin comer. [885]

Primero yo, después yo, luego yo, y más tarde, tal vez, los demás. [556a]

Pronto y bien, rara vez juntos se ven. [871a]

Pues tarda el mensajero, buenas noticias tenemos. [159a]

Puesto en el borrico, lo mismo da ciento que ciento cinco. [348a]

Puta sentada no gana nada. [886]

Q

Que cada palo aguante su vela. [323c]

Quen pide prestado, unas veces se pone amarillo y otras colorado. [251]

Queredme por lo que os quiero y no me habléis de dinero. [527]

Querer y poder hermanos vienen a ser. [875c]

Qui la sabe, la tanya. [970a]

Quien a buen árbol se arrima, buena sombra le cobija. [529a]

Quien a lejanas tierras va, si no mentía, mentirá. [928a]

Quien a lo poco está ducho, no necesita mucho. [481]

Quien encuentra una herradura, guárdela para su ventura. [175]

Quien es agradecido es bien nacido. [260a]

Quien es necio en su villa, es necio en Castilla. [932b]

¿Quién es tu enemigo? El de tu oficio. [805]

Quien escucha es discreto; quien se escucha, necio. [902]

Quien escucha, su mal oye. [794]

Quien fía o promete, en deuda se mete. [42]

Quien guarda la lengua, guarda su hacienda. [27a]

Quien guarda, halla. [97]

Quien guardar sabe, de la fortuna tiene la llave. [548]

Quien ha de dar, por los suyos ha de comenzar. [227]

Quien ha de ser burro de carga, del cielo le cae la albarda. [155]

Quien ha oficio, ha beneficio. [848a]

Quien habla por refranes es un saco de verdades. [235b]

Quien hace agravios, escríbelos en agua; quien los recibe, en el corazón los graba. [697b]

Quien hace la ley, hace la trampa. [583a]

Quien hace lo que debe, a nadie ofende. [326a]

Quien hace lo que debe, a nadie teme. [326b]

Quien hace lo que quiere, no hace lo que debe. [421]

Quien hace mal, espere otro tal. [700]

Quien hace malas, barrunta largas. [710]

Quien haga fortuna, no se olvide de su cuna. [519]

Quien huelga, no medra. [836c]

Quien huye del trabajo, huye del descanso. [845]

Quien injuria quiere vengar, el tiempo ha de aguardar. [747c]

Quien juega con fuego, se quema los dedos. [61a]

Quien la hace, la paga. [277a]

Quien la sigue, la consigue. [119a]

Quien llora, sus males mejora. [292a]

Quien lo poco despreció, a lo mucho no llegó. [603]

Quien los labios se muerde, más gana que pierde. [27]

Quien machaca, algo saca. [255c]

Quien mal anda, mal acaba. [411]

Quien mal casa, tarde enviuda. [664]

Quien mal dice, peor oye. [791]

Quien mal marido tiene, nunca se le muere. [664a]

Quien mal piensa, mal tenga. [792]

Quien mal vive para que viva su heredero, es un solemne majadero. [520]

Quien más duerme, menos vive. [821a]

Quien más habla, menos hace. [858]

Quien más hace, menos merece. [854a]

Quien más quien menos todos por qué callar tenemos. [450b]

Quien más sabe, más duda. [477]

Quien más tiene, más quiere. [540]

Quien más trabaja, menos gana. [854b]

Quien mata a un león ausente, del ratón presente se espanta. [922a]

Quien me visita me hace un favor, quien no me visita, dos. [273a]

Quien menos la procura, a veces ha más ventura. [121]

Quien menos trabaja, más se ufana. [861]

Quien menos vale, más presume. [886]

Quien mucho abarca poco aprieta. [543]

Quien mucho corre, pronto para. [402]

Quien mucho dice, mucho se desdice. [40]

Quien mucho duerme, media vida pierde. [821b]

Quien mucho duerme, poco aprende. [823]

Quien mucho habla, mucho miente; porque el mucho hablar y el mentir son parientes. [927]

Quien mucho ofrece, poco da. [236]

Quien mucho pide, nada obtiene. [255d]

Quien mucho sabe, más ignora. [477a]

Quien roba muchos millones, muere aclamado por todas las naciones; quien hurta un ducado, muere ahorcado. [583]

Quien sabe ceder, sabe vencer. [468b]

Quien se asegura, dura. [97a]

Quien se casa, mal lo pasa. [657a]

Quien se enfurece, si no es loco, lo parece. [650a]

Quien se levanta tarde ni oye misa ni come carne. [822]

Quien se pica, ajos come. [737a]

Quien se pica, ajos come. [808]

Quien se quema en la sopa, sopla en la fruta. [63a]

Quien siembra odio, recoge venganza. [696]

Quien siembra vientos, recoge tempestades. [696a]

Quien siembra, recoge. [852]

Quien sin dar ofrece, nunca empobrece. [551]

Quien sólo fía en su dinero, es un majadero. [595]

Quien su mal encubrió, de ello murió. [322]

Quien sube más arriba de lo que podía, cae más bajo de lo que creía. [908]

Quien suda, a su salud ayuda. [843]

Quien sufrió, venció. [468c]

Quien supo sufrir, supo fingir. [469]

Quien tarde cena, pronto enferma. [365]

Quien tiempo toma, tiempo le sobra. [837d]

Quien tiene boca, se equivoca. [458]

Quien tiene buen anillo todo lo señala con el dedillo. [900]

Quien tiene buenas ganas, poco apetito le basta. [314]

Quien tiene dinero, pinta panderos. [498]

Quien tiene dinero, tiene compañeros. [495a]

Quien tiene la panza llena, no cree en la hambre ajena. [282]

Quien tiene por qué callar, no ha de hablar. [10d]

Quien tiene setenta, se sienta. [387]

Quien tiene un amigo, tiene un tesoro. [281]

Quien todo lo abarca, poco ata. [543a]

Quien todo lo da, todo lo niega. [236b]

Quien todo lo deja para mañana, nunca hará nada. [812a]

Quien todo lo ofrece, todo lo niega. [236a]

Quien todo lo quiere, todo lo pierde. [541b]

Quien tonto va a la guerra, tonto vuelve de ella. [933]

Quien trabaja, come pan; y quien no trabaja, salmón y faisán. [459]

Quien tropieza y no cae, dos pasos adelanta. [485a]

Quien tropieza, a aprender empieza. [485]

Quien va despacio y con tiento, hace dos cosas a un tiempo. [85]

Quien va y vuelve hace buen viaje. [168]

Quien vende barato, vende doblado. [567]

Quien vive de ilusiones, de desengaños muere. [160a]

Quien yerra y se enmienda, a Dios se encomienda. [436]

¿Quieres que te siga el can? Dale pan. [604b]

Quod natura non dat, Salmantica non praestat. [467a]

R

Rascar por delante y desollar por atrás es de hijos de Satanás. [300]

Real ahorrado, real ganado. [579]

Recibido el daño, tapar el caño. [691]

Refrán es verdadero que quien más sirve, vale menos. [460]

Refranes que no sean verdaderos y febreros que no sean locos, pocos. [187]

Regalos, regalos, ¡a cuántos hicisteis malos! [840]

Remienda tu sayo y te durará otro año. [382]

Remienda tu sayo y te servirá otro año. [382a]

Rencillas entre amantes, más amor que antes. [629a]

Reniego del amigo que cubre con las alas y muerde con el pico. [299]

Reniego del amigo que se come lo suyo solo y lo mío, conmigo. [245a]

Si lo que quieres parecer fueras, ¡cuánto más valieras! [887]

Si me lo has de dar, no me lo hagas desear. [286]

Si me dan lo que quiero soy mansito como un cordero. [546]

Si no canta el gallo, cantará la gallina. [122]

Si no casta, al menos cauta. [658]

Si no comes porque has comido, nada has perdido. [748b]

Si no hubiera abril, no habría año vil. [201]

Si no quieres caldo, toma dos tazas. [437]

Si quieres aprender a orar, entra en la mar. [435]

Si quieres buen consejo, pídelo al hombre viejo. [72a]

Si quieres buena fama, no te dé el sol en la cama. [816]

Si quieres hacer un buen trato, nunca compres lo barato. [567b]

Si quieres holgura, sufre amargura. [418d]

Si quieres llegar a viejo, guarda el aceite en el pellejo. [424]

Si quieres llegar como joven, anda como viejo. [422]

Si quieres que el ciego cante, la limosna por delante. [605]

Si quieres que te diga de qué careces, dime de lo que blasonas. [884a]

Si quieres ser dichoso, no estés ocioso. [830a]

Si quieres ser dichoso, nunca estés ocioso. [830]

Si quieres vivir sano, hazte viejo temprano. [358]

Si quieres vivir sano, la ropa de invierno no la quites en verano. [377]

Si te dan dinero, tómalo al punto; si te lo piden, cambia de asunto. [534]

Si te fuiste, hazte cuenta que moriste. [270a]

Si tu mujer quiere que te tires del tejado, ruega que sea bajo. [656]

Si tu suegra se cae al río, búscala aguas arriba. [716b]

Si ves a un hombre cargado, no preguntes si está casado. [657c]

Siempre ha de hablar un lisiado a la puerta de un jorobado. [930]

Siéntate a la puerta de tu casa y verás pasar el cadáver de tu enemigo. [475b]

Siéntate en tu lugar y no te harán levantar. [103]

Siéntate y espera, que tu enemigo pasará por tu acera. [475]

Sigamos solteros, que con las casadas nos apañaremos. [673]

Sin amar y sin yantar, nadie puede pasar. [619]

Sin bolsa llena, ni rubia ni morena. [671a]

Sin espuela y sin freno, ¿qué caballo es bueno? [419]

Sin ser ladrones, no se juntan millones. [586]

Sin tener venilla de loco, el hombre vale poco. [343]

Sobre dinero, no hay compañero. [513]

Sobre gustos no hay nada escrito. [490b]

Socorro tardío, socorro baldío. [296]

Sólo se vive una vez. [360a]

Sólo una cosa no tiene pero, el dinero. [491a]

¿Soltero y renegado? ¿Qué harías si casado? [718]

Son más los días que las alegrías. [149a]

Soñaba el ciego que veía y soñaba lo que quería. [169a]

Suegra que se lleva la muerte, desgracia con suerte. [716c]

Suegra, ninguna buena. [716d]

Suegra, nuera y yerno, la antesala del infierno. [716e]

Sufrir y callar y mejor tiempo esperar. [123]

Sufriré hija golosa y albendera, pero no ventanera. [799]

T

Tabaco, vino y mujer, echan al hombre a perder. [644a]

Taberna sin gente, poco vende. [765]

Talento y belleza todo en una pieza, gran rareza. [647a]

U

Un asno cargado de oro tiene el rebuzno más sonoro. [525]

Un aumento de caudal nunca viene mal. [499]

Un buen morir honra un largo vivir. [391]

Un candado para la bolsa, y dos para la boca. [28]

Un día cada año, ser loco no hace daño. [343a]

Un mal ido, otro venido. [150]

Un nudo en la bolsa, y dos gordos en la boca. [28a]

Un solo golpe no derriba el roble. [302]

Un ten con ten, para todo está bien. [355]

Una buena acción se olvida; una mala, nunca en la vida. [697]

Una ley vino de Roma: que el que no trabaje, no coma. [853]

Una manzana cada día, de médico te ahorraría. [367]

Una mentira, de ciento tira. [925]

Una onza de tiento vale más que una libra de talento. [86]

Una que hice y tres que pensé hacer, tres que me apunté. [860]

Una vez al día, es porquería; una vez a la semana, cosa sana; una vez al mes, poco es. [668]

Una vez dije «sí» y ciento me arrepentí. [41b]

Una vez engañan al prudente, y dos al inocente. [70]

Una vez se la pegan al galgo, pero a la segunda encoge el rabo. [69c]

Unas veces ganando y otras perdiendo, vamos viviendo. [137]

Unas veces se gana y otras se pierde. [137c]

Unas veces tropezando y otras cayendo, vamos viviendo. [137a]

Uno coyda el bayo e otro el que lo ensilla. [945]

Uno es de donde pace y no de donde nace. [486]

Uno que no gastas, dos que ahorras. [579a]

Unos crían la fama y otros cardan la lana. [712a]

Unos por otros, la casa sin barrer. [813]

V

Va el mal adonde hay más, y el bien, también. [470a]

Va el río del todo buelto e ally es la ganancia de los pescadores. [1013]

Va la palabra de boca en boca, como el pajarillo de hoja en hoja. [840]

Valen más dos capones que dos buenas razones. [503]

Valiente de boca, ligero de pies. [972]

Valiente por el diente. [966]

Vanidad y pobreza, todo en una pieza. [947]

Variar de tenor en el obrar. [395g]

Vase el bien al bien, y las abejas a la miel. [470]

Vase el oro al tesoro. [607]

Váyase lo comido por lo servido. [140a]

Ve en lo que te metes si algo prometes. [44]

Vecina, bocina. [851]

Ver la paja en el ojo ajeno y no ver la viga en el propio. [450a]

Ver y creer como santo Tomé. [115a]

¿Ves la paja en el ojo ajeno y no ves la viga en el tuyo? [786a]

Viaja la pereza con tal lentitud, que la alcanza la pobreza con gran prontitud. [811a]

Viejo amador, invierno con flor. [678a]

Viejo soy y viejo serás; cual me ves, te verás. [161]

Viendo venir el canto, no hiere tanto. [321]

Viento y ventura poco dura. [143]

Viña y niña, melonar y habar, malos son los cuatro de guardar. [634a]

Visitar y oler, una misma cosa suele ser. [806]

Vista larga y lengua corta, y huir de lo que no te importa. [38]

Vive la vida. [139b]

Vivir bien es lo que importa, que la vida es corta. [139]

Voz del pueblo, voz del cielo. [443]

Y

Z